新时代社会主义核心价值体系研究丛书
总主编 韩 震

基石与追求
自由、平等、公正、法治

吴晓云 王 萑 陶 侃 编著

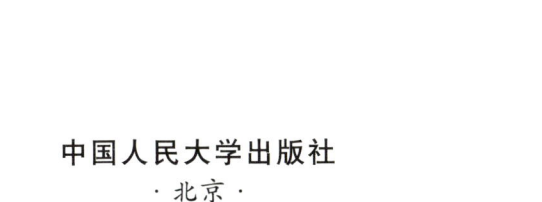

中国人民大学出版社
·北京·

总　序

自党的十八大报告提出关于社会主义核心价值观的"三个倡导"以来，我国在培育和弘扬社会主义核心价值观方面取得了很大成绩。这首先表现在有关理论的构建与阐发方面，譬如，通过一系列理论阐释，明确了社会主义核心价值观的基本内容、结构和层次，对价值观的内涵进行了具有时代性、民族性的科学阐发，从而构建了比较完整的社会主义核心价值体系。另外，我们提出了全人类共同价值，破解了西方所谓"普世价值"的魔咒，让中国获得了处理国际关系的道德制高点和话语力量。正因为在理论研究和阐释方面取得的可喜成果，党的二十大提出今后努力的方向是"广泛践行社会主义核心价值观"。也就是说，今后的工作主要是在方方面面践行社会主义核心价值观。价值观的意义就在于自觉信仰和日常践行。

其次，宣传教育领域在培育和弘扬社会主义核心价值观方面发挥了极为重要的作用：一是在全国范围内，"社会主义核心价值观广泛传播"，上上下下有关社会主义核心价值观的宣传和学习强度、影响广度及理解深度都是空前的，社会主义核心价值观已经深入人心；二是社会主义核心价值观融入国民教育全过程，在培养德智体美劳全面发展的社会主义建设者和接班人方面充分发挥了引领作用，社会主义核心价值观已经全面系统深入地融入大中小学的教材，进入各级各类学校课堂，进入广大学生的头脑。

最后，更为重要的是，培育和弘扬社会主义核心价值观在实践方面取得了很大成效。一是通过与群众活动相结合，把抽象的价值观念与具体的生活世界联系起来，让大道理落细、落小、落实，创新弘扬价值观的载体，让人们在日常践行中弘扬社会主义核心价值观；二是把社会主义核心价值观与道德建设结合起来，不仅让价值观落地找到最切实的载体，而且深刻体现了道德规范的时代性要求，如在《新时代公民道德建设实施纲要》中，社会主义核心价值观的引领明显提升了公民道德建设的政治站位，拓展了公民道德建设的历史视野；三是将社会主义核心价值观融入经济制度、政治规范、社会政策、文化建设和生态文明建设之中，让社会主义核心价值观机制化，使价值理想熔铸成现实的历史进程；四是逐渐将社会主义核心价值观入法入规，从而使价值观的软要求变成社会的硬约束；五是在培育和践行社会主义核心价值观方面，抓住关键少数，要求党员领导干部、社会公众人物在弘扬和践行社会主义核心价值观方面起模范带头作用，从而使社会风气得到明显改观。

这些成效的取得，主要有两方面的原因。一方面，我们所倡导的社会主义核心价值观是建立在社会主义核心价值体系的基础之上的，这为培育和弘扬社会主义核心价值观奠定了哲学基础、社会主义性质和中华价值传统的理论框架。我们倡导的社会主义核心价值观，是在马克思主义的世界观和方法论指导下开展的。根据唯物史观，我们认为价值观是以一定的社会生产关系为基础的，也必然伴随着社会发展而发展或升华。社会主义核心价值体系规定了社会主义核心价值观的社会主义性质。我们在谈自由、民主、平等等价值概念的时候，是完全超越西方资本主义社会所理解的那种抽象范畴的。另一方面，有中华优秀传统文化作为深厚的历史根基。作为注重伦理道德的民族，中华民族悠久灿烂的文化成为涵养社会主义核心价值观的宝贵资源，文化自信有力支撑了中国人民的价值观自信。

这些经验给我们今后深入研究和广泛践行社会主义核心价值观提供了坚实的新起点。正因如此，习近平总书记在党的二十大报告中明确指出："我们要坚持马克思主义在意识形态领域指导地位的根本制度，坚持为人民服务、为社会主义服务，坚持百花齐放、百家争鸣，坚持创造性转化、创新性发展，以社会主义核心价值观为引领，发展社会主义先进文化，弘扬革命文化，传承中华优秀传统文化，满足人民日益增长的精神文化需求，巩固全党全国各族人民团结奋斗的共同思想基础，不断提升国家文化软实力和中华文化影响力。"这为我们深入研究和广泛践行社会主义核心价值观提供了根本遵循。

中华民族伟大复兴进入关键时期。一方面，我国的发展已经站在新的历史起点上，社会主要矛盾发生了历史性变化，人民对美好生活有了新期待。另一方面，世界百年未有之大变局加速演进，国际力量对比正经历深刻调整，世界进入新的动荡变革期，我国发展的国际环境不断出现新矛盾和新挑战。我们既有比过去有利的发展基础和条件，也面临许多前所未有的困难和问题，战略机遇和风险挑战并存，不确定性和难预料的因素明显增多。所有这些都需要我们进一步研究、阐释、传播社会主义核心价值观，用社会主义核心价值观凝聚人心、汇聚民力。呈现给读者的这套书，力求在党的十八大以来关于社会主义核心价值观研究成果的基础上有所推进、有所深入、有所拓展，为深入研究、阐释和传播社会主义核心价值观尽我们的绵薄之力。

当然，限于学识和理论水平，可能力有不逮，甚至有不少错谬之处，敬请广大读者批评指正。

韩　震

2023年9月1日

于北京师范大学哲学思维与发展战略研究中心

序

  一个民族的文明进步、一个国家的发展壮大，需要一代代人接续奋斗，需要各方面力量共同推动，核心价值观是最持久最深沉的力量。它承载着一个民族、一个国家的精神追求，体现着一个社会评判是非曲直的价值标准。任何一个民族、一个国家都有自己的核心价值观，如果没有核心价值观，莫衷一是，行无依归，那么这个民族、这个国家就无法前进。当然，不同民族、不同国家有不同的核心价值观，同一个民族、同一个国家在不同的历史时期，也会有不同的核心价值观。我们的社会主义核心价值观，是社会主义的，也是当代中国的，因此，在新时代新征程上，必须自觉投身中国式现代化的伟大实践，必须迎接全球化、信息化、多元化的国际机遇和重大挑战，在全面推进中华民族伟大复兴的历史进程中，凝聚人心、汇聚民力，广泛践行社会主义核心价值观。

  社会主义核心价值观包括国家层面、社会层面、个人层面的基本内容，自由、平等、公正、法治是社会层面社会主义核心价值观。从字面意思上看，自由、平等、公正、法治在资本主义社会也广泛存在并得到运用，但是，在资本主义条件下不可能真正实现。与之对照，在社会主义条件下，因为有马克思主义科学理论的指导，因为有优秀传统文化的

基石与追求：自由、平等、公正、法治

历史基奠，因为有共产党人的领导带头作用，因为有全民行动、同心同德、广泛配合，因为有依法治国和以德治国相结合的实现途径，我们完全能够将自由、平等、公正、法治切实融入法治建设、融入社会发展、融入日常生活，进而开辟社会主义核心价值观中国化时代化新境界。

作为社会层面社会主义核心价值观，自由、平等、公正、法治在价值内涵和社会功能上各有侧重、相辅相成，共同构成社会主义社会的价值基石和理想追求。自由是人之为人区别于他物最本质的规定性，也是全人类共同追求的社会理想，社会主义核心价值观将"自由王国"的理想目标与现实中的人类解放、社会发展联系起来，努力在一个平等、公正、法治的社会中实现人的自由而全面发展。平等是一个人最基本的权利，也是处理一切社会关系最基本的准则，平等不是平均主义，而是人人享有人生出彩的自由和机会，人人平等的社会的实现是一个复杂的系统工程，只有在公正、法治的国度里才有真正的自由、平等。公正是社会制度的首要价值，也是衡量社会发展水平的根本标尺，只有以人民根本利益为出发点建设起来的社会主义社会，才是真正属于最广大人民群众的公平正义的社会。法治是人类政治文明的科学成果，是治国理政最有效的基本方式，坚持党对法治工作的全面领导，坚持依法治国与以德治国相结合，在法治的道路上有效保障社会主义社会的自由观、平等观、公正观的落地生根。

本书将结合时代要求对自由、平等、公正、法治进行较深入的内涵阐释，分析它们的价值追求、传统基石、中国特色及践行路径，为广泛践行社会层面社会主义核心价值观、发挥社会主义核心价值观凝心聚力的强大作用提供理论支撑和现实依据。

目　录

第一章　社会层面社会主义核心价值观的价值追求……… **1**

　　第一节　天性自由与社会发展 ………………………………… 3

　　第二节　人人平等与现实差异 ………………………………… 17

　　第三节　社会公正与首善标准 ………………………………… 32

　　第四节　法治社会与现代文明 ………………………………… 46

第二章　社会层面社会主义核心价值观的传统基石 ………… **65**

　　第一节　自由观念之本 ………………………………………… 67

　　第二节　平等观念之根 ………………………………………… 80

　　第三节　公正观念之源 ………………………………………… 92

　　第四节　法治观念之始 ………………………………………… 105

第三章　社会层面社会主义核心价值观的中国特色 ………… **121**

　　第一节　与道德规范一致的自由 ……………………………… 123

　　第二节　与社会进步一致的平等 ……………………………… 138

第三节　与人民利益一致的公正 ⋯⋯⋯⋯⋯⋯⋯⋯⋯ **155**
　　第四节　与党的领导一致的法治 ⋯⋯⋯⋯⋯⋯⋯⋯⋯ **172**
第四章　社会层面社会主义核心价值观的践行路径 ⋯⋯⋯ **191**
　　第一节　开展价值观教育 ⋯⋯⋯⋯⋯⋯⋯⋯⋯⋯⋯⋯ **193**
　　第二节　发展是第一要务 ⋯⋯⋯⋯⋯⋯⋯⋯⋯⋯⋯⋯ **216**
　　第三节　依靠制度化保障 ⋯⋯⋯⋯⋯⋯⋯⋯⋯⋯⋯⋯ **236**
　　第四节　彰显法制化建设 ⋯⋯⋯⋯⋯⋯⋯⋯⋯⋯⋯⋯ **256**
参考文献 ⋯⋯⋯⋯⋯⋯⋯⋯⋯⋯⋯⋯⋯⋯⋯⋯⋯⋯⋯⋯ **271**
后记 ⋯⋯⋯⋯⋯⋯⋯⋯⋯⋯⋯⋯⋯⋯⋯⋯⋯⋯⋯⋯⋯⋯ **277**

第一章

社会层面社会主义核心价值观的价值追求

第一章　社会层面社会主义核心价值观的价值追求

木无本必枯，水无源必竭。社会主义核心价值观于我国现代化建设亦如木之本、水之源，发挥着至关重要的作用。富强、民主、文明、和谐，自由、平等、公正、法治，爱国、敬业、诚信、友善这二十四个字是对社会主义核心价值观的高度凝练。其中，自由、平等、公正、法治是从社会层面概括社会主义核心价值观的，体现了党和国家对美好社会的构想。本章将从学理角度出发，对自由、平等、公正、法治这四个词的丰富意涵及其价值功能依次进行阐释。

第一节

天性自由与社会发展

自由是人类的天性，人类追求自由，就像享受阳光、呼吸空气一样，与生俱来。作为人的基本权利和属性，自由通常指个体从外界种种束缚中解放出来，不受他人奴役和支配，具有自主的意志和行动的自由，能够按照自己的意愿、兴趣和爱好，充分展示和发展自己的个性，实现自由全面发展。纵观人类漫长的发展史，人类对自由的追求始终没有停止过。人类历史实质上就是一部追求自由的奋斗史。古今中外，无数仁人志士为追求自由，抛头颅、洒热血，描绘出一幅幅壮丽的画卷。因此，自由也成为最为动人的词汇之一。

一、何谓自由

自由既是一个古老而常新的话题，也是一个简单又复杂的话题。纵观自由的思想历史，人们反复思考着"何谓自由"的问题，为此产生了无数对自由的不同理解。自由观念的复杂性表明，那种对自由做抽象、简单的理解的做法是不可取的。自由实际上是一个历史性的概念，不同时代的人们，站在不同的立场上，对它的理解是各不相同的。与古代社会的人形成鲜明对照，现代人享有一系列受法律保护、不受政府干预的个人权利，因之也形成了一个相对独立的自由空间。为了深入了解"何谓自由"，我们需要从不同的角度出发，区分和理解不同类型的自由，并进一步考察自由观念的内在特征。

首先，按照人的生存方式，自由可分为个体自由和群体自由。个体自由指的是每个人都有权利去做他们想做的事情，这是每个人的基本权利。只有每个人都有自由，才能够组成健全的社会。而群体自由则是指人们能够在一定范围内组成自由的群体，共同实现自己的目标和利益。每个人的存在都离不开群体，个体自由的实现需要群体的支持和保障，同时群体自由也必须保证个体自由的实现。社会是由个体和群体组成的，每个个体都是社会的细胞，整个人类社会自由的实现归根到底取决于个体自由的实现。因此，个体自由和群体自由是相互依存的，二者之间互为保障，只有正确地处理二者之间的关系才能实现人类社会的自由。因此，人们必须保护每个人的个体自由，同时也要为群体自由提供保障。只有在这样的前提下，人们才能够自由地生活、工作和交流，共

第一章 社会层面社会主义核心价值观的价值追求

同实现社会的繁荣和进步。

其次,根据摆脱约束与实现自由的关系的不同,自由可以分为积极自由和消极自由。在实现自由的过程中,人们常常会面临各种约束。这些约束可以分为积极的约束和消极的约束两种。积极的约束是指那些合理必要的约束,防止人们做出有害的或可能有害的行为。消极的约束则是指那些不必要或不合理的约束,妨碍人们实现必要和合理的愿望和行为。积极自由是通过摆脱消极的约束获得的,这种自由对个体和社会都是有益的。消极自由则是通过摆脱积极的约束获得的,但这种自由可能会对自己或他人造成伤害。因此,区分积极自由和消极自由对于人们获得和维护自由具有重要的意义。

再次,自由是一个广泛的概念,可以根据人类活动领域和层次分为不同的类型。政治自由包括公民在宪法和法律规定的范围内享有的选举权、被选举权以及集会、结社、游行、示威等自由。经济自由指的是经济主体在进行经济活动时的自由,即不受任何组织或个人无端干预的权利和自由。思想文化自由则涵盖了一定社会成员所具有的教育权、受教育权以及从事其他与思想文化有关的活动的自由。生活自由则强调每个人在生活中的自由选择,即在不影响他人的前提下可根据自身特点、爱好等选择各自不同的生活方式,对此他人无权干涉。

最后,自由可以根据人的活动方式分为思想自由、言论自由和行动自由三个方面。思想自由是一切言论自由和行动自由的前提,也是一切发明、创造的基础。它是指人们思考、研究和探索的自由,是外界无法干涉的。言论自由为主体之间的相互交流提供了必要的条件,使得人们

基石与追求：自由、平等、公正、法治

可以相互沟通思想，达成共识，取长补短，丰富和发展自己的自由。在言论自由的基础上，人们可以自由地表达自己的观点，接受他人的批评和指导，不断完善和提高自己的思想认识。行动自由是思想自由、言论自由的实际表现，也是人的意志自由的最终体现。行动自由使人们能够按照自己的意愿和选择去生活、工作和创造，而不受外界干扰和限制。同时，行动自由也要遵守社会的法律和规则，不影响他人的自由和权利。如果一个人实现了思想自由、言论自由和行动自由，那么他的自由就得到了完全的实现。思想自由、言论自由和行动自由三者相互联系、相互作用，共同构成了人们自由活动的完整体系。只有在这个完整的体系中，人们才能真正地实现自由。

总体来看，自由包含相对性和绝对性两个方面的特征。一方面，从自由的形式和内容来讲，自由一般具有相对性而非绝对性。这意味着任何形式的自由都必须受到客观规律、条件和主观条件的制约，包括人的认知能力、思想观念、价值标准等。言论自由和行动自由便是如此。在言论自由方面，不可以随便说话，因为不能损害他人名誉和国家尊严。在行动自由方面，不能随心所欲地行动，因为这可能会损害他人利益、公共利益和国家利益。个体自由和群体自由也是如此。个体自由不是绝对自由，因为它受到社会发展状况的制约，特别是生产力的发展状况。群体自由也不是说群体可以随心所欲地行动，因为群体自由也受到社会发展状况的制约。在每个社会历史时期，自由都只能是相对的，而不能是绝对的。总之，自由从形式和内容上来讲都是具有相对性的自由。

另一方面，自由具有绝对性。自由是人类追求的永恒目标，这个愿望无论何时何地都是存在的，因此自由具有不以人的意志为转移的客观绝对性。实践是自由的来源和依据，也是实现自由的唯一途径。人们必须通过实践来认识规律并改造世界，以实现自由的追求。自由的实现是一个渐进的过程，不可能一蹴而就。自由随着社会的进步而不断发展，是一个不断演化的过程。在自由的实现过程中，人们不断地给自由注入新的内容，提出新的要求，扩大新的领域，实现越来越多、越来越大的自由。从这个意义上来说，自由具有绝对性的特征。

总之，自由是相对性和绝对性的统一。它是相对的，因为自由的实现过程是受到历史和社会条件的限制的，不同的时代和社会对自由的理解和追求有所不同。但自由也是绝对的，因为它是基于实践而产生的客观规律，不受个人意志的影响，它的存在和发展是必然的。在实现自由的过程中，人们需要不断地努力，以实现自由的愿望和追求。

二、自由是人之为人的内在本质

世界上全部的存在，可以区分为生命的存在和非生命的存在，而生命的存在又可以区分为人的生命的存在和其他生物的生命的存在。人以外的其他生命的存在只是纯粹的自然而然的存在，即自由的存在。因此，自由属性是人区别于自然界其他生命存在的本质属性。

首先，自由是人的本性所在。人是一种自然存在物，是自然界的一部分，具有自然属性。从发生学意义上而言，人与自然之间具有天然的血缘关系。作为众多物种之一，人的生存和发展始终离不开与自然界所进行的物质和能量交换，人同其他生物一样，受到物理、化学、生物的规律的支配。正因为这样，人与动物的根本区别并不在于人可以脱离自然而独立存在，相反，依靠自然而存在恰恰是人与动物所共同具有的特征。

然而，肯定人是一种自然存在物，具有自然属性，并不是将人贬低为动物性的存在，也并不等于认为自然性构成了人的本质性规定。相反，人之为人，恰恰在于人对自然性的超越，在于人对自然性的扬弃，在于人所具有的自由性。动物总是以自然所赋予的生命本能去适应自然的，从而维持自己的生存，而人则会意识到自己的生命活动，并且能够根据自己的意志和意识进行生命活动。这样一来，人的生命活动就变成了实现人的目的性要求的活动，变成了把人的目的性要求转化成人所希望的现实的活动和让世界满足人的需要的活动。

人区别于物的特殊性在于能动性，只有人才具有主体性、能动性和创造性。动物只有本能，没有自我意识，它不知道自己是谁，也不知道自己与外界的关系，是先天的本能决定着它的一切。"人的类特性恰恰就是自由的自觉的活动。"与动物的一切行为均受制于必然性、消极被动地适应自然界相反，人能以理性来约束自己的本能和支配自己的行动，能够按照自己的意愿需求去创造世界，改变客观的自然界。人由此就具有了自我主宰、自我创造和自我实现的自由特征。人是一种自由的存在者，压制自由是违反人性的。也正因为如此，我们可以说："要求自由的欲求无疑是人类所具有的一种普遍的特性，汤因比（Toynbee）

说：'没有一种最低限度的自由，人就无法生存，这正如没有最低限度的安全、正义和食物，他便不能生存一样。人性中似乎存在一种难以驾驭的意向……这种意向要求获得少量的自由，并且知道在意志被刺激得超出忍耐限度时如何设定其意志。'"①

其次，自由是人的个性发展的根本保证。保证人的个性发展，尊重人们的多样化选择，是现代社会的基本特征。每个人应该有权根据自身发展的需要，自主地进行自我定向、自我选择、自我设计和自我创造，追求自己的幸福人生。

个性的自由发展是人性的本质要求。"人性不是一架机器，不能按照一个模型铸造出来，又开动它毫厘不爽地去做替它规定好了的工作；它毋宁像一棵树，需要生长并且从各方面发展起来，需要按照那使它成为活东西的内在力量的趋向生长和发展起来。"② 同样的生活方式，对于不同的人会有不同的效果；面对同一件事情，不同的人会有不同的认识、不同的情感体验，做出不同的价值判断。选择适合自己的生活方式，对每个人而言具有重要的意义和价值。反过来看，假如人与人之间没有个性的差异，每个人的价值取向、行为方式完全相同，那么人类社会便失去了丰富性和多样性。也正因为这样，我们可以说，差异、个性是人类社会的宝贵资源。

个性只有在自由的运用中才能得到展现。人类的官能如觉知力、判断力、辨别感、智力活动，甚至道德取舍等，只有在进行选择时才会得

---

① 博登海默. 法理学：法哲学及其方法. 北京：华夏出版社，1987：275.
② 密尔. 论自由. 北京：商务印书馆，1959：70.

基石与追求：自由、平等、公正、法治

到运用。相反，一个人做一件事若是只因他人做了那件事，那正和相信一个东西只因他人相信了那个东西一样，他的官能便不会被运用[①]。自由意味着人们有多重选择，人们的面前有多条路可走。如果说，前面只有一扇门，却告诉人们："你有充分的自由，但你只能从这扇门走过。"这种所谓的自由选择毋宁说是一种强制。只有面前拥有多扇敞开的大门，人们才有多重选择的可能性，才有机会追求和创造自己的可能生活。所以，人之有别于动物的首要之处，既不在于拥有理性，也不在于发明了工具与方法，而在于能选择，人在选择而不是被选择时才最能成为自己。人是骑士而非马匹。人是目的的寻求者（而不仅仅是手段），并以他自己的方式追求目的。可想而知，追求的方式越多，人的生活就越丰富；个体间影响的领域越广，新的和预料之外的机会就越多；他沿着新鲜而未被探索的方向改变其自身性格的可能性越多，展示在每一个个体面前的道路也就越多，他的行动与思想的自由就越宽广[②]。

现代社会是一个崇尚个性、尊重人格独立发展的社会。在现代社会，人不是工厂流水线上的标准化产品，而是一个具有独立人格和个性的存在者。现代国家必须尊重人们多样化生活方式的选择，每个人选择什么样的生活方式、具有怎样的价值偏好、拥有什么样的价值观念，完全是自由的，其行为只要没有触犯别人的合法权利、没有威胁到公共利益，都应该得到尊重和保护。在这里，国家必须明确公共权力的界限。公共权力的运用，以不侵犯个人的自由空间为前提。国家权力对自由的

[①] 密尔. 论自由. 北京：商务印书馆，1959：68-69.
[②] 伯林. 自由论. 南京：译林出版社，2003：252.

保护要以确认公民的消极自由为基础。从一般意义上说，法律应当首先确定一个人的基本自由空间，这个空间以不侵害他人自由和社会公共利益为界限。这种自由是主体不受干涉、免于侵犯的自由。在这一层面上，法律以"一般许可"的方式确认个人的合法空间。"一般许可"以禁止为例外的方式确认人们的自由空间。这种法律不禁止即为许可的方式表明，在法律不禁止的界限之内，个人的行为及言论是完全自由的，任何人、任何组织不得以任何名义、任何方式加以干预，否则就侵犯了个人的合法权利。

现代社会应该允许个性的自由发展，容许各种不同的志趣和性格有发展的余地；应该大力发展经济，提升生产力发展水平，不断提高人的交往能力，打破固化的人身依附关系，为每个人的成长和发展提供广阔的空间，让人的个性得到自由的成长。这不仅是个体的权利，也是社会发展进步的重要条件。

最后，尊严是实现人之自由的重要前提。人之所以为人，在于人有其作为人的尊严、地位和价值。人格尊严就是公民作为一个人应有的最起码的社会地位，并且应受到他人最起码的尊重。人有被别人尊重、被自我尊重和尊重别人的需求。人需要被认可，需要从事贡献被接纳和有自我价值感的职业。这一层次需求的满足，会使人对自己充满信心、对社会满腔热情，体验到自己生命的意义和价值；相反，如果这种需求长期得不到满足，就会导致自卑的情结，甚至引发反社会的不良情绪和举动。

人是目的，不是国家、社会和他人实现自己利益的工具。康德就指出:"每个有理性的东西都必须服从这样的规律,不论是谁在任何时候都不应把自己和他人仅仅当作工具,而应该永远看作自身就是目的。"①一个人,因为是人,就具备了"人的尊严"的主体资格。这种资格不会因其性别、种族、职业、国籍、能力不同而有所不同,也不因其对于社会的贡献存在差异而有所不同。因此,尊严是与"人"本身附着的,即使是卑微的受难者,其做人的资格也是无法剥夺的,其作为人的尊严不能被否定。"不管每个人的个性如何,身心有无缺陷,也不管其对社会'道义'的价值有多大,他们每个人都拥有尊严。无论是尚未出生的胎儿,还是已经过世的死者,他们的尊严均应受到尊重和保护。"② 人格尊严不可替代,不能用别的东西随意置换。金钱、权力等外在的东西一概不是人格尊严的替代品。"一个有价值的东西能被其他东西所代替,这是等价;与此相反,超越于一切价值之上,没有等价物可代替,才是尊严。"③

人格尊严与自由权利紧密相关。尊严,表征着个体在基本权利方面是一律平等的,意味着每个人都享有平等的生命权、财产权、自由权和社会福利权,每个人都有在这个地球上生存和发展下去的权利。"尊严是每个人应当享有的权利,而且优先于国家法律所规定的所有权利。法治国家并不能为人提供尊严,但可保障人的尊严。"④ 保障人的尊严是以保护和实现人的基本权利为前提的。如果我们的人身安全得不到保

---

① 康德. 道德形而上学原理. 上海:上海人民出版社,2005:53.
② 恩德勒,霍曼,昂纳克,等. 经济伦理学大辞典. 上海:上海人民出版社,2001:324.
③ 同①87.
④ 同②324.

第一章　社会层面社会主义核心价值观的价值追求

障，随时都面临着暴力、奴役、恐吓的威胁，被随意地拘禁审查，在法庭上得不到合理的辩护和公正的审判，那么我们将会感到无助、脆弱，会对未来产生绝望感；如果我们的财产被随意充公，被以公共利益的名义随意侵占，我们的房屋被随意地拆迁，那么我们将失去在这个社会中生存下去的基本依托；如果没有思想自由和言论自由，我们就不能充分自由地表达观点，不能对不同的意见提出质疑，丰富的思想情感将得不到表达，世界因此将会只有一种声音，将会变得灰暗而单调；如果缺少福利权，强者会越来越强，弱者会越来越弱，流浪街头，无依无靠，全凭乞讨为生，还有什么人格尊严可言。因此，尊严意味着自由，意味着权利，只有在个体的权利得到尊重、保障和实现的社会里，人才能生活得富有尊严，个体的自由才能真正得到实现。

三、自由是社会发展的活力之源

经济与社会发展的目的是满足人的需要、愿望和诉求，实现人的自由全面发展。自由是社会发展的首要目的，自由也是促进发展的不可缺少的重要手段。诺贝尔奖得主阿马蒂亚·森认为，财富、收入、社会现代化等，固然是社会追求的重要目标，但这些充其量只是发展的手段而已，属于工具性的范畴，从根本上说，它们是为人的福利、人的目的服务的。在他看来，发展是涉及经济、政治、社会、价值观念等多方面的综合过程，是扩展人们享有的真实自由的过程。发展意味着消除贫困、人身束缚、各种歧视压迫，消除法治权利缺失和社会保障匮乏的状况，从而提高"人们按照自己的意愿生活"的能力，即让每个人获得自由全面发展。

首先，从社会发展的目的来看，自由是社会发展的目的所在。自由是发展的目的，意味着我们要在发展观上做出更新，摒弃传统的发展观。传统的发展观过于注重物质财富的增长而忽视人的自由全面发展，把经济增长简单地等同于经济发展而忽视社会的全面进步；相应地，传统的发展观将国内生产总值作为衡量一个国家和地区经济社会发展水平的核心标尺，忽视了人文、环境的指标。我们需要以实现人的全面发展为目标，从人民群众的根本利益出发谋发展、促发展，不断满足人民群众日益增长的物质文化需要，切实保障人民群众的经济、政治、文化、社会和生态文明权益，让发展的成果惠及全体人民。在发展过程中，要尊重和保障人权，包括公民的政治、经济、文化权利；要在经济发展的基础上，不断提高人民群众的物质文化生活水平；要不断提高人们的思想道德素质、科学文化素质和健康素质；要激发人们的各项潜能，充分发挥人们的聪明才智。

强调自由是社会发展的目的，需要切实提升人们获取和实现自由的能力。这里的自由，不是单纯的消极被动的自由。也就是说自由不单单是消极被动的权利，自由具有实质性的维度。社会所赋予的自由权利，只是作为一种可能性而存在的，权利拥有者要想充分享有这些权利，必须具备享受和支配这种权利的能力。在这里，能力是自由的重要因素，自由是人们能够过自己愿意过的生活的能力。一个人要想实现权利，必须具备相应的能力。对于一个人而言，不具备相应的实现自由目标的能力，很难奢谈自由。同样，对于一个社会而言，如果不能使人们的生活

第一章 社会层面社会主义核心价值观的价值追求

得到有效的保障,不能为人们的成长提供切实的机会,也很难称为自由的社会。因此,机会不应该仅仅对社会的强者开放,它应该面向社会所有人群尤其是弱者。发展是全民的权利,发展指向的不仅是效率的提高和利益的增加,更为根本的是广大民众的参与和分享,是底层人群选择能力的切实提升和社会发展机会的切实增加。关注贫困人群、弱势群体,就应努力帮助他们培育、积累、开发发展的物质资本、人力资本和社会资本。在这里,政府应该发挥积极主动的作用,既应该保障人们的基本权利不受侵犯,也应该为人们的发展提供切实可行的经济社会保障。让每个人过上富有尊严的生活、让每个人的潜能得到切实有效的发挥、让每个人获得自由全面的发展,是政府应尽的责任和义务。

其次,从社会发展的进程来看,自由为社会带来创新资源。自由是创新之襁褓,没有了自由,创新就难以发育。甚至可以这样说,没有自由,社会就没有活力,就没有发展和进步。自由有利于创新型人才的培养。社会的发展进步有赖于一个个创新型人才的涌现。国内外相关研究认为,创新型人才大致具有下列明显的个性特征:有强烈的好奇心、旺盛的求知欲;有极强的自主性、独立性和自觉性;富有怀疑和批判精神,不迷信和盲从他人,喜欢独辟蹊径;具有丰富的想象力和敏锐的直觉;思维敏捷、灵活、流畅,爱好标新立异;具有百折不挠的坚强意志、勇于探索的冒险精神,具有开阔的眼界和广博的知识;善于融会贯通、触类旁通;等等。总而言之,大凡中外历史上有成就的科学家、发明家、思想家、文学家、艺术家,无不有着鲜明的个性特征,他们的新发现、新思想、新发明、新创造,他们不朽的传世艺术珍品,无不与独

基石与追求：自由、平等、公正、法治

特个性密切相关。可以说，无个性也就无创新。正是在自由宽松的环境中，独具个性的人才才能培养起来。我们需要通过有效的方式，将这些创新型人才的聪明才智充分发挥出来，营造依靠创新推动社会发展的良好氛围。

再次，从社会发展的动力来看，自由促进经济的繁荣发展。市场经济作为最有效率的资源配置方式，是保持经济活力的基本手段。发展市场经济，要求土地、劳动力、资本、信息等生产要素自由流动。改革开放以来，我国逐步建立和完善社会主义市场经济体制，打破了束缚生产力发展的条条框框，创造了举世瞩目的发展奇迹。党的二十大强调：加快构建新发展格局，着力推动高质量发展，构建高水平社会主义市场经济体制。坚持和完善社会主义基本经济制度，毫不动摇巩固和发展公有制经济，毫不动摇鼓励、支持、引导非公有制经济发展，充分发挥市场在资源配置中的决定性作用，更好发挥政府作用。做到这些，需要加快形成企业自主经营、公平竞争，消费者自由选择、自主消费，商品和要素自由流动、平等交换的现代市场体系，着力清除市场壁垒，提高资源配置效率和公平性；需要增强市场的自由度，让市场主体充分享受参与、竞争、经营的自主和自由；需要不断给市场松绑，扫除市场发展的体制机制障碍；需要政府简政放权，深化行政审批制度改革，最大限度减少中央政府对微观事务的管理。唯有如此，才能让一切劳动知识、技术、管理和资本的活力竞相迸发，让一切创造社会财富的源泉充分涌流。

最后，从社会发展的内在精神来看，自由有利于解放思想、创新创造。解放思想、锐意创新是经济社会发展的精神基础。一部改革开放史就是一部解放思想、锐意创新史。党的十一届三中全会吹响了"解放思想，实事求是，团结一致向前看"的号角。改革开放的经验告诉我们，解放思想的力度和广度，决定着改革开放的效能、发展的质量和发展的速度。只有不断解放思想、深化改革、扩大开放，才能使我们的事业永远保持旺盛的生命力。正是依靠不断解放思想，我们在关键领域取得了一系列重大突破；正是依靠锐意创新，我们为社会发展提供了源源不竭的精神动力。当然，解放思想绝非易事。新思想、新观念、新事物在诞生之初和发展之中往往不被看好，甚至会受到奚落、阻挠和打击，其成长成熟需要充分自由的空间。目前，改革发展进入暗礁密布的深水区，已经迈入困难重重的攻坚期，前进道路上有很多硬骨头要啃，有很多险滩要过，我们需要具备昂扬向上、奋发进取的精神状态，具有一往无前、披荆斩棘的英勇气概，具有逢山开路、遇水架桥的坚定意志。为葆有这种精神、气概和意志，既需要每个人富有开创精神，还需要全社会形成宽松自由的环境，依靠制度营造"鼓励创新、宽容失败"的改革氛围，唯有这样，才能真正让人甩开膀子干，从而迸发出新的改革动力。

第二节

人人平等与现实差异

平等是现代社会最基础的价值范畴之一。它首先表现为一个简单的概念，人人都对平等有着直观的认识，因为"平等就是平等"。然而，当我们进一步思考"平等是什么"的问题便会发现，平等是一个指向性非常广泛的理论范畴，其内涵丰富而复杂。

一、何谓平等

一直以来，人们没有停止对平等的热望和探索，可以说，整个人类文明的发展史就是一部不断追求平等并逐步实现平等的历史。平等具有历史性。人类社会在告别了原始平等状态之后，便进入了持久的不平等状态。与此同时，人类也随之展开了追求平等、争取平等的艰难历程。古今中外，平等一直激励着广大人民为美好生活而不断努力。早在秦朝末年，陈胜、吴广农民起义，就曾向不平等的专制制度发出"王侯将相宁有种乎"的呐喊。南宋钟相、杨幺等农民领袖，进一步提出"等贵贱、均贫富"的革命口号。太平天国运动将"有田同耕，有饭同食，有衣同穿，有钱同使，无处不均匀，无人不饱暖"作为基本社会纲领。近代以来，西方资产阶级启蒙思想家赋予平等更新的时代内涵，使平等对权利的实现，成为一个普遍价值观念深深地印刻在人们的心里。16世纪空想社会主义作品《乌托邦》描绘了一个消灭剥削、消灭压迫、政治平等、人人劳动的理想社会。科学社会主义创始人马克思、恩格斯，对资本主义不平等社会关系所产生的经济根源做了彻底揭露，并为全人类规划了一个消灭剥削、消除两极分化的共产主义社会。中国共产党人在马克思主义理论指引下，把平等作为中国特色社会主义核心价值理念，科学发展社会主义各项事业，为消灭剥削、最终实现共同富裕的理想而

第一章　社会层面社会主义核心价值观的价值追求

不懈奋斗。

平等具有辩证性。这体现为平等与不平等之间的对立统一关系。首先，平等与不平等是一对相互对立的概念。对平等的追求过程也是对不平等的消除过程，对不平等的理解有助于我们辩证地认识何谓平等。卢梭曾认真考察了不平等的起源，认为"在人类中有两种不平等：一种我把它叫做自然的或生理上的不平等，因为它是基于自然，由年龄、健康、体力以及智慧或心灵的性质的不同而产生的；另一种可以称为精神上的或政治上的不平等，因为它是起因于一种协议，由于人们的同意而设定的，或者至少是它的存在为大家所认可的"。所以，一方面，平等与不平等源于人与人之间的自然区分，这是无法选择的，比如一个人的性别、肤色、相貌、天赋能力等，是自然上的不平等；另一方面，平等与不平等还起因于契约和人的自觉活动，这是可以选择的，并且是有应该和不应该之分的，如贫与富、贵与贱、主人与奴隶等，这是社会平等与不平等。其次，平等与不平等之间又具有辩证的统一性。平等观念的辩证性特征在于其既包含平等与不平等之间的对立关系，又包含平等与不平等之间的统一性关系。我们可以从历史的发展中看到平等观念的辩证统一性。也就是说，在历史的发展中，平等与不平等之间的张力使得二者之间具有了辩证的统一性。我们可以看到：一个极端不平等的社会必然会走向毁灭，不平等所带来的是受害者对受益者的反抗，所带来的结果就是极端不平等的缓和与改变。反过来看，完全平等的社会又是不具有现实性的，因此平等与不平等在一定程度上统一于社会之中。平等与不平等之间的统一关系使得人类告别了极端不平等的社会，在这样一种矛盾运动之中进入了相对平等的现代社会。现代平等理论正是平等与不平等的现实矛盾运动在理论上的真实反映，也是人类在从不平等逐步走向平等的过程中所获得的辩证性的理论认识。

平等具有多维性。我们可以从多个维度理解何谓平等。从表现形式来看，平等表现为权利的平等，这是平等的基本表现形式。现代人对平等的认识是以权利为中心展开的，认为平等是一种与生俱来、人之为人的基本权利。平等实质上是权利平等，如法国1789年《人权宣言》中提道，"平等就是人人能够享有相同的权利"。我国《辞海》规定，平等是指"人与人之间在经济、政治、文化等方面处于同等地位，享有同等的权利"。《世界人权宣言》指出，人人生而自由，在尊严和权利上一律平等。任何人不分种族、性别、性倾向、国籍、族裔、语言、宗教或其他身份地位，平等地享有生命和自由的权利、不受奴役和酷刑的权利、意见和言论自由的权利、获得工作和教育的权利以及其他更多的权利。换句话说，平等是指社会主体在社会关系、社会生活中处于同等的地位，具有相同的发展机会，享有同等的权利。人们尽管在性别、民族、职业、经济状况、生活等方面存在差别，但在尊严和权利上是一律平等的。"人生本平等，职业无贵贱"。无论是国家领导还是黎民百姓，无论是亿万富豪还是贫寒人家，在主体资格上都是平等的，没有高低贵贱之分，更不允许有人身依附关系的存在。

从本质上来看，平等分为形式平等与实质平等。形式平等体现为从抽象的意义来理解平等。也就是说，形式平等是指人的人格、尊严和价值上的平等。形式平等从法律人格的意义上要求人与人之间的抽象的平

第一章　社会层面社会主义核心价值观的价值追求

等关系，而无须考虑人的现实状况对平等关系的影响，如个人所拥有的天赋能力、经济资源以及社会地位。形式平等为所有人提供了一个"平等的起点"，使得每个人拥有实现平等关系的资格，为个人自由发展创造了机会。但是，如果对平等的理解仅仅停留在保障起跑线上的平等这一层，而无视竞争的过程，任凭其自由竞争，那么便会导致不平等的产生。在人的发展过程以及社会的竞争过程中，如果不纠正其中所存在的不平等现象，那么这便是一种不公平的竞争。实质平等体现为对形式平等的必要补充，这是一种从机会平等向结果平等的转变。这就要求将形式平等具体化为实质平等，从而削减形式平等可能带来的结果的不公平和不正义。为了抵消形式平等的负面作用，实质平等是必需的。所以，为了实践的目的，平等的主张必须从形式原则过渡到具体的平等诉求之上。具体来说，平等的诉求包含两个方面，一是具体的诉求物，二是相对于该诉求物的同一性标准或者说平等尺度。只有在这两个方面实现平等，才能形成从过程到结果的平等，形式平等才能真正具体化为实质平等。另外还需注意的是，人们的平等观念不是静止不变的，不存在适用于一个简单而静态的社会的永恒的平等观念，人们平等诉求的具体内容往往随着社会政治经济生活的变化而不断发展变化。因此我们说，具体的平等是社会选择的结果。

从平等的实现过程来看，平等分为机会平等和结果平等。机会平等是现代社会发展的产物，在传统社会根本不可能产生这一观念。因为社会生产力严重不发达，社会总财富无法满足传统社会中所有人的物质文化需求，所以只能依靠残酷的政治统治强制实行等级制度，让极少数人

基石与追求：自由、平等、公正、法治 ● ● ●

有机会凭借特权获取人、财、物的支持去追求自由自在的生活，而普通的劳苦大众终日为生计奔波而无缘参与各种美好事物的创造。进入现代社会，高度发展的经济基础催生了自由民主的政治制度，人们开始有资格、有实力、有制度保障去追求自我实现、人生出彩、美梦成真的机会。现代社会的机会平等具体分为参与资格的平等、竞争规则的平等、实现潜能的平等。首先，参与资格指的是参加某种工作或活动所应具备的条件或身份。如果一个主体不能获得正常的参与资格，无法做到起点的平等，纵然其有再大的本领也将难以与其他对手对抗。因此，参与资格的平等是机会平等原则的首要条件和基础。其次，竞争规则的平等是机会平等原则的重要一环。正所谓规则面前人人平等，任何社会成员在争夺某个有限资源的过程中，必须遵守统一的透明公开、严格正义的程序规则，任何成员都不得拥有超出规则之外的特权。因此，竞争规则的平等对于机会的平等实现至关重要。最后是实现潜能的平等。真正的机会平等是指在尊重差异的前提下，综合考虑各种现实因素的限制，关注弱势群体，为每一个社会成员提供基本的生存和发展条件，使他们能够平等地参与竞争，充分地发挥自己的潜能，最终获得与他人、与社会、与时代同步成长和进步的机会。

平等通过人类活动的各个领域，具体表现为社会中各个方面的平等。因为人类活动的领域具有广泛性和多样性，在不同的活动领域，人们基于各种各样的追求形成了丰富的社会关系。依据人类活动的基本领域，我们可以将各种具体的平等大致分为经济平等、政治平等、社会平等。这些具体的平等的区分是相对的，它们既相互区别，又相互联系、相互渗透、相互作用，从社会生活的不同方面共同构成平等的有机整体，发挥着各自的具体作用。经济平等作为平等观念在经济领域的体现，与经济概念的多义性相联系，因此是一个包含了多种含义的概念。大体来看，经济平等主要包括社会主体在物质生产领域的平等和在一定社会经济关系中所享有的经济平等权利。经济领域的平等是其他领域平等的基础，经济平等是社会主体真正享有充分而平等的社会权利的基础，经济领域的不平等会导致政治领域的不平等，从而进一步影响社会领域的平等的实现。总而言之，经济平等是实现其他各领域平等的前提和关键。政治平等是平等观念在政治领域的具体表现。具体来看，政治平等实际体现为国家公民的权利和义务的平等。其基本内容是，每一个社会公民都必须享有平等的政治权利，同时也必须承担相应的义务。作为社会公民，每一个人都是社会的成员或国家的公民，公民身份或公民资格是他们共同拥有的。所以，每一个公民所享有的权利和所承担的义务都应是公平对等的，绝不能因为其种族、性别、年龄、身份、党派门户、信仰等方面的差异而有所不同。那种从政治上对任何公民的区别对待就是政治领域的不公平的体现。社会平等主要是一个复杂的综合性概念，它既包含教育平等、就业平等、医疗平等等社会生活多个方面的基本问题，又包含男女平等、民族平等、残健平等等社会中不同主体的问题，尤其表现为对弱势群体的平等实现问题的关注。可见，社会平等涵盖面很宽，内容极为庞杂，它既从总体上对社会平等问题进行观照，又具有对社会中的具体平等问题的针对性。

二、平等是社会关系的基本准则

人的本质是一切社会关系的总和，社会性是人的根本属性，而平

基石与追求：自由、平等、公正、法治

等价值观所反映的就是人们对理想的社会关系的追求。如果说自由价值观主要从"自我"的角度强调一个人不受制于外力，自由全面地发展，那么，平等价值观更多的是从"我"与"他人"比较的角度强调一个人与同类的人拥有同等地位、相互尊重、和平共处、共享发展。自近代以来，平等不断被赋予重要的时代内涵，成为人们内心的价值追求、社会发展的内在要求、社会关系的基本准则。首先，人生来就是平等的，这是人在自然状态下的平等；其次，在政治社会中，人们在法律面前享有普遍平等的权利；再次，民主制度保障了人们的自然权利和社会权利的转换，是社会平等的根本保证；最后，法律作为平等的规范性原则是对社会关系的普遍约束力量，法律面前人人平等。

第一，人生来就是平等的，所有的人平等地拥有实现其美好生活而不可剥夺的自然权利。霍布斯说，"自然使人在身心两方面的能力都十分相等"。虽然不同的人在体力上可能有所不同，但是，个体间的自然差别并不大到足以使某个人凌驾于别人之上，因为一个人无论多么强悍，都经受不住体力弱小的人群联合起来的力量。至于智力或者说理性方面，那就更平等了。只要是人都具备理性，既没有生来智力超群而宜于"治人"的奴隶主，也没有体格健壮而全无智慧的奴隶。理性不是什么天生神器，它只是人们对经验的一种认识能力，相等的时间可以使人们在同样的事物中获得相等的理性分量。对于每一个成年人来说，都有足以自治的理性，没有谁会愚蠢到不愿意自己管理自己的事务而宁愿受制于人。总之，无论是体力还是智力，人在自然状态下都是平等的。这

种平等不仅体现在人的生理特点上,而且体现在人们对一切外在事物的占有欲上。当许多人同时想要同一样东西,而这一样东西既无法被共享也无法被分割的时候,人与人之间的战争就爆发了。为了避免战争状态,进入政治社会成为人类的一种必然选择。

第二,人人拥有平等的政治权利。按照洛克的说法,自然状态虽然是一种平等的状态,但也有不可克服的内在缺陷,如缺乏明确的法律、公正的裁判和对判决的执行力,这就给人性的弱点留下了可乘之机。人性的自私、心地不良、感情用事、报复心理等感性因素,往往利用自然状态的上述缺陷,肆意发动战争破坏人们对自然权利的平等享有。为了有效地维持秩序、避免冲突,从而保障人人平等的自然权利特别是财产权,理性的人们联合起来成立国家并将自己置于政府的权威之下。如此说来,国家起源于平等主体之间平等的社会契约,而不是古老的父权制,那种由长者、智者、尊贵者统治"低级的"普通人的专制国家是完全没有根据的。再者,由人们同意并加以委托的政府,是一个合法的主权组织。它应该用正式公开、明确既定的法律条文保障人民的自然权利免受侵犯,除此之外,政府不得以任何积极意义上的目的实行统治;所有的人不分贫富贵贱平等地适用法律,即使是法律的制定者和执行者也无一例外;为防止政府滥用主权、复辟专制,政府的权力应该采取必要的分立和制衡,一旦政府在实际运行过程中出现了违背人民意旨的行径,人民可以通过暴力革命的方式推翻现有政府再立新政府。

第三,用民主制度保障平等的自然权利转换为平等的政治权利。在卢梭看来,从自然状态过渡到政治社会状态,是人类本性上"自我完善

基石与追求：自由、平等、公正、法治

化的能力"作用的结果。然而，由这种人类的本能所催生的政治社会，首先是一个以私有财产为基础的专制社会。换句话说，私有财产观念并不像洛克所说的那样，一开始就在自然人的头脑中形成了，它实际上是社会的产物。"谁第一个把一块土地圈起来，硬说'这块土地是我的'并找到一些头脑十分简单的人相信他所说的话，这个人就是文明社会的真正的缔造者。"[①] 私有财产的产生，使人类社会出现了富人和穷人、统治者和被统治者、主人和奴隶等不平等现象。为了有效遏制私有财产对平等的自然权利的破坏，卢梭提出人民主权思想。首先，全体人民通过平等协商、订立契约建立国家、成立政府，并从此成为国家的共同主人。国家因为接受人民的"公意"而形成主权，对社会各成员具有普遍的强制力。但是，国家主权由"公意"而不是"众意"构成，它所体现的是一种公共利益的内在要求，而不是私人利益的外在加和。因此，从绝对意义上讲，国家主权的实际归属者仍然是全体人民。人民是所有基本政治活动中不可或缺的主体，必须由人民直接行使国家主权。政府只是人民行使主权的辅助机构，作为主权的执行者，它的权力来自"公意"的委托，人民可以限制、改变或者收回委托给政府的权力。人民对政府行为的制约与监督，是通过定期集会来实现的。在此集会上，永远只有两个提案，即是否保留现有政府，是否同意留任现有官员。由此可见，在人民主权思想的指导下建立起来的国家和政府，将平等精神发挥得淋漓尽致。

第四，作为一切社会关系的基本法则，法律面前人人平等是现代社

[①] 卢梭．论人与人之间不平等的起因和基础．北京：商务印书馆，2007：85．

第一章 社会层面社会主义核心价值观的价值追求

会平等价值的制度实现形式。自法律产生以来，作为调控社会的重要方式，法律以公共权力为基础和前提，以其普适性的社会规范调整着社会主体的关系，以其肯定、明确的规范和强制性的力量保证对全社会发挥规范作用，以此形成对社会成员普遍的约束力。实现法律的规范作用的核心是平等地对待每一个在法律上平等的人，这不受法律来自哪个国家、对社会关系做什么样的界定、怎样区分和对待人与事等具体法律内容的影响。也就是说，法律面前人人平等是一种形式上的平等。法律的形式平等是实然状态，具有绝对意义上的效力。它给权力的滥用设置了屏障，防止和杜绝公共权力的异化，保证了人类生活需要的最基本的平等，因为权力的滥用必然导致特权，而特权就是不平等的根源。如果人类社会没有法律，那么平等的实现就无从说起。

从历史的维度来看，法律更多体现的是对不平等问题的解决。实质平等是实然状态，只具有相对意义上的效力。是否将某些实质平等价值观念上升为法律形式，从而得到国家强制力的保障，取决于人类对实质平等的认知程度、合理分类的判断和社会权力的结构要素等。历史上绝大多数法律在当时的历史条件下有它们存在的合理性，具有时代的道德色彩，从而能在一定程度上使人类感受到自由、平等、公平等美好的价值观。我们不能要求古代法律具有现代的平等精神，不能用今天的道德标准去衡量古代法律的善与恶，不能形成法律是维护不平等的思维定式，而应该用科学的态度，客观公正地评价法律为实现平等所做出的贡献。法律"无论用于保护，还是惩罚，对一切人都是平等的，它不承认出身的差别"。虽然历史现实中依然存在着不平等，平等与不平等在历史的进程中以对立统一的张力关系推动着历史的发展，但是法律的力量应始终倾向于维护平等。

法律能否对平等发挥维护作用，并促进平等由形式向实质演进，取决于法律的价值基础，即法律是否合乎人类社会发展的规律和发展趋向，是否维护和实现社会的基本价值取向，诸如公平、正义、平等的社会价值体系，更为重要的是取决于是否代表最广大人民群众的根本利益。从这个意义上讲，现代社会法律能否对平等有意义，还在于法律是否具有"合法性"、具有民主的价值取向。正如列宁所指出的那样："民主意味着在形式上承认公民一律平等，承认大家都有决定国家制度和管理国家的平等权利。"[①] 这种价值原则就是要求公民平等地进入政治过程，任何人没有高于他人的权利，其在法律上的释义就是法律面前人人平等，所有公民享有平等的权利。缺乏这样的本质特征和价值原则，法律对平等的维护和促进作用便会黯然失色。

三、平等不是平均主义

平等不是平均主义，而是有差别的平等。平均主义是一种把平等价值观极端化的表现形态，对平等抱有不切实际的理想主义追求。这种观点主张在分配上不顾人与人之间在创造财富价值的过程中的差别，而要求均等分享社会中的一切财富，从而在结果上实现无差别的绝对平等。从平等观念的历史发展来看，平均主义思想曾在不同历史时期对消除社会中过分悬殊的贫富差距以及缓解社会中的尖锐矛盾发挥过一定的积极

---

① 列宁.列宁全集：第31卷.2版增订版.北京：人民出版社，2017：96.

第一章 社会层面社会主义核心价值观的价值追求

作用。近代西方的资产阶级曾以平等为革命口号,将平等作为基本的政治价值追求,推翻了传统社会根深蒂固的等级制度。狄德罗所主张的分配原则体现了以平均主义消除不平等的阶级关系的观点,他认为:"纯产品越多,分配得越平等,国家就治理得越好。分配得平等的纯产品,要比数量更多但是分配得不平等的纯产品可取,因为后者会使人分为两等人,一等人坐拥金城,另一等人饥寒欲死。"[①] 在中国古代,孔子所主张的"不患寡而患不均"以及老子的"高者抑之,下者举之;有余者损之,不足者补之。天之道,损有余而补不足"等思想也在一定程度上体现出了平均主义的倾向,这反映出封建时代人们对不平等的残酷现实的反抗意识。到了近代,随着西方平等思想的传入,中国的有识之士进一步发展了具有现代意义的平等观念,康有为的"大同"思想也体现出了平均主义的色彩,这对启发国民思想、推翻封建统治具有积极影响。但是,平均主义对社会历史发展的积极作用是有限的,它只能为社会带来平等意识上的启发,作为一种浪漫主义的政治理想为社会价值的发展以及社会的变革提供思想资源和情感号召。

然而,任何一种政治理想必须基于现实才能够真正得以实现,平均主义实际上是一种不切实际的乌托邦式的幻想。在法国大革命时期,巴贝夫将其平等社会的理想概括为:要使这个民族的各个人之间没有任何差别的绝对的平等。他还主张,"分配给每一个公民由其他各种物品构成的社会总产品中同等的一份"[②]。这一思想带有明显的平均主义色彩,

---

[①] 黄枬森,沈宗灵. 西方人权学说:上. 成都:四川人民出版社,1994:134.
[②] 韦耶德G,韦耶德C. 巴贝夫文选. 北京:商务印书馆,1962:89.

由于其所处的历史条件限制,这种小农经济思想并不具有科学性和现实性。在近代的中国,太平天国运动提出了"有田同耕,有饭同食,有衣同穿,有钱同使,无处不均匀,无人不饱暖"等不切实际的极端的平均主义口号。广大农民群众由于其小农经济地位造成的阶级局限性,看不到社会发展的动力和方向,因而对平等抱有超出现实的想象,这种平均主义的平等观难免带有盲目和空想的成分。在我国社会主义建设初期,由于对社会主义本质的认识不足、对苏联斯大林模式的照搬照抄,曾一度出现过平均主义的"吃大锅饭"的状况。这种对平等价值的极端化理解,使得劳动者的创造性和生产积极性受到打击,对社会生产力也造成了破坏,这并不利于社会主义平等的实现。历史经验告诉我们,平均主义虽然在一定程度上肯定了平等的价值,但是其主张的极端化和理想化难以落实到实践当中,同时这种观点的粗陋性和盲目性导致实质上的平等不能真正实现。因此,平等不能是绝对意义上的平均主义。

现代平等观所主张的平等是有差别的相对平等。平等的观念实际上内在地包含了"差异性"的概念,没有差异也无所谓平等。在人类社会中,对平等的追求需要兼顾人与人之间的差别,而不是一味地追求同一性,因此平等是有限度的相对平等。相对平等反对无差别的一切权利的平等,而是主张在平衡平等价值与自由价值的基础上,以实现社会公正为前提的相对权利平等。平等有其合理的界限,相对平等在充分考虑和包容差异性的前提下,保证了平等与自由之间的平衡。对平等的过度追求会导致平等超出其界限,打破平等与自由之间的平衡,反而不利于实质平等的实现。一个社会的平等，其目的是每个社会成员能够拥有平等的发展机会，并能够充分发挥自身的潜能，实现其自由而全面的发展。真正的平等不仅需要肯定个体之间的平等，还需要考虑个体之间的差异。这就要求不能只是机械地把平等理解为数学意义上的平均分摊，而应当把其理解为充分考虑了个体差异的比例上的平等，因此，平等应当是有节制的平等。从社会的发展来看，只有在合理限度内的平等才能保证社会成员的自由个性不被损害，才能充分激发整个社会的创造力和活力，才能使社会得到有序、良性的发展。马克思和恩格斯对共产主义不同阶段的分配形式的认识，正是体现了充分考虑平等界限的科学观点。他们认为，与共产主义的初级阶段相适应的分配形式是"按劳分配"，而"按需分配"是与共产主义的高级阶段相匹配的分配形式。由此可见，马克思和恩格斯所强调的共产主义社会并不是不切实际的幻想，而是在总结了人类社会历史发展规律的前提下的科学理论。因此，平等是相对的和有限度的，要将其与差异相适应并对其进行权衡和限制，让平等成为一种有节制的存在。

平等不是平均主义，平等不能是流于幻想的绝对平等，而是要充分考虑现实中人与人之间的差别的相对平等。平等既要考虑到每个社会成员能够享有平等参与社会竞争和分享社会利益的权利，又要充分考虑社会现实中人与人之间的不平等地位，实现有差别地对待社会中处于不同地位的人，以此保证社会的良性发展，充分发挥人们的创造性和积极性。只有这样，社会的实质平等才能真正实现，社会的自由、平等、公正才能真正实现。

第三节

社会公正与首善标准

公正,即公平正义,对于什么是公正,可谓"仁者见仁,智者见智"。一位西方学者说,正义有着一张普罗透斯似的脸,变幻无常,随时可呈现不同的形态并具有极不相同的面貌。当我们仔细看这张脸并试图揭开隐藏其背后的秘密时,我们往往会深感迷惑。

一、何谓公正

在公正问题上,不仅存在着概念意义的理解分歧,更重要的是在它背后还存在着社会利益的冲突。人们的立场、角度不一样,对社会公平正义的理解也不尽相同。公正概念是在人们物质生产实践中产生的,其具体内容总是反映着一定历史条件下的经济结构和经济制度。在社会发展的具体阶段,不同利益群体的人们相互斗争、相互妥协,公正就是人们对处理和调节各种社会关系所形成的规矩和制度的认可。在不同的时代、不同的社会形态中,不同的社会主体之间会形成不同的利益关系和社会关系。同样,社会历史处于不断变化和发展之中,人们的社会关系也会因社会各要素的变化而变化。处理不同时空状态下人们的不同要求的社会关系状况的方式，决定了社会公正是历史、具体的，并随着历史的发展而不断发展变化。因此，对于在具体的社会中何谓公正，不同社会的不同利益群体有不同的回答。罗马人与希腊人认为奴隶制度是公正的，资产阶级则要废除被宣布为不公正的封建社会，无产阶级认为资产阶级的公正具有虚伪性，要求消灭人剥削人的社会制度，实现人民当家作主和按劳分配。

尽管不同社会的不同阶级对公正有不同的理解，但在最一般的意义上，公正是指社会关系的均衡合理以及达到这种均衡合理的关系所要恪守的规范尺度。换句话说，公正指的是人与人、人与社会之间关系的恰当性和相称性。公正意味着一个人所付与所得、应付与应得之间是"相称"的，即参与社会合作的每一个人承担其应担的责任、得到其应得的利益。如果一个人承担着少于应承担的责任，或者取得了多于应得的利益，人们就会认为这是不公正的。在我国，公正一词最早出现在《荀子》一书中，它和正义、公平、中正、无私是相似的概念。我国东汉学者许慎在《说文解字》中讲道，"公"是平分的意思，"正"即"直"，不偏不倚。汉语中很多词语，例如"大公无私""铁面无私""奉公守法"都表达了这个意思。在西方传统中，"正义"往往指社会中人或物的正当秩序，而"公平"更多指人公正无私、不偏不倚的态度或行为方式。

就社会公正的基本内容而言，社会公正包含权利的保证、机会的平等、分配的合理以及社会的调剂四个方面的规则。

首先，对基本权利的保证是社会公正的底线规则。社会公正对基本权利的保证强调的是,社会中的每一个人都拥有不证自明的基本权利,这些权利包括生存权、社会保障权、受教育权等。只有对这些基本权利予以切实保证,人在社会中的尊严才能得到肯定,人的发展才具有根本性的前提。换言之,社会的发展以人的发展为根本性前提,社会才有可能是公平和正义的社会。

其次,机会平等是社会公正的事前规则。所谓机会是指社会成员发展的可能性空间和余地。机会对未来的分配状况有着直接的影响,不同机会在可能性上为社会主体带来不同的发展空间,这会导致发展的结果具有不同的可能性。所以,从分配的意义上讲,机会的条件是一种事前就有所"安排"的规则。机会问题对社会公正的重要性不容小觑,它为每个社会成员的具体发展提供一种统一的规则。

再次,按照贡献进行分配是社会公正的事后规则。如何分配现有的社会资源对于社会公正的实现有着最为直接的呈现。在社会财富等资源的形成过程中以及与此有所关联的事情中,每个社会成员所投入劳动的数量和质量、所投入的生产要素不同,对社会的贡献也是具体、有差别的。根据每个社会成员的具体贡献进行有差别的分配,一方面体现了平等的理念,另一方面也体现了自由的理念。充分尊重并承认个体对社会的不同的具体贡献,也是对社会公正的真实展现。

最后,社会公正还包括社会调剂的规则。具体来看,这主要是从社会的整体利益出发的,对初次分配后的利益格局进行一些必要的调整,使社会成员在一定程度上普遍地获得由发展所带来的收益,从利益分配的维度使社会在公正的条件下得以发展。与社会公正的第一项规则即权利的保证规则不同的是,这一规则所强调的是"发展型"或"增长型"的补偿,而不是"维持型"的救援。

在现实中,公正、公平和正义这三个概念常常互用。正义只有在公共生活领域才能成为一个话题,公正一词能够很好地反映正义的公共性质,公平是"公共领域"和"平等"两个词汇的复合。平等是维护社会公平正义的基础,公正总是意味着某种平等,这种平等往往是基础性和原则性的,如权利平等、机会均等、法律面前人人平等。如果每一个人都能平等地享有应该享有的权利,平等地获得应该获得的利益,那么这个社会就是公平正义的。

二、公正是人类良知的声音

当我们用法律讨回公道的时候,当犯罪分子被绳之以法的时候,我们深切地体会到公平和正义的价值。公正就像一盏明灯,照耀着人类历史前进的航程。自古以来,多少英雄豪杰为了公平和正义,不惜牺牲自己的一切,甚至宝贵的生命。如果没有公正,善良就会被践踏,邪恶就会肆虐,整个社会就会陷入黑暗和混乱之中。期盼公正、维护公正,是人类良知的共同心声。

公正是人性的基本要求。法国启蒙思想家卢梭曾说过,由自然状态步入社会状态,人类便产生了一种引人注目的变化:他的能力得到了锻炼和发展,他的思想开阔了,他的感情高尚了,他的灵魂整个提高到这样的地步……他从一个愚昧的、局限的动物一变而为一个有智慧的生物。人是有思想和感情的高级动物,人的行为都是在思想的指导下进行的。唯物史观告诉我们，社会存在决定社会意识，人的思想和感情等观念性的东西都是受现实生活规定的，不同的社会群体和不同的阶层有不同的心态。比如说，穷人希望增加税收，改善福利，提高社会保障水平；富人则希望减少税收，增加投资，提高利润。这是人的思想的特殊性。但是，人的思想除了有特殊性之外，还有共同性，比如说，人人都想过上幸福的生活，人人都认同"幼有所育、学有所教、劳有所得、病有所医、老有所养、住有所居、弱有所扶"这一社会建设的目标，人的思想中的这种共同性体现了人性的重要方面。

公正历来就是人们所追求的一个基本价值目标。人们追求公正，就是要在人的世界中获得人所要求的人性价值，实现人与社会发展的意义。公正具有深厚的人性基础，从而具有广泛的普遍性，是人们的一种普遍存在的根深蒂固的价值追求。纵观整个人类历史，无论在何种社会阶段，无论属于哪一个社会阶层，从人们对理想社会的描述中总能看到公正的身影。古希腊时期，柏拉图和亚里士多德就开始关注城邦公正问题，认为公正是建立社会秩序的基础。近代启蒙思想家伏尔泰、孟德斯鸠、卢梭等人也对实现社会公平正义进行了多方面的探讨和研究。空想社会主义者把社会公平正义作为未来理想社会的重要目标。哲学家黑格尔指出，公正是独一无二的社会法则。罗尔斯在其鸿篇巨制《正义论》中提出，公正是社会制度的首要价值。自此，西方社会各界围绕公正问题展开了激烈的讨论，至今方兴未艾。中国历史上，无论是占统治地位的儒家思想，还是道家、墨家、法家等各大思想学派，都包含着深刻的社会公正思想，如儒家的"义利之辩"、道家的"道法自然"、墨家的

第一章 社会层面社会主义核心价值观的价值追求

"兼相爱，交相利"、法家的"法不阿贵，绳不挠曲"等。新中国成立后，特别是改革开放以来，中国共产党人坚持马克思主义的公平正义观，并结合中国实际，适时提出："社会主义的本质，是解放生产力，发展生产力，消灭剥削，消除两极分化，最终达到共同富裕。"[①] 由此看来，无论是东方还是西方，无论是传统社会还是现代社会，人们对社会公正的追求从未停止。从某种意义上说，人类社会的历史就是一部不断对抗不公正、追求公正的奋斗史。每个人都渴望生活在一个公正的社会中，公正是人性的基本要求。

公正是人类社会最基本的评价标准。人们生活在社会中，也只有在社会中才能生活。生活在社会中的每个人总是在对社会的各种关系和各种条件进行一定的评价，对各种制度和规则抱一种肯定或否定的态度。无论是古代还是现代，无论在哪一个民族、哪一个社会，我们都可以看到，某一社会阶段、社会制度、社会关系是否公正，从来都是人们进行评价的一个重要指标。

在日常生活中，我们每个人都会自觉或不自觉地把自己的付出和所得，与他人的付出和所得进行比较，比较的结果就产生了公正或不公正的感觉。凡是人们认为公正的，就意味着人们愿意去遵从；反之，人们认为不公正的，也就意味着一种不满，表示人们对之持一种反对的态度。虽然在外力的逼迫下不得不服从，不得不遵守，但心里却是排斥的，常常会消极地予以抵制。这就是说，人们评价一定的社会制度是不是好，是不是合理，一个重要的标准就是看它是不是公正。"得道多助，

---

① 邓小平. 邓小平文选：第3卷. 北京：人民出版社，1993：373.

失道寡助",这里的"道",在很大程度上就是公正,就是正义,公正的制度往往能够得到人们道义上的和实际的支持。

公正作为人类社会最基本的评价标准体现在各种具体的社会规则中。由于人与人之间总会有各种差别,人们在竞争中总是存在胜者和败者。但如果人们认为竞争的规则是公正的,形成的差别是合理的,那么无论是竞争中的失败者,还是支持和同情失败者的人,通常都不会产生对社会的怨恨情绪。相反,如果人们认为竞争的规则是不公正的,就会对胜败的结果产生不满。日常生活中我们通常说的"法律面前人人平等""一视同仁""买卖要公平""让亿万孩子同在蓝天下共享优质教育""反对就业中的性别歧视""让发展成果更多更公平惠及全体人民"等,都表明了人们对于公正的社会规则的强烈渴望,公正已成为人们评价社会规则的一个重要标准。

三、公正是社会制度的首要价值

任何社会的发展都离不开一定的制度形式。制度安排合理公正,人们的各项基本权利得到保障,就能产生合理预期,从而激发人们创造财富的积极性和主动性,避免和减少财力和人力的各种浪费现象,降低制度运行成本,最大限度地保障人与社会、人与自然协调发展。美国政治哲学家罗尔斯认为:正义是社会制度的首要价值,正像真理是思想体系的首要价值一样。一种理论,无论它多么精致和简洁,只要它不真实,就必须加以拒绝或修正;同样,某些法律和制度,不管它们如何有效率和有条理,只要它们不正义,就必须加以改造或废除。每个人都要拥有

第一章　社会层面社会主义核心价值观的价值追求

一种基于正义的不可侵犯性，这种不可侵犯性即使以社会整体利益之名也不能逾越①。

首先，制度设计必须考虑到社会公正。在一个社会中，设计制度的基本目的是确立一定的社会秩序，保障社会稳定和良性运行。社会总是由无数的个人构成的，彼此之间存在着利益的冲突和竞争。一方面，有竞争才有压力和活力，才能促进效率的提高。另一方面，恶性竞争会导致整个社会的无序状态，导致整体效率的下降，更严重者，甚至会导致社会的解体和崩溃。因此，为了维持社会的有序竞争状态，就必须确立一定的社会制度，而只有公正的社会制度才能更好地实现这个目的。也就是说，不考虑社会公正的立法和制度设计，产生的只能是恶法，只能导致周期性混乱的产生。人们在社会合作交往过程中，如果受到不公正对待，产生不公正的感觉，就会感到冤枉、气愤，甚至产生报复行为。这种心理和行为会使人与人之间的信任感降低，导致彼此关系恶化，社会合作难以为继，影响经济的持续稳定发展和社会的长治久安。因此，只有在公正的制度下，社会才能为人的发展提供平等的机会，每个社会成员的生存和发展才有保障。有了公正的社会制度，人们才能通过诚实劳动得到自己应得的东西，满足自己的合理期望，从而调动自身的积极性。这样，整个社会才能人人各司其职、各尽所能、各得其所，共同推动社会持续健康发展。

一个社会的"正常运转"有赖于体系化规则的存在，而一个社会中

---

① 罗尔斯. 正义论. 北京：中国社会科学出版社，1988：1.

基石与追求：自由、平等、公正、法治 ● ● ●

最为重要的规则体系就是制度。制度的设计和制定需要有一定的基本价值理念作为指引和依据，而在现代社会中，作为基本社会价值理念的"公正"就是设计制度的首要价值。所以，现代社会中基本制度的设计与制定，必须以社会公正为依据，否则，这个社会便难以具有符合现代价值的稳定、合理、规范的制度体系，这样的社会就难以正常运转，从而导致一个畸形化的社会的出现。也就是说，从公正的价值理念出发，社会制度的设计能够充分地考虑到社会的各个有机组成部分。组成社会的各阶层、各部门、各利益群体只有在公正的社会制度中，才能实现有效、良性、持续的互动与合作，进而从整体上促进社会的进步和发展。公正的社会制度能够切实地保障社会成员的基本权利和基本尊严，并通过必要的社会调剂，使得社会各个阶层之间的隔阂可以得到最大限度的消除或缓解，进而可以在一定程度上排除社会中的不稳定因素。伴随着一个社会公正程度的提升，社会中出现问题的数量会减少、强度会减小。此外，社会制度的公正性越高，解决社会问题的力度会更强、效率会更高。更重要的是，只有通过基于公正的制度安排，现代社会才能使绝大多数社会成员受益，从而实现真正意义上的发展，而不是只有少数人受益的"有增长无发展"的情形。同时，社会制度的公正可以充分激发绝大多数社会成员的潜能，使社会成员按照各自的具体贡献得到应有的回报，从而在总体上杜绝平均主义的出现。

其次，公正是制度权威性的重要来源，也是制度生命力的基本保障。任何制度，都意味着对人们产生一定约束，因此必须有一定的权威性才能够贯彻实施。这种权威性可以来源于道德感召力，如制度制定者

第一章　社会层面社会主义核心价值观的价值追求

和执行者的以身作则的榜样性力量，也可以来源于某种强制力，即对违反制度的行为予以强制性的惩罚。但从根本上看，制度的权威性来自其公共性以及由此带来的人们的普遍认同。对于广大的社会成员来说，制度的权威性来自其公正性。具有公正性的社会制度能够在很大程度上、从多个重要方面解决或缓解社会成员所面临的基本生存和发展的不确定性问题。这一方面保障了社会成员的基本生存权利，帮助解决和防范了社会成员在基本生存中所面临的社会风险。由于社会资源分配结构的不完善、市场经济的风险、家庭"遗传"优劣势的不同以及个人能力的差别等多种因素的存在，社会成员不可避免地会遇到各种各样的生存与发展方面的风险。公正性的社会通过基本的社会保障，能够有效地避免社会成员在生存中遇到风险，进而防止社会成员的基本生存条件恶化、贫富差距过大的情况出现。通过公正的社会保障制度的实现，可以有效地应对社会风险，并保证"人人共享、普遍受益"的社会发展原则的实现。从社会成员的基本生存出发，公正为制度权威性提供了基础条件。

另一方面，制度的公正性有效地保障了社会成员的发展权利。从发展的时间性来看，基于社会公正理念而建立的基本制度不仅具有当前的意义，而且具有长时效的意义。现代社会的基本制度是一种预先的制度准备与安排，社会保障对于保持与促进长远的社会和谐，具有不可忽视的重要意义。从发展的起点来看，具有公正性的社会制度可以在很大程度上保证大多数社会成员在社会竞争中有一个平等的发展起点。在市场经济条件下，社会有责任保证每个社会成员得到义务教育、必要的职业

基石与追求：自由、平等、公正、法治

培训以及必要的劳动保护等，从而使全体社会成员能够具有参与竞争的平等起点并获得长远发展的基础平台。正是由于公正性，社会成员的生存和发展从制度上得以保证，这也从根本上构成了社会制度的权威性。

从历史上的情况来看，一种制度越是比较公正，就越可以减少强制力量的威慑，相反，一种制度越是缺乏公正性就越需要强力来维护，而主要依赖强力来维护的制度通常是不能长久的。现代制度经济学的研究表明，一种制度越是比较公正，就越能得到多数人的认同和遵行，就越利于人们产生合理的预期，减少人们的短视行为，缓和人与人之间的冲突，从而降低社会交易成本。同时，公正的制度能够减少一个社会中的管理机构的数量，降低制度维持所需的成本，并且能够提高社会活动的整体效率。从这个角度来看，公正的社会制度不仅是维护社会公正的利器，能够有效维护社会稳定和有序运行，也是提高社会活动效率的基本途径。

四、公正是社会发展的标尺

"法者，治之端也。"法治兴则国兴，法治强则国强。从人类历史上看，国家强盛往往同公平、法治相伴而生。党的十八大以来，习近平总书记多次强调，"必须牢牢把握社会公平正义这一法治价值追求"[1]。从提出"努力让人民群众在每一项法律制度、每一个执法决定、每一宗司法案件中都感受到公平正义"[2]的目标要求，到部署推进法治领域改革

---

[1][2] 习近平.论坚持全面依法治国.北京：中央文献出版社，2020：229.

和深化司法体制改革，再到指导《中华人民共和国民法典》等重大法律法规的编纂修订，法治建设的每一个成果，公平正义的每一次彰显，都在夯实平安中国建设的基础，标注人民幸福的尺度和社会文明的程度，让全面建设社会主义现代化国家的底色更加鲜亮，成色更足。

首先，公正是社会发展的首要特征。社会是一个有机体，是一个囊括全部社会活动领域的跨层次性、整体性的范畴。因而，社会关系既体现在人与人之间，也体现在人与社会之间、人与环境之间；既体现为一国内部的关系，也体现为国家间的关系。对这些社会关系的评价也就是对一个社会发展程度的评价，因为社会发展最终要体现在这些关系的改善上，比如人的自由度的提高，社会秩序的合理、有序、高效，生态环境的良性循环等方面。而社会发展程度的提高，同时也体现着社会公正程度的提高。

公正的实现程度与历史发展进程具有内在一致性，即社会越发展、社会文明程度越高，公正的程度也会越高，距离理想中的公正状态也会越近。奴隶社会和封建社会，是少数人占有社会生产资料的私有制社会，存在相对立的两个阶级，是严重不平等的等级森严的社会。等级制的依赖关系是奴隶社会和封建社会中人的关系的基本内容。

资本主义的萌芽与资本主义制度的建立，使社会生产力获得了前所未有的发展，人也逐渐从群体的依赖中解放出来，发展成为以物的依赖性为基础的具有独立性的个人。资产阶级把阶级特权看作是不公正的，把自由和平等宣布为人的基本权利，自由和平等都是公正的。但是，资产阶级所讲的平等，仅仅指的是机会、条件的平等或平等竞争的原则。

基石与追求：自由、平等、公正、法治 ● ● ●

与奴隶社会和封建社会相比，资本主义社会推行的公正原则标志着社会发展的一大进步，但资本主义的公正原则还不是人类最高理想的公正原则，也同样不是什么永恒的公正原则。就像马克思所揭示的那样，资本主义社会用形式上的公正掩盖着实际上的不公正，随着社会的发展，资本主义的公正原则必然越来越不适应生产力发展的需要。

与资本主义社会相比，社会主义社会的公正不仅是机会、条件的公正，还是结果的公正，不仅有形式上的公正，还注重实际上的公正。社会主义的公正原则保证个体的平等权利与个性自由，并且从基本的经济制度、政治制度上加以保证。社会主义的公正原则真正地激发了个体的积极性、创造性，有力地促进了生产力的解放与发展。因此，社会发展进程与社会公正状况的改善是一致的，公正是社会发展和文明进步的重要标志。

其次，公正是社会发展的根本尺度。社会发展指的是人类社会各方面的和谐共进，不仅要有生产力的提高，物质财富的丰裕，还要有社会政治结构、经济结构、文化结构的合理，以及生态环境的改善与永续，最重要的是要有对人的权利的尊重与保护，以及对人的权利与义务的合理分配。

社会有机体是指相互差异的各个组成部分的辩证统一。协调是有机体的首要特征，也是一个有机体保持生机和活力的基本要求。而一个社会协调发展的基础，就是关注经济利益的构成和分配中的公正问题，关注政治资源分配中的公正问题，关注个体基本权利与非基本权利的获得与保障，关注资源和环境的公正问题。只有对个体平等自由的权利予以

第一章　社会层面社会主义核心价值观的价值追求

充分确认和保障，恰当合理地分配社会的经济、政治利益，同时，注重对生态自然环境的尊重与永续利用，才会有社会有机体的协调发展。对上述内容的描述就是公正的基本要求。它意味着，只有公正，才有协调；有协调，才有社会有机体的健康发展。从这个意义上讲，公正是社会发展的根本保证。

最后，公正的批判性功能是社会发展的动力。社会是由人组成的有机体，人是社会发展的推动力，社会发展的程度取决于人的发展的程度。人的发展程度越高越能意识到自己的主体性，对自己应该享受的各种权利的要求就越高，同样对社会公正的要求标准也就越高。正是人们对公正的要求不断提高，才形成了对改善各种不合理、不公正的社会条件的持久动力，促使社会向更加公正的状态迈进。可以说，没有对公正的追求，人类将失去文明发展的动力。

公正对社会发展的推动作用源于其作为一种价值评价标准对社会现实具有的批判性功能，即否定现实中的不公正状况或不公正原则，使之朝着理想中的公正状况和公正原则发展。公正对社会现实的批判是通过两种途径进行的：一是以理想的公正来对照现实社会中的不公正，从而否定、摒弃已有的不公正状况和不公正原则。二是公正扬弃自身，并在这种扬弃过程中使自身得到发展，进而推动社会的发展。

在具体的社会中，公正对社会发展的动力作用是通过促使制度创新实现的。一个社会的公正程度固然在根本意义上取决于这个社会生产力的发展水平，但与这个社会物质财富的多寡并不直接相关，强调的是社会成员间的"应得"与"平衡"，这种"应得"与"平衡"需要靠制度来保障。但是制度既可以保证社会公正，也可以固化现有的不公正。这是因为，制度本质上是一种"保守"的力量，制度的基本功能是为社会关系建构和社会发展提供稳固的规则，保证它们的连续性，而公正则是一个开放的体系。人类对公正的追求是不断发展的，公正对保守制度的评价所具有的批判性功能成为制度创新的一个重要因素。

公正对保守制度的批判一般通过两种力量进行。一种力量是社会中处于底层或受到不公正对待的人群，他们具有普遍、强烈的不公正感，这种不公正感又往往与被边缘化、被主流社会排斥的心理体验交织在一起。这些感受在开始时可能会通过制度化途径得到宣泄，但当制度化途径不畅或者弱势群体的状况长期得不到改善时，就会采取非制度形式。另一种力量是处于社会中上层的思想家、改革者，他们对不公正社会制度的批判往往是通过制度化途径进行的，比如著书立说，分析社会的不公正状态，宣传自己的公正思想，再如参与到制度设计、政策制定的过程中，向执政者进言献策。

第四节

法治社会与现代文明

法治，顾名思义就是"法的统治"，强调的是法律本身的权威。可以说，法治是一种贯彻法律至上、严格依法办事的治国原则和方式。它要求作为反映社会主体共同意志和根本利益的法律具有至高无上的权威，并在全社会得到有效的实施、普遍的遵守和有力的贯彻。法治作为一种先进的治国方式，要求整个国家以及社会生活均依法而治，即管理国家、治理社会，是凭靠法律这种公共权威，这种普遍、稳定、明确的社会规范，而不是靠任何人格权威，不是靠掌权者的威严甚至特权，不依人的意志为转移。特别值得注意的是，在当代中国，"法治"和"依法治国"这两个概念是根本一致的，依法治国实际就是法治的另一种表述，二者之间是一体两面的关系。

一、何谓法治

在日常生活中，我们还经常会碰到"法制"这个词，而且在谈论"法治"时，人们也常常拿它和"法制""人治""德治"做对比。因此，要全面认识法治的内涵，必须对法治与法制、法治与人治、法治与德治的概念做一下辨析，搞清楚它们之间的关系。

法治与法制既有联系，又有本质的区别。在英文中，"法治"与"the rule of law"相对应，而"法制"对应的则是"legal system"，是法律制度的简称。二者主要有如下不同：

第一，内涵和作用不同。法治强调的是法的统治，是一种治国方略，奉行法律至上，主张一切权力都要受到法律的制约。由于"法治"的"治"的偏旁是三点水，所以被有些法学专家称为"水治"，表明这是一种治国之策。法制是一个非常中性的概念，并不必然包含法律至上的含义，法制既可以被奉行法治者所使用，也可以被独裁者所利用，因此，有些学者根据"法制"的"制"的偏旁是立刀，将"法制"称为"刀制"，也就是说，法制像一把刀，是一种工具，可以被任何人所持有。

第二，产生和存在的时代不同。从严格的意义上讲，现代资本主义法治是资产阶级革命的产物，是在资本主义时代才产生并建立的，社会主义法治是到了社会主义社会才产生并建立的。而法制作为法律制度的统称，早在奴隶制社会初期就产生了。

第三，二者与民主、自由等价值观念的关系不同。一般说来，法治都是与一定民主、自由等价值观念相联系的，在我国社会主义核心价值观中，法治是与民主、自由、公正等价值观并列的。但法制与这些价值观念都没有必然的联系，它既可以为这些价值观念服务，也可以为反对这些价值观念的制度服务。

法治和法制之间的联系也是显而易见的。法制是法治的基础和前提条件，要实行法治，必然要求完备法制，加强法制建设。

与法治相对的另一个概念是人治。一般认为，古希腊柏拉图所主张的"贤人政治"是人治，中国儒家所主张的"为政在人"也是人治。作为与法治相对的概念，人治就是一种依靠领导人或统治者的意志和能力来管理国家和社会、处理社会公共事务的治国方式。它与法治之间主要有以下不同：

一是领导人或统治者的地位不同。领导人或统治者的地位是区别法治与人治的重要标准之一。具体说来，在法治社会中，法律是至高无上的，领导人或统治者都必须服从法律。即使领导人或统治者认为法律有

第一章　社会层面社会主义核心价值观的价值追求

所不妥，在法律未改变之前，也必须遵守法律，而不能违背法律的规定。在人治社会中，领导人或统治者具有超越于法律的权力，也就是所谓的"朕即国家"。人治所依赖的是领导人或统治者个人或少数人的智慧和能力，其意志直接就是行动的指南，就是根据；即使有规则，也经常可以被权力拥有者一言以立，一言以废。

二是法律的地位和作用不同。法治社会奉行法律至上的原则，法律的地位是至高无上的，并且法律既是手段又是目的。法律一旦制定就必须获得全社会的普遍遵守，即便统治者也不能例外。与此相适应，法律在社会生活中发挥着极为重要的作用，可以说法律成了国家治理社会的主要方式。而在人治社会中，由于统治者具有超越于法律的权力，所以法律充其量只是统治者实现社会统治的工具。在这种情况下，法律的作用经常得不到有效发挥，在法律与权力相冲突的时候，法律经常只能屈从于权力。

三是政治和观念基础不同。在现代社会，法治一般是以民主作为政治基础的，并且往往与自由、平等和人权等价值理念相联系。而人治则总是以专制集权作为政治基础的，并且一般并不奉行与现代法治相联系的自由、平等、人权等价值理念。

因此，虽然人治具有悠久的历史，某些类型的人治甚至曾长期被作为很多社会的理想，但是人治的基本理念与原则是与现代社会普遍认同的价值理念相悖的，因此，世界各国都逐步地选择法治，摈弃人治。

德治在中国传统社会中所指的主要是治国方式，其含义基本有两重。一是指充分重视道德的教化作用，并通过道德的教化与规范作用进

49

基石与追求：自由、平等、公正、法治

行社会管理和国家治理的方式。孔子就曾在《论语·为政》中说过："道之以政，齐之以刑，民免而无耻；道之以德，齐之以礼，有耻且格。"二是指充分重视为政者的道德典范作用，并通过这种典范作用来管理社会和治理国家的方式。在这个意义上，儒家特别强调政治领袖的个人操守，如《论语·子路》中就有"其身正，不令而行；其身不正，虽令不从"之说。中国传统社会中的德治实质上接近于人治，但与人治这个概念相比，德治概念更强调道德对人，尤其是统治者约束的重要性以及统治者道德的示范意义；由于德治宣扬道德自律对于社会管理和国家治理的好处，因此德治实际上非常富有理想主义色彩。这种道德理想主义在中国古代伦理社会确实能够在一定程度上对统治者起到制约作用，但在缺乏外在强制性力量的情况下，德治最终很容易蜕变为纯粹的人治。

法治与德治之间具有重要的区别。首先，行为的基本准则不同。法治社会中的基本准则是法律规范，德治的基本准则是道德规范。其次，冲突的解决方式不同。当法律与道德之间产生冲突的时候，在法治社会，法律通常要压倒道德，在德治社会，道德更容易压倒法律。最后，与人治的关系不同。法治与人治是根本对立的，而德治与人治则具有一定的相通性。

由于德治这种治国方式是建立在道德理想主义基础上的，它在实践的过程中很难真正得到实现。因此，德法合治是现实中较为普遍的做法。从历史上看，德法合治是古今中外的治国之道。我国既有悠久的法制文化，又有厚重的道德传统。从春秋战国时期孔子提出"宽猛相济"、

荀子提出"隆礼而重法"到汉代董仲舒强调"阳为德，阴为刑"，从唐代提出"制礼以崇敬，立刑以明威"到宋元明清时期一直延续德法合治，都体现了德治与法治相结合的治国之道①。在西方，古希腊时期柏拉图就认为执法和守法都离不开道德，亚里士多德、苏格拉底主张法律的制定必须着眼于德和善。现在从世界范围看，凡是社会治理比较有效的国家，大都坚持把法治作为治国的基本原则，同时注重用道德调节人们的行为。

二、法治的基本特征

法治区别于法制、人治和德治，具有其鲜明的特征。我们可以将法治的特征总结概括为政治性、阶级性、民族性、实践性和时代性。

一是法治的政治性。中外法治实践表明，每一条法治道路底下都有一种政治立场。在这里，政治可以理解为国家治理过程中以国家政权为核心展开的各种社会活动和社会关系的总和。现代政治的主要表现形式是民主政治，而民主政治的基本治理方式就是实行法治。西方国家的法治本质上是维护其统治集团和利益集团利益、维护其政治制度和社会制度的工具，有的沦为政党斗争、种族冲突、宗教争端及其他社会撕裂的推手。而在我国，党的领导、人民当家作主和依法治国是高度统一的，法治为党领导人民创造经济快速发展和社会长期稳定两大奇迹提供了重要制度保障。

---

① 坚持依法治国和以德治国相结合：学习贯彻党的十八届四中全会精神．人民日报，2014-11-24（7）．

基石与追求：自由、平等、公正、法治

二是法治的阶级性。按照马克思主义的说法，法是阶级矛盾不可调和的产物和表现，总是体现着统治阶级的意志，维护着统治阶级的利益，是统治阶级管理社会的工具；法的阶级性并不表现为所有法的规范都只表述和维护统治阶级的利益，而表现为作为法的整个系统确认和维护了统治阶级赖以生存的社会条件和社会秩序。在资本主义国家，对资产者来说，法律当然是神圣的，因为法律是资产者本身的创造物，是经过他们的同意并且是为了保护他们和他们的利益而颁布的；对广大民众来说，法律是资产者给他们准备的鞭子。而在我国，法是党的主张和人民意愿的统一体现，根本目的是依法保障人民权益。"人民就是江山，江山就是人民"①。法治最广泛、最深厚的基础是人民，法治的根本目的是依法保障人民权益。中国特色社会主义法治道路深深植根于人民之中，能够充分体现人民意志、保障人民权益、凝聚人民力量、激发人民创造力。唯有站稳人民立场，牢牢坚守人民性，才能确保社会主义法治建设永葆不竭的动力源泉。

三是法治的民族性。世界上不存在放之四海而皆准的法治道路。走什么样的法治道路，与一个国家的历史传统、民族文化、法制文明密不可分。在现代法治国家建设中，法律制度既要从总体上反映一个时代、一个国家、一个民族对于民主政治理想的追求，同时也要体现对于现实生活的概括，还要兼顾考虑民族文化传统和生活习俗，法律制度如果严重脱离这些，就会变成完全依靠国家政权强制力强行推进的手段，势必影响到法治国家建设的基础。自古以来，我国形成了世界法制史上独树

---

① 习近平. 习近平谈治国理政：第 4 卷. 北京：外文出版社，2022：63.

一帜的中华法系，积淀了深厚的法律文化。与大陆法系、英美法系、伊斯兰法系等不同，中华法系是在我国特定历史条件下形成的，显示了中华民族的伟大创造力和中华法制文明的深厚底蕴。中华法系凝聚了中华民族的精神和智慧，有很多优秀的思想和理念值得我们传承。出礼入刑、隆礼重法的治国策略，民惟邦本、本固邦宁的民本理念，天下无讼、以和为贵的价值追求，德主刑辅、明德慎罚的慎刑思想，援法断罪、罚当其罪的平等观念，保护鳏寡孤独、老幼妇残的恤刑原则，等等①，都彰显了中华优秀传统法律文化的智慧。近代以后，不少人试图在中国照搬西方法治模式，但最终都归于失败。历史和现实告诉我们，只有传承中华优秀传统法律文化，从我国革命、建设、改革、新时代的实践中探索适合自己的法治道路，同时借鉴国外法治有益成果，才能为全面建设社会主义现代化国家、实现中华民族伟大复兴夯实法治基础。

四是法治的实践性和时代性。从奴隶制度到封建制度再到资本主义制度，法律与人类政治社会一同发展进步。在人类政治和国家发展的各个时期，法律都以不同形态在世界上存在、发展、变化。在反封建斗争中，资产阶级喊出了自由、平等、人权的口号，也喊出了法治的口号。随着资产阶级革命及其建立资本主义国家范围的扩展，资本主义法治浪潮不断高涨。1949年，党领导中国人民团结一致、英勇奋斗，推翻帝国主义、封建主义、官僚资本主义"三座大山"，建立中华人民共和国，开启了中国法治建设的新纪元。新中国成立后，社会主义法律体系初步创立。在我国改革开放快速推进的背景下，我们建立起与中国特色社会

---

① 学习贯彻习近平法治思想需要把握好十大关系. 人民日报, 2021-12-07 (10).

主义市场经济相适应的法律体系。该体系以宪法为统帅，以宪法相关法、民法商法等多个部门法为主干，由法律、行政法规、地方性法规等多个层次的法律规范组成。党的二十大报告就"坚持全面依法治国，推进法治中国建设"做出战略部署，以习近平同志为核心的党中央带领全国人民，把社会主义法治实践发展和理论创新结合起来，不忘本来、借鉴外来、面向未来，与时俱进、守正创新，谱写了法治中国建设的恢宏新篇章，从理论和实践上完善发展了中国特色社会主义法治道路，更好地回答了时代之问，使这条道路越来越彰显出中国特色和时代特征。

三、法治是人类政治文明的成果

法是人类文明的产物，法治是政治文明的必然。作为社会层面的核心价值观，法治是实现自由、平等、公正的制度基础，只有通过法治建设，社会中的自由才能得到保证，社会的平等才能充分实现，社会的公正才能真正得到发挥。法治作为人类政治文明发展的成果充分体现在国家的发展、社会的稳定、个人权利的保障和实现之上。

第一，现代政治文明是法治文明。首先，法治作为依法治国、国家治理所内含的核心价值，代表着政治文明在时代中的发展潮流，是现代政治社会走向文明进步的一大标志。法治区别于人治，这是现代政治对传统政治的根本超越。众所周知，在实行"人治"的时代，统治阶级的主观意志左右着国家的一切，其中最明显的弊端是"朝代更替""人亡政息"引发的社会动荡、民不聊生。而法律具有公开、公正、明确、稳定的特性，这使得法治具有公正性、稳定性和可预期性，为有效治理社

第一章 社会层面社会主义核心价值观的价值追求

会、维护国家长治久安提供了可靠的保障。在实行法治的社会中，一个国家的任何机关、团体和个人，包括国家最高领导人在内，都必须严格遵守法律，依法办事。法治的这种公正性、稳定性，对于今天处于剧烈变迁中的中国显得尤为重要。这不仅体现为出台决策必须于法有据，制定的政策不能朝令夕改，还体现为在一个高速前行的转型社会中，其对价值理念、社会心态和社会秩序所起的稳定作用。

其次，随着现代国家的出现，法治与现代国家形成紧密的联系。现代国家的最高形式和最理想的状态是完全依靠法治的国家。在现代国家的发展中，国家与法治之间具有辩证统一的关系。一方面，现代国家的成长为法治提供了广泛的发展空间。随着国家现代化进程的不断推进、权力的不断扩张和社会资源的不断丰富，社会矛盾不断累积，因此需要一种制约机制来解决由于利益分配引起的矛盾、冲突和争端。这些制约机制是多方面、多渠道的，但现代法治无疑是其中最重要、最广泛的规则体系。人们逐渐认识到，政治应受到一个强有力的法律体系的约束，而法治则在这一过程中不断成长和发展。因此，现代国家的成长为法治提供了广泛的发展空间，从建立法律体系到明确宪法和法律的意义和根本目的，为现代国家的合法性和持续发展提供了保障。另一方面，法治为现代国家的成长提供了指导方向。法治所提供的制度安排和所体现的制度精神是现代国家所需要达到和维护的基本秩序和价值取向。具体来说，法治体现了现代国家的制度执行能力和决策自主性。法治国家与国家治理具有共生性、同构性和统一性。法治价值孕育和涵养国家治理的基本理念，法治体系培植和型构国家治理体系，法治能力培育和塑造现

基石与追求：自由、平等、公正、法治

代国家治理能力，法治建设成效的有无决定国家治理现代化的成败。因此，法治为现代国家的发展提供了方向和指导，是现代国家发展的重要支撑和保障。

第二，法治是自由、平等、公正的制度基础。法治为人类政治文明所倡导的自由、平等、公正等价值观提供了可靠的制度基础。世界各国在古代人治环境下形成了"家天下"的观念，统治阶级将国家视为自己的私人财产，强制、压迫民众服从管束。这种一切以统治阶级的私利为宗旨的治国方式，往往没有人性，对广大民众更是毫无公平正义可言。近代以来，随着工业革命和市场经济的发展，人类社会步入了发展的快车道。随着社会的进步和民主意识的觉醒，人们开始追求民主、自由、平等、公正的美好生活，开始用法治废除"刑不上大夫"，"法律面前人人平等"的原则逐渐确立起来；人们开始学会用法律武器保护自己，向侵害自己合法权益的对象讨还公道。新中国成立后，当家作主的广大人民开始运用法律武器保障自己的权益、治理国家和社会，通过长期奋斗、接力探索，历尽千辛万苦，付出巨大代价，新中国在法治化的轨道上坚定前行。近年来，法治的意义不断彰显，法治的地位不断提高，法治对民主、自由、平等、公正等核心价值观的保障在不断增强。

作为现代政治文明的重要标志，"法治"取"人治"而代之，不仅将民众从专制统治下解放出来，而且在政治上实现人人平等，推进自由、民主和公正的价值实现。法治不仅意味着庞大的法律体系、完备的法律程序、专门的法律技术，而且也是一种具有价值规范的生活方式，凝聚着人类对自由、平等、公正等价值问题的思考，表达着人们对秩序和正义的渴求。社会主义核心价值观是一个整体，社会层面的"自由、平等、公正、法治"相互联系，互为前提。法治为实现这些核心价值提供了稳定性基础，因而它本身也成为一种不可或缺的价值理念。

第三，法治是政治文明成果的体现。从国家的发展来看，法治的存在对于建设国家政权、组织和发展社会主义经济和文化都具有重要的作用。在我国，法律保障了社会主义生产资料公有制，推进了社会主义经济基础的形成、巩固和发展，并保障了经济有计划、按比例、高速度地发展。同时，对于破坏社会主义经济发展的行为，国家必须依法制裁。此外，国家还出台了专门的经济法规，人们必须严格按照这些法律规定办事。只有这样，国家才能够顺利地组织经济和文化任务，推动社会主义经济的发展，进而为国家提供强有力的物质基础，从而巩固国家政权。因此，法治不仅仅保障公平正义，还是国家政治和经济发展的重要基础和成果。

从社会的稳定来看，为了巩固统治地位，任何统治阶级都需要维护正常的社会秩序。若国家或社会缺乏秩序，人们将难以进行生产、学习和日常生活活动，政权也将面临不稳定局面，甚至存在被推翻的风险。因此，统治阶级必须采取必要措施来维护社会秩序，而法律则是其中重要的手段。法律规定了社会交往的规则和国家机关的职权和职责。法治通过立法、司法和行政，以授权、禁止和限制为标准，以鼓励或惩罚为调整目的，使社会符合法律秩序，使法律的执行效力与社会秩序保持高度契合，以此实现社会的和谐稳定。法治具有国家强制执行的性质，以及预防和解决社会争端冲突的作用,是整治社会失范无序的重要手段,有利于形成社会互信的良好状态,保障社会秩序的持续稳定。

从个人权利的保障和实现来看,人权是法治的基本价值和根本目标,法治是人权的确认和保障。权利对于个人而言非常重要,关乎他的生命、他的地位、他的尊严、他的自由、他的存在状况、他的人身财产安全、他的精神信仰选择等。对现代社会的人而言,任何将他们的权利由高级向低级归纳的言论和行动,都是价值追求的反动,都会引起他们的强烈不满。个人权利首先体现在宪法、民法、刑法、诉讼法等一系列法律中。用法律体现个人权利实则是要求得到法律的保护,个人权利只有在法律保护下才能实现,因此它们只有体现在以法律为核心的一系列制度安排中才能得到保障。法治的价值在于,它将看上去什么都有的东西转化为实际上确实存在的东西,保护它们在实践中不被侵害。

四、法治是治国理政的基本方式

纵观历史,法治无疑是国家治理和社会治理的重要方式,是规范文明秩序的根本手段。习近平总书记强调:"我国社会主义法治凝聚着我们党治国理政的理论成果和实践经验,是制度之治最基本最稳定最可靠的保障。"[①] 一方面,法治与治国不可分离,有国必有法。另一方面,法治与理政密切联系,执政党的政策同法的联系最直接、最密切。

从法治与国家的关系来看,法治是治国的根本前提。首先,法律是

---

① 中共中央党史和文献研究院.十九大以来重要文献选编:中.北京:中央文献出版社,2021:417.

第一章　社会层面社会主义核心价值观的价值追求

组成国家政权的前提。通过法律规定国家的根本政治制度、经济制度和阶级结构才能组成国家政权。国家政权是由统治阶级构建起来的暴力组织，用来实施对被统治阶级的专政。专政指的是一个阶级对另一个阶级采取系统性的暴力手段，而这些手段必须通过有效的组织来实现，否则无法确保对被统治阶级的专政。法律是组织国家的一种有效手段，任何统治阶级都需要通过法律来确认自己国家的性质。法律在国家政权中起着至关重要的作用，它不仅可以作为统治阶级实施专政的工具，也可以用来维护社会秩序和保障人民的权益。总之，法律在国家政权中的作用不可忽视，它是维护国家权力稳定、维护社会公正的基石。

其次，法律是表现国家意志的基本形式，是实现国家权力的重要手段。如恩格斯所说："市民社会的一切要求（不管当时是哪一个阶级统治着），也一定要通过国家的意志，才能以法律形式取得普遍效力。"[①]而列宁也明确指出，国家的意志应该表现为政权机关所制定的法律，否则就毫无意义[②]。因此，法律是由国家颁布的一种具有广泛约束力的规则，应当具备稳定性、系统性、明确性和具体性。法律规定了人们应该做什么，不应该做什么，以及如何做和不应该怎样做。法律代表着整个统治阶级的利益，全体人民包括统治阶级内部的每个成员都必须遵守和执行。对于那些违反统治阶级意志、危害统治阶级利益的违法犯罪分子，应该使用法律手段加以惩罚。只有遵守和执行法律，国家的权力才能得以实现。当然，虽然国家权力也可以通过军队和直接暴力手段来实

[①] 马克思，恩格斯．马克思恩格斯文集：第4卷．北京：人民出版社，2009：306．
[②] 列宁．列宁全集：第30卷．2版增订版．北京：人民出版社，2017：308．

现，但是法律手段是不可或缺的。

再次，法律是维护国家政权的有力武器。为了镇压敌对阶级的反抗，国家通过立法宣布危害其统治的行为为违法犯罪，并制定专门的法律规定对犯罪分子的惩罚方式，如逮捕、判罪、处决和剥夺政治权利等。在我国，宪法规定必须镇压叛国和其他危害国家安全的犯罪活动，制裁危害社会治安、破坏社会主义经济和其他犯罪的活动，惩办和改造犯罪分子。只有国家严格执行宪法规定，才能有效地镇压敌人、打击刑事犯罪分子、巩固人民民主专政。此外，我国是人民民主专政的国家，为了实现人民当家作主和人民的美好生活，国家必须保障人民的各项民主权利，对侵犯人民民主权利的行为进行法律制裁。法律在维护国家政权和阶级统治方面扮演着至关重要的角色。因此，法律是国家维护阶级统治、镇压敌对势力和维护人民民主权利的重要工具。只有依据法律治理国家，才能够有效地维护社会稳定和人民的各项民主权利。

此外，建设国家政权需要法律来保护和促进生产力的发展。我国作为人民民主专政的社会主义国家，组织和发展社会主义经济和文化是一项根本任务，法律在实现这一任务方面起着重要作用。就此，我国创制了与之相关的一系列法律文件。其中，较为典型的是2021年1月1日施行的《中华人民共和国民法典》。该法被称为我国市场经济的基本法，注重维护人民的私有权益，如，界定物品所有权、划分侵权责任、规范婚姻关系等。该法发挥了政府对社会主义市场经济宏观调控的作用，保护了人民的合法权益，为中国特色社会主义法治社会的繁荣和发展提供了强有力的保障，从而进一步推动我国国民经济健康、稳步

第一章　社会层面社会主义核心价值观的价值追求

前进。

最后，法律既是维护社会秩序的有效手段，又是巩固国家政权的必要手段。法律的实施可以维护社会的稳定，防止社会秩序的混乱，从而创造良好的生产、学习和生活环境。一个国家若缺乏行之有效的法律，那么社会秩序将难以得到保障，政权稳定也难以维持。必要的法律制裁不仅可以保障人民的人身自由和民主权利不受侵犯，还可以确保社会主义现代化建设的顺利进行。在法律的保护下，人民才能够安心生活、工作和创业，才能充分发挥自身潜力，为国家的发展做出贡献。因此，维护社会秩序是国家发展的基础，法律是保障秩序的重要手段，对于那些破坏秩序的违法分子必须坚决予以打击，确保人民的人身自由和民主权利不受侵犯，同时推进国家现代化建设，以确保国家的长治久安。总之，维护社会秩序是巩固国家政权的基石，法律是维护社会秩序的重要手段。

从法治与政党的关系来看，法治是执政党执政的必然要求。现代民主政治是一种政党政治，政党是现代民主政治的重要组成部分。执政党是政治活动中的真正主体，其职责是代表人民利益，推进国家的政治、经济、文化等各方面的发展。法治保障了政党的合法性和稳定性，只有把执政党的行为纳入法治的轨道，才能使政党的行为规范化、合法化，从而具有正当性和权威性；才能通过执政党约束执政者，使其严格地依法办事、依法治国。政党作为国家政治权力的组成部分，其内部组织结构和运作方式，需要遵守国家法律法规，接受国家法律的制约和监督。政党在推进政治体制改革的过程中，也需要依靠法治来确保其合法性、

基石与追求：自由、平等、公正、法治 ● ● ●

合规性和合理性，以确保政治体制改革的顺利进行。首先，政党在组织内部的运作和管理过程中，需要依据法律法规制定相应的规章制度，并确保这些规章制度得到遵守和执行。政党需要依据国家法律法规制定有关党员管理、财务管理、组织管理等方面的制度，确保党内管理制度的合法性和合理性，防止权力滥用和腐败现象的发生。其次，政党在参与国家政治生活时，需要遵守国家法律法规，接受法律的制约和监督。政党作为国家政治权力的组成部分，在参与国家政治生活的过程中，必须遵守宪法和其他法律法规的规定，尊重和保障人民的基本权利和利益。最后，法治推动政党进行政治体制改革。政治体制改革是中国特色社会主义事业中的一项重要任务，其目的是推动政治体制与经济、文化、社会体制协调发展，完善民主制度和法治建设，实现现代化国家治理。政治体制改革涉及政治权力的制约和平衡，以及政治机制的改进和完善。法治体系的建立，可以对政治机制进行规范，使政治权力的行使更加规范、公正和透明。

法治是治国理政的基石，是对自由、平等和公正的根本保障。在治国理政中，法治具有不可忽视的重要作用。法治为国家和社会的稳定发展提供了法律保障。法律的规范性和强制性，可以限制和制约政治权力的滥用，确保政治、经济和社会活动在规则框架内进行，有效维护社会秩序和稳定。法治有利于促进社会公平正义。法律规定了人们的权利和义务，保障了人民的平等和自由，使社会各方面的利益得到平衡和协调，从而能够真正实现社会的公平和正义。法治有助于提高政府行政管理的效率和公信力。依法行政可以避免政府官员的任性和不公，防止腐败和权力滥用，增强政府的公信力和威信，提高政府行政管理的效率和质量，为人民群众提供更好的公共服务。法治可以促进社会文明进步。法律的制定和实施，需要充分调动社会各方面的积极性，促进社会文明进步和法治文化的形成，为社会的可持续发展奠定坚实的基础。所以，法治对于治国理政具有重要意义和作用，它是现代化政治建设的基础和保障，需要不断加强和完善，为国家和人民群众提供更好的法治保障和发展条件。

第二章

社会层面社会主义核心价值观的传统基石

第二章 社会层面社会主义核心价值观的传统基石

　　社会主义核心价值观不是现代社会凭空构造的,而是对几千年中华优秀传统文化的吸收与改造。陈胜吴广起义、隋朝创立科举制度、包青天公正断案、董宣法不阿贵等,这些为世人所称颂的事例无不是自由、平等、公正、法治精神在我国古代的具体彰显。随着西方文化的传入,这些观念在近现代也有了新的变化和发展。本章将寻自由、平等、公正、法治思想之根,观其上下求索之路。

第一节

自由观念之本

　　自由是社会主义核心价值观重要的构成部分。在中华民族5 000多年的历史长河中,它就像一颗璀璨的星照耀着人们,指引着前进的路。在中华文明形成的早期,自由这一理念没有被系统地整理归纳,而是散落在诸子百家和文人墨客的论著中。随着时代的推移,先进的西方思想被引进了中国,并与中华优秀传统文化相融合,继而诞生了中国特色社会主义自由观。

一、中国古代自由思想简述

　　在中国古代,"自"和"由"起初是分开使用的。"自"在《说文解

基石与追求：自由、平等、公正、法治

字》中的解释是"鼻也。象鼻形。凡自之属皆从自"，本义是指鼻子，后来引申为代词用来表示自己。"由"多作为介词单独使用。"自由"一词出现在汉乐府诗《孔雀东南飞》"吾意久怀忿，汝岂得自由"中，含义为自己决定自己的命运，不被外界掌控。后世"方今权官群居，同恶如市，上不自由，政出左右"①"吾贵为天子，而不得自由"② 这些句子中的"自由"均有此意。"自由"一词在古代典籍中的含义并不完全相同。"兄弟权要，威福自由"③"纵容自由"等中"自由"的含义不再是人们所倡导的为自身发展谋福祉，而是为了一己私欲去侵害他人的利益。这样的自由不叫自由，是反自由。其实，"自由"思想早在春秋战国时期就有所体现。"七十而从心所欲，不逾矩"（《论语·为政》）是儒家强调的德性自由，"乘天地之正，而御六气之辩，以游无穷者"（《庄子·逍遥游》）是道家强调的无为自由，"菩提本无树，明镜亦非台。本来无一物，何处惹尘埃"（《坛经》）是禅宗强调的解脱自由。中国古代的自由更多强调的是内心的超脱和与外界社会关系的应对。19世纪，来华基督教传教士马礼逊编写的《华英字典》将西方"freedom"一词引入中国，译为"自由"。随着中国近现代思想运动的发展，西方自由主义观念被广泛吸收、运用。

当代中国对自由的理解，离不开对中华优秀传统文化中自由观的考察。在中国古代，自由没有作为一个特定的话题被讨论，而是体现在前人的论著、史籍中，如：儒家的德性自由、道家的无为自由、禅宗的解

---

① 荀悦，袁宏. 两汉纪. 张烈，点校. 北京：中华书局，2002：478.
② 李延寿. 北史. 北京：中华书局，1974：533.
③ 范晔. 后汉书. 李贤，等注. 北京：中华书局，1965：437.

第二章　社会层面社会主义核心价值观的传统基石

脱自由。

儒家的自由是德性自由。儒家文化对自由的理解，与西方观念特别是西方自由主义对自由的理解有很大不同。在自由主义的观念中，自由的主体通常指的是独立的个体，它强调个体相对于他人、国家、社会的独立性、不可侵犯性。因此，在自由主义的视野中，自我是自我规定、自我存在和自我发展的存在者。个人被认为本质上是其自己身体及能力的所有权人，而拥有这些并不对社会有任何亏欠。个人并不被认为是一个道德的整体，也不被认为是一个更大社会的一部分，而是被视为他本身的一个拥有者[1]。儒家强调人伦纲常、君臣关系。儒家从来不把自我看作超越于社会关系之外的存在，相反，是处于社会情境中的。一个人出生于家庭中并成长为社会和国家的一员，而社会和国家又被看作一个扩展了的大家庭，由此，个人的身份是通过在家庭内的角色与关系教化得到实现的，然后再扩展到更大的共同体之中，亦即"格物""致知""诚意""正心""修身""齐家""治国""平天下"。作为一个社会性的自我，每个人需要承担相应的社会责任，德性也就在践行君臣关系、父子关系、夫妇关系、兄弟关系、朋友关系等基本的人伦关系中体现出来。由此，德性就表现为个人能卓越地扮演其特有的角色。在社会关系的存在中，一个人通过认识他在这个关系中的角色知道他是谁，并且借助这种认识，知道他应该做什么，以及他能够从其他的角色那里得到什么。如此一来，人的合适的（appropriate）功能概念就与一套社会角色

---

[1] MACPHERSON. The political theory of possessive individualism：Hobbes to Locke. New York：Oxford University Press，1962：3.

基石与追求：自由、平等、公正、法治

的观念联系起来了，亦即儒家所言的"义"①。儒家提倡"居仁由义"，即世人应当有仁爱之心，行事符合道义，也就是后世所说的"自由之几在乎自克"②。正是基于这样的理解，在中华传统文化中，社会利益、民族利益、国家利益占有十分重要的地位。中国人特别强调个人对家庭、国家和社会的责任和义务，主张先公后私，反对过分强调个人权利的观念，尤其反对自我中心、自私自利。但发展到后期，儒家的道德准则发生了异化，被封建统治者利用来控制百姓，禁锢人的思想，加强中央集权。

道家的自由是无为自由。道家崇尚心境的自由洒脱。与儒家主张入世不同，道家认为，获得自由的方式不是入世，相反，是避开现实，忘却现实。在道家看来，现实生活是一种羁绊、桎梏，是不自由的。因此道家喜好隐遁，或隐身草莽，或遁迹山林，如此一来可以避免沾染人间的罪恶污秽。道家认为，防止人与自然、人与社会异化现象出现的最好方式是顺其自然。为此，老子鼓励人们找回自然原始的本心、顺应心灵的自然感召。庄子期望一种"天地与我并生，而万物与我为一"③的精神境界，安时处顺，逍遥无待。庄子告诉人们，只有摆脱功、名、利、禄、权、势、尊、位的束缚，才能回归自然本性，获得人格的独立和精神上的自由。为此，庄子呈现给人们一种逍遥的情景：在无限的宇宙中

---

① 按照美国汉学家郝大维（David Hall）、安乐哲（Roger Ames）的分析，"义"的含义为"合适"，"从社会方面来说，'义'要解决的是个人在其所处共同体中的合适位置问题"。参见：郝大维，安乐哲. 先贤的民主：杜威、孔子与中国民主之希望. 南京：江苏人民出版社，2004：116.
② 方以智. 象环寤记. 易余：一贯问答. 北京：九州出版社，2015：693.
③ 郭庆藩. 庄子集释. 王孝鱼，点校. 北京：中华书局，1985：79.

自由翱翔，以"万物齐一"的眼光俯视大地，实现心灵的超脱。以老、庄为代表的道家思想所主张的"道法自然""返璞归真""不为物所役""不为物所累"的思想，深深地影响着中国人的精神世界，对现代人的安身立命有着很强的启示意义。道家的无为绝不是什么都不做，而是不刻意造作，顺应自然规律，方可体会到生命的自由。

禅宗的自由是解脱自由。禅宗是佛教本土化的产物，主张当下顿悟。禅宗认为存在一个个体——佛能够完全摆脱红尘、遗世独立。在禅宗的观念里，世间万物不过是梦幻泡影，万事万物不过是因缘和合而成的，本无自性。世人认不清孰真孰假，不断攀缘，无所定处。六祖惠能大师说过："善知识！即烦恼是菩提。前念迷即凡，后念悟即佛。"[①] 每个人都具有成为佛的潜能。世间的人对自我、外在之物有很强的执念，无法放下，所以遮蔽了成佛之性。为此，禅宗提出"直指人性，见性成佛"，通过参话头的方式悟道。其本质就是通过某一个问题让世人思想集中，摒弃杂念，达到定的状态，继而进入道的境界。禅宗的自由是追求一种超脱世俗的状态，体现着中国人对至高精神自由的向往和追求。禅宗强调当下顿悟，不少人误以为只要天天什么都不干，只要参话头就可以悟道。此处顿悟应当是在渐修积累到一定程度后突然的体验。

儒家提倡德性自由，重视个人与社会的联系；道家提倡无为自由，强调回归自然本性；禅宗提倡解脱自由，追求超凡脱俗。三者互相影响、制衡，构成了中国人自由观的底色。我们切不能偏执于一端，易囿于桎梏。偏执儒家德性自由，恐压抑个人天性；偏执道家无为自由，恐

---

① 陈秋平，尚荣. 金刚经·心经·坛经. 北京：中华书局，2007：155.

忘却社会之担；偏执禅宗解脱自由，恐认为万物皆空。中国人则取中庸之道，以儒家德性自由处世间，以道家无为自由观内心，以禅宗解脱自由察世间。

二、中国古人向往自由之路

习近平总书记在党的二十大报告中提出，"把马克思主义思想精髓同中华优秀传统文化精华贯通起来、同人民群众日用而不觉的共同价值观念融通起来"。中华优秀传统文化存在于每一个中国人的文化血脉中，无时无刻不在影响着其思想行为。

在中国古代文学史中，诗人才子无一不憧憬自由。李白可谓是诗词界自由洒脱的代名词。盛唐时期，社会繁荣，海晏河清，世人多崇尚侠义之气。出生于关陇一带的李白自幼受到父亲行侠仗义、打抱不平的游侠言行影响，一生放荡不羁。"天子呼来不上船，自称臣是酒中仙"（《饮中八仙歌》）是杜甫对李白的评价。该句既体现了李白爱喝酒，还体现了他对权贵的无畏。他天赋异禀，"十五观奇书，作赋凌相如"（《赠张相镐其二》），游历山川湖海，不困于功名。李白的自由具有侠客风范。魏晋田园诗人陶渊明不愿意"久在樊笼里"，选择卸甲归田，"复得返自然"（《归园田居其一》）。他追求独在南山、悠闲赏菊的自由。南宋女词人李清照打破了封建制度下女性的刻板印象。在她的第二段婚姻中，丈夫张汝舟一改往日谦谦君子之貌，对李清照打骂兼施。李清照毅然决然告夫。清朝李调元在《雨村词话》中评价其"不徒俯视巾帼，直欲压倒须眉"。她追求的自由是女性独立的自由。

第二章　社会层面社会主义核心价值观的传统基石

在古代中国，自由不只出现在书本中，还表现在行动中。历来民众对专制、暴政等自由的反面予以强烈反对，对独断专横、飞扬跋扈、不可一世的做法予以极力贬斥，对唯我独尊、刚愎自用、独断专行、颐指气使的行为予以严厉批判。在几千年的历史长河中，产生了很多追求自由的动人故事。汉乐府诗《孔雀东南飞》，就热情歌颂了主人公焦仲卿、刘兰芝夫妇忠于爱情、反抗压迫的自由精神，寄托了人们对婚姻自由的热烈向往。陈胜、吴广不满秦朝的暴政，从田间揭竿而起，为广大农民发声。这样的事例数不胜数，反映了中国人骨子里有着对自由的强烈渴望。

这与中国崇尚独立的人格息息相关。自古以来，中华民族就讲志向、重节操，始终坚守人格的力量。《论语·子罕》云："三军可夺帅也，匹夫不可夺志也。"强大的外力可以改变统领三军的统帅，却无法改变一个普通人的志节。孔子的这段名言，以鲜明对照的句法和毅然决然的语气，表达了这样的信念：人格的力量是不可战胜的。古往今来，这种理想人格的追求鼓舞着无数仁人志士对浑浊现实进行奋勇抗争，激励着人们对美好理想进行不懈追求。千百年来，中国历史上涌现出了千千万万具有独立人格、强烈社会责任感的仁人志士。"不为五斗米折腰"的陶渊明，不愿"摧眉折腰事权贵"的李白，无不彰显着进退有度、宠辱不惊的处世态度和卓然独立的"大丈夫"人格。这些仁人志士的高尚道德品质和永久的人格魅力，成为中华民族的精神典型，影响着一代又一代的中国人。

近代以来，多少中国人为了追求自由抛头颅、洒热血。鸦片战争爆

基石与追求：自由、平等、公正、法治

发后，严复、梁启超、孙中山、李大钊等人积极变法、改革政治制度以摆脱双重压迫，为天下万家谋求民主自由的社会。中国共产党成立后，团结带领中国人民进行土地革命，抗击日本侵略者，争得民族独立和人民解放。新中国成立以后，党领导全国各族人民进行社会主义建设，为中国人民提供自由平等的机会。

当然，在肯定中华传统文化中包含着自由的因素和自由的精神的同时，也需要清楚地认识到中华传统文化中的糟粕。中华传统文化中"人治"思想浓厚，"法治"观念缺乏；"官本位"意识强烈，民主观念和平等思想较少。这些都导致了中国传统文化中宣扬个性自由、人格独立的内容相对匮乏。"由于缺乏外在制度法规等的保障，传统心性自由思想在其现实性上，发生了某些变异，产生了一些负面效应。这种心性自由或者变异为自我作践的'心奴'，或者变异为随波逐流的'任性'，或者变异为玩世不恭的'放纵'。"[①] 因此，当代中国对待传统文化的基本立场是：坚持马克思主义的方法，采取马克思主义的态度，坚持古为今用、推陈出新，有鉴别地加以对待，有扬弃地加以继承，实现中华优秀传统文化的创造性转化、创新性发展。

三、西方自由观念及其流变

近代以来，中国对包括自由在内的西方文化理念进行了比较深入的研究和探索，众多理论流派、思想家的自由观念中的合理成分被有效借鉴。社会主义自由观充分借鉴和吸收人类对自由问题理解的一切积极成

---

① 寇东亮. 古代中国人如何看"自由". 大众日报，2014-03-26（9）.

第二章 社会层面社会主义核心价值观的传统基石

果,将其纳入自身理论建构之中。因此,对社会主义自由观的理解,离不开对西方自由观念特别是近代西方自由理念的理解和把握。

对近代西方自由理念的理解和把握,需要我们深入古希腊相关思想的考察之中。正如恩格斯所指出的:"在希腊哲学的多种多样的形式中,差不多可以找到以后各种观点的胚胎、萌芽。因此,如果理论自然科学想要追溯自己今天的一般原理发生和发展的历史,它也不得不回到希腊人那里去。而这种见解愈来愈为自己开拓道路。"[1] 有关自由的观念也是如此,在古希腊政治思想和政治实践中,我们可以看到西方自由意识的萌发和政治自由观念的逐渐成熟。

古希腊思想家苏格拉底、柏拉图、亚里士多德等对自由就有过较为系统的论述。苏格拉底认为要追求内心的自由、精神的独立,而这种自由需要符合美德和善的原则,是一种理性的自由观。柏拉图在苏格拉底的影响下,将知善、行善与自由联结起来,实现了理论向实践的转变。亚里士多德提出了自由教育理论,认为自由人需要接受发展人理性的教育。这一时期的哲学家主要强调理性是自由的重要条件,追求真、善、美。

早在2 000多年前,古希腊雅典城邦就出现公民大会、五百人议事会等自由和民主的实践。在雅典政治结构中,自由公民可以参与城邦管理,发表观点,每一个自由公民相对于其他自由公民是独立、自主的。他们"以集体的方式直接行使完整主权的若干部分:诸如在广场协商战争与和平问题,与外国政府缔结联盟,投票表决法律并作出判决,审查执政官的财务、法案及管理,宣召执政官出席人民的集会,对他们进行

---

[1] 马克思,恩格斯. 马克思恩格斯全集:第20卷. 北京:人民出版社,1971:386.

基石与追求：自由、平等、公正、法治

批评、谴责或豁免"①。雅典民主政治下的公民自由，在人类发展中具有里程碑式的意义。相比起现代的民主实践，雅典的政治是有缺陷的。雅典的自由是少数人享有的自由。在古希腊政治结构中，人被分为几类：奴隶、女性、外邦人、自由的本邦人。拥有自由权的自由公民仅仅为自由的本邦人。这些自由公民的数量十分有限，他们仅占城邦人口的1/10左右。占人口绝大多数的奴隶，只是"会说话的工具"，没有人身自由，更谈不上参与城邦政治。在雅典，政治自由和民主实践也与女性无缘。雅典女性的职责是生育和做家务劳动，其活动不被列入政治公共生活之中，没有参与政治的自由。

中世纪的欧洲长期处在奴隶制和封建制的黑暗笼罩之下，在神权、王权和等级差别的压制下，既没有民主自由，也没有人权。人们的一言一行都要受到教会的严格控制，如果有非分之想，就被视为"异端"，受到宗教裁判所的残酷迫害。但中世纪基督教的原罪教义和神权与王权的斗争，为近代的自由主义思想提供了一定的理论基础。

伴随着生产力的发展和人类交往空间的扩展，世俗化运动兴起，新兴的资产阶级打出自由、平等、人权的口号，强调个体享有一系列受法律保护、不受干预的权利，提倡思想自由、政治自由。

在思想自由方面，人们主张打破中世纪教会的压迫，宣扬思想解放。物质世界为罪恶之源，身体为累赘之躯，人只有摆脱物质欲望和肉体欲望的束缚，才能达到永生，才能接近无限圆满的上帝。但是文艺复

---

① 贡斯当. 古代人的自由与现代人的自由：贡斯当政治论文选. 北京：商务印书馆，1999：26.

第二章　社会层面社会主义核心价值观的传统基石

兴以后的世俗化运动，却对"天国"信仰主义和禁欲主义进行了坚决否定，它认为人生的目的不是死后的"永生"，而是现世的享受；人的自然欲望不是罪恶，而是应当予以满足的正当要求；男女之间的爱情不是丑事，而是应当加以热烈歌颂的高尚感情。由此，世俗化运动响亮地打出了"我自己是凡人，我只要求凡人的幸福"的口号。同时，宗教改革运动所创造的新教伦理更是将人们对世俗生活的追求与对上帝的信仰有机地结合起来。新教伦理一方面提倡用自己财富的不断增长去增添上帝的荣耀，并将之视为神圣的天职，另一方面又崇尚勤劳、节俭，反对奢侈、浪费。这样，建立在天职观基础上的新教伦理既鼓励人们去创造财富、积累财富，又保持了超验伦理对享乐欲望即世俗化趋势的内在约束，从而使笃信宗教的生活方式和非同寻常的经商手腕有机地结合了起来。

经济领域的世俗化，宣告了人类自身在经济领域的自主，同时也表明了上帝在经济领域的衰退。这一时期的自由理论主要在自然法、社会契约、功利主义等理论基础上发展起来。霍布斯为自由主义奠定了基础。他提出了消极的自由，认为自由这一语词，按照其确切的意义说来，就是外界障碍不存在的状态[1]，自由的程度与外界限制程度有关。洛克是现代自由主义之父，建立了自由主义理论和原则。不同于霍布斯自然状态的自由，他说过"哪里没有法律，哪里就不能有这种自由"[2]，认为自由需要法律的保障。后来，卢梭、伏尔泰等人发展出激进自由主

---

[1] 霍布斯. 利维坦. 北京：商务印书馆，1985：162-163.
[2] 洛克. 政府论：下篇. 北京：商务印书馆，1996：33.

基石与追求：自由、平等、公正、法治

义学说，将公权力和个人权利捆绑。这一主张遭到了边沁、密尔等人的反对。他们认为应当把保障个人权利放在首位，国家需要帮助实现个人"自我幸福最大化"。

在政治自由方面，政治逐渐走向世俗化。政治领域的世俗化意味着排除上帝超自然力量对政治事务的干预，从上帝的重压下解放人性，从神权那里获得人权。近代自然法学说一改中世纪从超自然的神的角度来看待事物的基本观点，转而从自然的角度、从人性的自然法则当中推导出社会生活的法则。在自然权利理论看来，人类进入文明社会以前生活在自然状态当中。自然状态下的人们是自由而平等的，享有大自然赋予的不可让与、不可剥夺的生命权、自由权、财产权以及追求幸福的权利。就此，近代资产阶级革命响亮地提出了自由、平等、人权的口号，依靠各阶层人民的力量推翻君主专制制度、夺取政权后，确立了以议会制、普选制、两党制（或多党制）、分权制衡等为主要内容的民主制度。

近代资产阶级使人们获得了以前的人们难以企及的自由水平：在经济上，自由竞争的市场经济的发展，使得人们可以按照自己的方式生产、消费，可以在市场上进行自由的商品交换，劳动力在这其中也可以被自由地交换；在政治上，资本主义摒弃种族、出身、等级、文化程度和职业划分等差别而提倡法律面前人人平等，每个人获得了平等的自由的普遍外观；在思想文化上，言论自由和思想自由原则受到推崇，人们可以自由地表达自己的思想、观点；在宗教信仰上，每个人的宗教信仰是自由的，个人有权利和义务直接与上帝对话，倾听上

第二章　社会层面社会主义核心价值观的传统基石

帝的意志,并决定自己的行为,从而排除任何外在机构左右人的良心的权力。

尽管资本主义的自由具有其历史进步性,但也存在明显的缺陷。从根本上看,资本主义的自由是有产者的自由,对于广大无产阶级而言是形式、虚伪的自由。资本主义的自由和民主是建立在生产资料私有制基础上的,资本的多少和财产的多寡在政治生活中起着决定性作用。占有较多经济资源和财富的资产阶级,通过各种途径掌握公共权力,以保护和扩大自己的政治经济利益,资本主义的自由和民主成了以金钱为基础的"富人的游戏"、"金钱的自由"和"金钱的民主"。

西方自由思想对近代以来中国的政治、经济和文化发展产生了巨大的影响。在政治方面,为近代以来中国的政治建设提供了经验。鸦片战争爆发后,无数仁人志士受到西方自由思潮的影响,开展了一系列救亡图存运动,如戊戌变法主张学习君主立宪制、辛亥革命主张学习民主共和制。当代中国政治制度中无不蕴含着自由思想,如保护人民的政治自由、受教育的自由等。在经济方面,为社会主义经济发展提供了一条新的路径。经济自由主义在20世纪80年代被引入我国,为社会主义市场经济体制的建立提供了参考经验,推动了生产力的发展。在文化方面,解放了人们的思想。西方自由观念既是近代中国反对帝国主义、封建主义、官僚资本主义的思想旗帜,也是当代中国建设社会主义不可或缺的文化要素。

基石与追求：自由、平等、公正、法治

第二节

平等观念之根

平等，是当代中国社会主义核心价值体系的重要内容，也是整个现代社会最重要、最基本的价值理念。然而，从思想史的角度看，平等的观念并不为现代人所独有，早在人类文明诞生之初就已经有了朴素的平等观。正如恩格斯所说的那样："一切人，作为人来说，都有某些共同点，在这些共同点所及的范围内，他们是平等的，这样的观念自然是非常古老的。"[1]

一、中国古代平等思想简述

中国特色社会主义平等观具有深厚的历史底蕴。在几千年的历史演进中，中华民族创造了灿烂的古代文明，形成了等贵贱均贫富、损有余补不足的平等观念。这一平等观念，是中华优秀传统文化的重要组成部分，也是中华民族精神的重要内容，同时是社会主义核心价值观的重要源泉。古代中国对平等观最具代表性和影响力的表述可见于正统的儒家思想。

---

[1] 马克思，恩格斯．马克思恩格斯选集：第3卷．2版．北京：人民出版社，1995：444．

第二章 社会层面社会主义核心价值观的传统基石

第一，在道德心性的基础上阐释平等概念。孔子说，"性相近也"，"己所不欲，勿施于人"。人的本性是相同的，每个人都具有独立的内在价值，任何人不得以一己之私强加于人。人与人之间，在认识道德和成就道德的可能性上是没有差别的。正所谓"人皆可以为尧舜""满街都是圣人"。只要在日常生活中严格要求自己，按照圣贤的标准修身养性，人人都可以成为像尧舜那样品德高尚的人。

第二，在政治理想上追求平等社会。《礼记》曾用言简意赅的文字传诵一个"天下为公"的大同社会。在这个大同社会里，生产资料以及其他一切社会财富，由全体社会成员共同占有。任何人都必须参加社会劳动，不存在不劳而获的特权阶级。政治机会向所有人开放，只要是德才兼备的仁人志士都有平等的机会参与政事。社会福利在各成员之间公平分配，男女老少、鳏寡残疾各得其所，平等地享受各自适宜的社会供养，没有富贵贫贱之分、高低上下之别。总之，平等互助的原则，是儒家对大同社会未来构想的基本治世原则。

第三，在经济政策上主张平等互利。孔子提出，政在"使民富"，"不患寡而患不均"。这就是说，社会的根本问题是经济平等。经济平等既是保障人们生存权和人格权的重要手段，更是统治者维系其正常统治的必要条件。首先，只有满足了人们最起码的物质生活需求，人们的自然生命才能得以保全。其次，只有在保全生命的基础上，人们才有余力提升自己的道德品质和人格尊严。最后，只有人们的道德水平得到了普遍提升，一个秩序井然的社会才能被构建起来。因此，为了满足每个人的基本物质生活需要而减轻赋税，为了避免人与人之间贫

基石与追求：自由、平等、公正、法治 ● ● ●

富差距过大而采取损有余补不足的策略是儒家积极倡导的治国安民之道。

第四，在法律文化上观照平等理念。自古以来，我国形成了世界法制史上独树一帜的中华法系，其中《唐律疏议》是中华法系中最为耀眼的标志性法典。与同时代的其他法律相比，《唐律疏议》最大限度地摆脱了宗教神权政治，是一部"人为称首"的世俗法律。《唐律疏议》开篇便指出："德礼为政教之本，刑罚为政教之用，犹混淆阳秋相须而成者也。"[①] 以此为出发点，唐律将援法断罪、罚当其罪作为一项普遍原则加以贯彻，对整饬吏治、反腐倡廉有不少出色的法律规定。在各种徭役赋税的征收上，唐律把"均平"作为重点，即徭役赋税征收的标准是先富后贫、先强后弱、先多丁后少丁，明令禁止国家出纳机关违反权量制度、损害百姓利益。在刑罚上免除对老小病死者的处罚，重视对女性特别是孕妇的照顾。

孟子云："夫物之不齐，物之情也。"（《孟子·滕文公上》）儒家先贤们珍视友谊、爱好和平，反对以大欺小、以强凌弱、以富压贫，秉持平等谦虚的态度对待不同国家和民族。正因为坚持这种平等互利、包容互鉴的价值观念，由儒家思想主导的古代中国在相当长的时期内民族统一、国强民富，文学艺术、科学技术都有卓越的创造，古都长安、北京先后作为世界文化中心吸引万国来朝，古丝绸之路曾地跨亚欧大陆、太平洋和印度洋沿岸，传统的儒家文化远播海外，至今还影响着世界许多国家和地区。

---

① 钱大群.唐律疏义新注.南京：南京师范大学出版社，2007：3.

第二章　社会层面社会主义核心价值观的传统基石

除了儒家思想外，道家、法家以及佛家也在塑造古代中国的平等精神。道家主张平等待人接物。老子曾说："天地不仁，以万物为刍狗；圣人不仁，以百姓为刍狗。"（《道德经·第五章》）他认为天道公平对待万物，无高下之分，因此圣人也应该秉承天道，平等对待众生。法家强调法律面前人人平等。"王子犯法与庶民同罪"这句家喻户晓的话就是商鞅提出的。他认为无论地位尊卑，凡触犯法令者一律平等论罪。佛教自汉代传入，对中华民族精神产生了极大的影响。佛教提出一切众生悉有佛性，认为众生万物平等，都具有成佛的种子，只是被"无量烦恼"遮蔽清净本心才不能认得佛性。

二、中国古人追求平等之道

我们肯定儒家思想在促进古代社会政治、经济、文化各方面平等上发挥了重要的积极作用，这是毋庸置疑的，但是，不能因此就认定：儒家思想决然不包含不平等的特点。古人云："凡事有经有权。"经者，不易之常理也；权者，据时之变通也。普遍规律固然重要，但更重要的是现实的差异性。因此，从这个意义上讲，儒家思想对平等的原则性认同，离不开对不平等社会的现实体验。可以说，正是对封建等级制度的辩证反思，成就了儒家的平等学说。孟子说，"人皆可以为尧舜"，但又说，"尧舜之道，孝悌而已"（《孟子·告子下》）。尽管在成就道德的可能性上，儒家思想家们承认人人是相同的，然而，这种相同性，在儒家那里，断然不能转变为社会实践的平等性。在现实生活中，由儒家思想所主导的古代中国是一个典型的封建等级社会。

基石与追求：自由、平等、公正、法治 ● ● ●

从周朝开始直至清朝末年，几千年来，等级一直存在于以血缘关系为纽带的封建家庭中，封建家庭的组织形式是父权家长制的。父祖的权力神圣不可撼摇。当然，家庭中上下尊卑的关系不只是父亲与其他成员之间的两极分化，还包括夫妻、兄弟、亲疏、主仆等重重叠叠的从属关系。幼事长，卑事尊，享受当让父兄，劳作则子弟任之。家庭地位互不相同，彼此间权利义务的分配关系也不一样。一切享乐与家庭地位高低成正比，家庭中的尊长不仅具有内部的权威，而且在社会上，比幼辈们拥有更多的政治法律权利。等级还存在于以家庭本位为基础的社会制度中。每一个封建家庭通过对其内部等级制的维持而实现对国家的负责，整个社会的等级秩序就形成了。类比于家庭关系的长幼尊卑，社会分工也呈现为贵贱上下的分野。此外，即便是同为士大夫阶层，因天子、诸侯、卿大夫、士身份的差别，仍有严格的等级区分。管子云："度爵而制服，量禄而用财，饮食有量，衣服有制，宫室有度，六畜人徒有数，舟车陈器有禁。"（《管子·立政》）可见，封建官僚机制严格按照官爵的高低制定待遇的等级，根据俸禄的多少规定花费的标准。

古代中国的法律，可以说是专为平民百姓设置的法律，是官僚贵族统治人民的政治工具。官僚贵族享受着法律带来的特权庇护，几乎不受其制裁，从而造成了"礼不下庶人，刑不上大夫"不平等的社会局面。

为了摆脱被剥削、被压迫的地位，为了实现心目中平等社会的理想，广大农民向封建贵族和地主阶级展开了一次又一次英勇的斗争。

第二章　社会层面社会主义核心价值观的传统基石

19世纪，太平天国农民起义提出了迄今为止最为完整和系统的农民平等思想，它代表了中国农民平等运动乃至世界农民平等运动的高峰。

首先，政治领袖洪秀全创立了一套完整的、反封建的平等理论。"开辟真神惟上帝，无分贵贱拜宜虔。"洪秀全抬出"上帝"这尊"真神"，荡除封建社会的各路神仙，破除封建迷信对人的精神统治。他说，"天父上帝人人共"，"天下总一家，凡间皆兄弟"。所有的人作为上帝的子民，不存在君子与小人、士绅与贱民的分界，是官僚地主这些"阎罗妖"，故意炮制出等级观念和特权制度来"缠捉磨害"老百姓，使得他们自己凌驾于平民百姓之上尽享世间富贵，而普通劳动者过着暗无天日、穷困潦倒的日子。必须彻底铲除封建专制统治，为广大农民还原一个"共享太平"的平等社会。

其次，太平天国在基本经济制度上坚持平均主义路线。《天朝田亩制度》明文规定，"有田同耕，有饭同食，有衣同穿，有钱同使，无处不均匀，无人不饱暖"，这充分体现了农民阶级要求消灭私有制、实现财产公有的经济平等观。并且，在此平等观的基础之上，太平天国领袖们进一步制定了平分土地、平分收入等各项具体制度。一方面，通过"凡分田，照人口，不论男妇"的土地分配方案，保障了人人拥有面积大小相同、肥瘦程度相当的土地资源；另一方面，采取"圣库制度"杜绝了私有财产，使社会财富在农民军内部，实现了共同占有、共同享用和共同管理。

最后，对地方政权的组织架构实施保举和升贬制度。由于太平天国

基石与追求：自由、平等、公正、法治 ● ● ●

长期处于战争状态，它的地方政权从来不是纯粹的行政机关，而是兼管社区政务的军事单位，这就对地方官员的文才武略能力提出非常全面的要求，据《天朝田亩制度》记载，平日里，地方官员的职责是领导百姓进行农业生产，如果遇到战事，他们则需带兵打战，杀敌捕贼。太平天国一般采取层层负责的公举制。以"能遵守条命及力农者"为标准，上级官吏公开推举其下级，并对其下级的政绩全面负责；各级官吏每三年公开考核一次，"贤迹"者得以升迁，"劣迹"者必遭贬黜；当下级官吏因功受赏得到升迁时，作为保举人的上级官吏一同受赏晋升，反之则同样受罚遭贬。这种有任期的公开保举制度对封建专制是一个有力的否定，在一定程度上体现了农民阶级的朴素的民主意识。

太平天国所提出的平等纲领，激励了当时无数的农民兄弟，投身于反封建专制的革命运动当中。历时14年，太平天国运动将势力范围发展至半个中国，先后在18个省份组建了政权，实施了反映农民阶级平等要求的政治经济政策，这是中国历史上甚至是世界历史上空前规模的农民平等运动。然而，由于农民阶级所固有的小农意识的阶级局限性，由于19世纪中后期内外交困的客观历史条件的限制，这场轰轰烈烈的平等运动最终走向了失败。从太平天国运动失败的经验教训中可以看出，中国封建社会的农民阶级平等思想普遍存在自发性、盲目性和空想性等本质特点。

封建社会中农民的平等诉求，是对不平等的制度的自发反抗。恩格斯说，农民的平等要求，是"对明显的社会不平等，对富人和穷人之间、主人和奴隶之间、骄奢淫逸者和饥饿者之间的对立的自发反应——

特别是在初期,例如在农民战争中,情况就是这样;它作为这种自发反应,只是革命本能的表现"①。封建制是一个集专制、等级和特权于一体的超强政治压迫和经济剥削的制度。官僚地主凭借其政治经济的特权地位,最大限度地奴役和盘剥以农民为主体的广大群众,使老百姓的生存处境日趋恶化,甚至到走投无路的绝境。面对贵族地主的高官厚禄和数不清的财富,农民阶级本能地感到,自己的卑贱身份和贫困生活是极端不公平、不合理的。为此,他们揭竿而起,不惜用血与火的暴力与官僚贵族及地主阶级做坚决的斗争。然而,农民阶级一方面是被剥削被压迫的阶级,另一方面又是私有财产的保有者。与地主阶级相比,所不同的是农民阶级由一群地位不高、经济贫穷、随时可能破产的小私有者构成。这种随时随地面临破产威胁的小生产者境遇,决定了他们永久地怀抱着平分财产的简单欲望,并且,由小农经济地位所造成的阶级局限性,使广大农民群众看不到社会发展的动力和方向,因而在财富很有限的情况下,他们往往借助于宗教的形式,来表达自己对不平等社会现象的反抗情绪,以及对平等世界的超现实想象。而带有宗教色彩的平均主义平等观,难免带有盲目和空想的成分,除此之外还有一定的历史落后性和反动性。马克思总结道,这是一种"粗陋的共产主义",是"对较富裕的私有财产怀有忌妒和平均化欲望"的一种行动表现。

总之,农民的平等观,代表的是大多数人的基本利益,反抗的是极不平等的封建社会现实,从这一点来说,比传统儒家思想要进步得多、

---

① 马克思,恩格斯. 马克思恩格斯选集:第3卷.3版. 北京:人民出版社,2012:484.

光明得多。但是，其自身的阶级局限性使得他们对平等的思考过于表象化、过于理想化，因此，难以在现实中取得真正的成功。平等社会的实现，注定还要走相当长的一段历史路程，由更先进、更革命的阶级去探索和实践。

三、西方平等观念及其流变

西方的平等观念可以追溯到古希腊罗马时期。早在公元前4—5世纪，以普罗泰戈拉为代表的智者学派坚持平等这一原则。该原则在他们所提出的自然法构想中得以充分彰显。自然法不同于人为制定的法律。前者指法律应当是顺应人性的、符合公道的、普遍适用的，后者则指法律是具有强制性、区域性等特征的。其中，平等地维护个体利益合于个人天性，是自然法内在精神的体现。柏拉图在其论著中也曾谈论到男女平等观，认为女子可以和男子一样通过学习音乐和体育这两门技艺获得参与战争、抵御敌人的能力，男性和女性具有相同的素质，应当平等对待。亚里士多德主张符合正义的平等，即平等是建立在促进城邦发展的基础上的。他反对偏袒某一利益方或是外在于美德（如财富、名誉等）的平等观念，追求合于内心善、品德高尚的平等，提倡依据个人的善德进行相应的城邦权利分配。在古希腊早期，人们已经萌生了平等观念并发展了相关的论说，但这一时期的平等是局限于阶级内部的，只适用于公民，奴隶是被排除在外的。真正意义上西方首次提出全人类平等主张的是斯多葛学派。该学派基于有神论和自然法谈论平等观。他们认为所有人都是神的孩子，奴隶和公民本质上是没有差别的。同样，理性是自

第二章　社会层面社会主义核心价值观的传统基石

然法的内核，而每个人从出生起就拥有共同理性。继而，在自然法面前，人人平等，而"人人"应当是跨越等级、国别、性别等一切固有划分的。斯多葛学派的平等观念也在后来的罗马法中有所体现。随着罗马帝国的不断扩张，异邦人和本邦人的矛盾冲突也逐渐凸显。原先的只适合本邦的市民法已经无法适用，法哲学家主张构建具有自然法理性精神的法律。西塞罗就是其中的一员。他在《法律篇》中提道，理性来自宇宙的大自然，"它督促人们正确行为而不枉为，这理性并非由于形成文字才第一次成为法律，而是理性一存在就成了法律；它是与神的心灵同时出现的"①。他强调人类理性的作用，与斯多葛学派的观点相通。这一理性分有在每个个体中，人类都是平等的。用于不同种族的万民法也就此应运而生。古希腊罗马时期自然法蕴含的平等观对西方近现代资产阶级平等观有着极大的影响。

17—18世纪，西方思想启蒙家对平等观念进行了阐释和发展。洛克就是其中一员，他推崇天赋人权。平等权就是人权中很重要的一项。他在《政府论》的开篇就对奴隶制进行批判，认为"我们一生下来便同时取得生命和奴隶地位，在未丧失生命以前，决不能不当奴隶"② 这种论断是空话。洛克认为人应当是生而自由且平等的，不应当因任何所谓的绝对权威而转移。孟德斯鸠、卢梭等思想家也对平等观念进行了相关论述。

自从西方资产阶级思想家把平等当作社会的一项基本价值加以论

---

① 西塞罗. 国家篇 法律篇. 北京：商务印书馆，2002：188.
② 洛克. 政府论：上篇. 北京：商务印书馆，1982：2.

基石与追求：自由、平等、公正、法治

证，平等原则就彻底走出了古代形而上学的道德境地，"以一种持续而无法抵御的力量促使"人们"彻底摧毁中世纪遗留的一切制度"①，建立现代资本主义制度。18世纪的法国大革命，从某种意义上说，就是一次践行资产阶级核心价值观的伟大实践，这场革命的矛头直指传统社会的贵族特权。

大革命前的法国，封建贵族拥有一系列特权。他们不仅世代享受崇高的社会地位，而且在经济上拥有免税权，与之形成鲜明对比的是，包括资产阶级、工人和农民等在内的广大平民，承担了全部的财政负担却处在社会的最低等级。政治、经济上的极端不平等，激起了资产阶级和其他平民的强烈不满。而上述先进的资产阶级思想家们对平等的自然法论证以及对封建专制不合理性的揭露，已经为革命的爆发做好了舆论上的准备，尤其是卢梭的人民主权理想，将大量的工人和农民群众吸引到革命队伍中来，与资产阶级一道肩负起摧毁封建制度的任务。终于，革命的条件酝酿成熟。1789年，法国人民在"自由、平等、博爱"的政治口号感召下，攻占了象征封建统治堡垒的巴士底狱，大革命正式爆发。大革命期间，新成立的人民议会着重宣布，"在权利方面，人们生来是而且始终是自由平等的"，"一切特权，一切财产的封建性质和贵族性质概予废除。长子继承权，在分配上的男子特权以及由于门第不同而实行的不平等分配概予废除……"这些决议对封建等级制度进行了彻底清算，也对平等法权第一次予以公开确认，从此以后，法律面前人人平等的观念成为一种基本的社会价值理念，深入资本主义民主政治生活的

---

① 托克维尔. 旧制度与大革命. 北京：商务印书馆, 1992：243-244.

第二章　社会层面社会主义核心价值观的传统基石

方方面面。

从封建主义到资本主义，以争取平等为核心的法国大革命走出了一条真正革命化的道路，成了近代世界历史的中心。作为资产阶级革命，它不妥协地废除封建专制统治，使资本主义民主共和制在法国历史上发端，大大推进了资本主义工商业的发展。作为争取平等的平民革命，它以基本法的公开文本取消了封建贵族特权，使全体公民都有享受平等权利的政治自由，这不仅是对于资产阶级，而且是对于工人、农民群众的一次思想的解放。因此，马克思高度评价说，"平等是法国的用语"[①]。但同时，法国议会把财产权与不可剥夺的天赋人权置于同等地位，这就使得"平等原则又由于被限制为仅仅在'法律上的平等'而一笔勾消了，法律上的平等就是在富人和穷人不平等的前提下的平等，即限制在目前主要的不平等的范围内的平等，简括地说，就是简直把不平等叫做平等"[②]。

综上所述，近代西方资产阶级平等观是资产阶级反对封建专制制度、建立资本主义新制度的社会革命的精神产物。它既有历史进步性也有其局限性。历史进步性主要表现为：打破了长期以来封建主义的等级观念，提出人生而平等、法律面前人人平等的进步观念。这不仅对西方资产阶级产生了极大的影响，还鼓励着近代中国人民追求民主社会。

随着近代西方文化思潮的传入，国人深受启发，努力追求自由平

[①] 马克思，恩格斯. 马克思恩格斯全集：第2卷. 北京：人民出版社，1957：48.
[②] 同①648.

等。在政治上，维新派、革命派要求对政治制度进行改革，构建较为民主、平等的社会制度。在经济上，近代中国一改几千年来重农抑商的局面，鼓励工商业和农业平等发展。在思想上，陈旧的封建等级思想遭到冲击，人们追求男女平等、职业平等等。

第三节

公正观念之源

每个人都渴望生活在一个公正的社会中。在这里，被欺负了，会有人出来打抱不平；受委屈了，能有地方去鸣冤申诉；被侵权了，会有法律制裁侵权者；有困难了，会有人伸出援助之手；……生活在这样的环境中，人们会有幸福感和满足感。相反，如果生活在一个不公正的环境里，人们会感到压抑、痛苦、困惑与无助，进而产生对社会的强烈不满，破坏社会的和谐与稳定。自人类社会诞生以来，人们就一直追寻着公正的理想，无数哲人在迷惘中求索着公正的真义，无数志士在行动中展现出崇尚公正的品质。在人类文明史上，思想家们从未停止过对公正问题的探讨。当今时代，公正问题更成为人们普遍关注的热点问题。那么，究竟什么是公正？公正又从何而来？

第二章　社会层面社会主义核心价值观的传统基石

一、中国古代公正思想简述

中国传统的公正思想缘起于先秦时期，诸子百家都对公平正义提出了鲜明且富有创造力的构想。这一时期的思想影响深远，几乎奠定了整个传统社会关于公平正义的思想基础。其中最具代表性的是儒家的公正观，此外，道家、墨家、法家的公正思想对中国传统社会也具有深刻而广泛的影响力。

公平和正义是儒家和谐社会思想的一个重要组成内容。《礼记》中所说的"大道之行也，天下为公"便是儒家对美好社会最具概括性的描述。在儒家看来，公正是做人做事的根本原则，也是建立国家和维护社会秩序的理性基础。儒家的公正思想内涵丰富，它不仅是一种观念，还是一个包括价值目标和制度设计在内的完整思想体系。

第一，儒家在经济上主张"藏富于民"，尊重和保护百姓的财产，同时注重分配的公平，强调民生的重要性，把维护老百姓的生存权看作为政之本。儒家重视百姓的吃饭与生死问题，主张"养民也惠，其使民也义"（《论语·公冶长》），"节用而爱人，使民以时"（《论语·学而》），希望统治者不违农时，爱惜百姓，做到恭、宽、信、敏、惠。更重要的是，孔子注意到分配公平、社会正义的问题，反对贫富过于悬殊。孟子主张保障老百姓的财产权，他对齐宣王说："无恒产而有恒心者，惟士为能。若民，则无恒产，因无恒心。苟无恒心，放辟邪侈，无不为已。及陷于罪，然后从而刑之，是罔民也……是故明君制民之产，必使仰足以事父母，俯足以畜妻子，乐岁终身饱，凶年免于死亡；然后驱而之

基石与追求：自由、平等、公正、法治

善，故民之从之也轻。"（《孟子·梁惠王上》）孟子认为，一定要保证老百姓的收入所得，保证老百姓在好年成丰衣足食，坏年成不至于饿死，然后再引导他们走上仁义的道路。只有保护老百姓的财产，他们才会拥戴国君，维护国家。当然，以孔孟为代表的先秦儒家不是绝对的平均主义者，他们重"礼"执"礼"。"礼"是社会公共生活的规范与秩序，"礼"的功能是使社会财富与权力的分配与再分配有等级、有节度、有秩序，最终达到整体的和谐。

第二，在政治上，儒家对君王的执政理念和为政之要提出了诸多建议和主张，公正思想蕴藏其中。"政者，正也。"（《论语·颜渊》）"正"是治国之道，君主如果缺失公正的美德，就会失去治理国家的必要基础。早在《尚书》中就有"无偏无党，王道荡荡；无党无偏，王道平平；无反无侧，王道正直"的记载。孔子所说的"其身正，不令而行；其身不正，虽令不从"（《论语·子路》）也是在讲这个政治原则。意思是说，只有公平和正义才能让君主得到百姓的信服，百姓才会顺应国家的统治。为了达到政治上的公正，儒家提出了防止公权力滥用的设想。孔子强调以严肃庄敬的态度尊重百姓，合理合法地动员百姓。他提出五种美政，"惠而不费，劳而不怨，欲而不贪，泰而不骄，威而不猛"（《论语·尧曰》），反对以傲慢的态度对待人民，滥用权力，任意扰民，践踏民意，不顾民生。只有谨慎地使用公共权力，才能安民济众，治国安邦。孟子也有类似的倡导："穷则独善其身，达则兼善天下。"（《孟子·尽心上》）意思是说，人在不得志的时候要做到洁身自好，修养个人品德；如果得志了，就努力将恩惠施与百姓，使天下都能达到"善"的境界。后来，这句话被广泛传诵为"穷则独善其身，达则兼济天下"，这里的"济"正是济助黎民百姓苍生之意。

第三，儒家的社会公正思想，主要是关于社会治理的理念和关于养老、救济弱者、赈灾与社会保障等民生问题的制度设计及其落实。《礼记·礼运》抒发了对大同社会的向往："人不独亲其亲，不独子其子，使老有所终，壮有所用，幼有所长，鳏寡孤独废疾者皆有所养，男有分，女有归；货恶其弃于地也，不必藏于己；力恶其不出于身也，不必为己。是故谋闭而不兴，盗窃乱贼而不作，故户外而不闭，是谓大同。"《礼记》主张保留上古"五十养于乡，六十养于国，七十养于学"的分级养老制以及行养老礼的礼俗与制度，并指出要对聋、哑及肢体有残疾、障碍的人实行供养制度，其他身体健全的劳动者则依靠自己的技能供养自己。《孟子》中多次指出，要保证黎民"不饥不寒"，包括老年人在内都要有衣穿、有肉吃。关于养老制度，孟子指出，鳏、寡、孤、独，"此四者，天下之穷民而无告者。文王发政施仁，必先斯四者"（《孟子·梁惠王下》）。对于弱者，荀子主张"兴孝弟，收孤寡，补贫穷。如是，则庶人安政矣"（《荀子·王制》）。这些主张都体现着儒家的和谐思想和大同理想，体现着对社会公正的追求与向往。

此外，儒家还格外重视教育的公平和机会的公平。孔子"有教无类"的思想影响深远，至今仍闪耀着智慧的光芒。孔子提倡向民间开放教育，认为这是打破世卿世禄制、得以"举贤才"的基础，主张："举直错诸枉，则民服；举枉错诸直，则民不服。"（《论语·为政》）孟子也指出："尊贤使能，俊杰在位，则天下之士，皆悦而愿立于其朝矣。"

基石与追求：自由、平等、公正、法治

《孟子·公孙丑上》认为只有尊崇和选拔优秀的人才俊杰，才能使天下人愉悦地接受和服从，继而使朝政安稳，实现"选贤与能，讲信修睦"（《礼记·礼运》）的理想。

中国古代道家也有关于公正的丰富阐述。老子关于"道"的论述可以看作中国历史上对正义的较早阐述。老子的道论实际上就是他关于哲学的正义观。老子说："人法地，地法天，天法道，道法自然。"（《道德经·第二十五章》）这里的"法"是动词，意思是效法、遵循。人受制于地，地受制于天，天受制于规则，规则受制于自然。"道法自然"的意思就是大道以自然为纲，遵循其规律。"道"是超然于客观实在之上的，同时又主导着客观实在。因此，"道"是老子法哲学中的最高范畴。"故道大，天大，地大，王亦大。"（《道德经·第二十五章》）"道"的生成比"天""地""王"都要早，并且内在地支配着后者。"道"是万事万物的本原，"道"可以生万物。同时，"道"又是最公正无私的，主持着天上人间的正义。由于当时的实在法还未形成完整体系，法治的意识也还尚未形成，所以老子主张以自然之法来治理天下——"天道无亲，常与善人"（《道德经·第七十九章》），在"天道"的主持和监视之下，一切邪恶都无法逃避它的手掌心；"天网恢恢，疏而不失"（《道德经·第七十三章》），属于实在法之外的"道"，可以对实在法的偏畸缺漏发挥评断和纠正的作用，进而可以规制人们的行为，法的正义也就跟着实现了。以自在自洽的自然作为榜样的"道"，也因为"自然"而具有评断是非的公平正义功能，这正是老子朴素的公正观。

墨子是中国历史上第一位出身平民也代表平民阶级"实话实说"、

道济天下的思想家。《墨子》一书中，虽不见"公平正义"的词语，但通篇都彰显着墨子倡导公正的智慧。第一，公正的财富分配观。墨子认为"分财不敢不均""有财者勉以分人"。这种"不敢不均"并不是搞平均主义，是要均得公平合理。他着力反对过度享乐，认为那是侵犯百姓利益的骄奢淫逸。对那些分配不公导致贫富悬殊，进而使少数人"舞佯佯""歌荡荡"的极乐，人们不但要反对，而且应该"群起而攻之"。第二，公正的资源消费观。针对当时社会的侈靡风气，墨子提出了"俭节则昌，淫佚则亡"这一千古不易的命题，同时还提出了"节用""节葬"等主张。这不仅是为了避免自然对人类的报复，还是为了防止耗尽自然资源、引发社会危机而提出的深谋远虑。第三，公正的人际交往观。墨子认为百姓有三患，天下有三大害。而治世的良方就在于人与人"兼相爱，交相利"，这既是人际交往的总则，也是社会和谐的最佳途径。第四，公正的人才选拔观。墨子认为"夫尚贤者，政之本也"。其根本目的在于"为万民兴利除害"。墨子不仅用公正的观念对待优秀的人才，还用公正的观念看待每一个平民百姓。在他心中，一个人即使是"一草之本"，只要能对社会有所服务，就值得受到一视同仁的尊重。

法家重视法的权威性，强调法律的公正性。其主要体现为：第一，法令公开化。《商君书·定分》记载："故天下之吏民无不知法者。吏明知民知法令也，故吏不敢以非法遇民，民不敢犯法以干法官也。"[①] 法律不是执法者的一面之词。百姓和执法者都需要知法懂法，了解社会共同规则。官吏没有机会随意捏造法律损害百姓，百姓也能够规范自身行

---

① 蒋礼鸿. 商君书锥指. 北京：中华书局，1986：144.

基石与追求：自由、平等、公正、法治

为，从而保证了法律的神圣性，有利于维系社会稳定。第二，执法平等化。"刑无等级"是法家的基本精神之一，即无论地位高低、血缘亲疏，凡获罪者严格按照法律处刑。商鞅提出，"自卿相、将军以至大夫、庶人，有不从王令、犯国禁、乱上制者，罪死不赦"①。只要违反了最高统治者的指令，一律处以死刑。法家著名代表人韩非子强调"法不阿贵""疏贱必赏，近爱必诛"，法律一视同仁。

中华传统文化博大精深，蕴含着丰富的公正思想，涉及经济、政治、社会文化等多个方面。先秦时期的诸子百家对公平正义提出的鲜明而富有创造力的构想影响深远，后世的无数仁人志士也都为了构建一个公正和谐的社会做出过诸多有益的尝试。

二、中国古人探求公正之尺

公正观念深深地扎根于中华民族的血脉中。古代中国在数千年的历史发展中形成了属于自己的朴素公正观。该观念在官方体系中呈现为权力的制衡与监管，在民间体系中呈现为行为规范的道德化约束。

中国古代的政治制度是制衡之术的产物，实现了权力的相对公正，维护了当朝统治者至高无上的皇权与威严。第一，中央司法机关的设置。中国古代统治者深知权力不可偏于一方，否则会威胁自身地位。《商君书·定分》："天子置三法官，殿中置一法官，御史置一法官及吏，丞相置一法官。"② 中国古代设定三法司制度使中央司法权力制衡。以

---

① 蒋礼鸿. 商君书锥指. 北京：中华书局，1986：100.
② 同①143.

第二章　社会层面社会主义核心价值观的传统基石

唐朝为例，设立了大理寺、刑部、御史台三大中央司法机构。三者的运行关系如下：大理寺对一般法律案件审核、定罪。刑部审核大理寺通过的案件，如果没有问题可以执行（除死刑），如果不符合要求就会退回给大理寺重新审核。但是刑部没有资格修改大理寺的案件，只能够打回大理寺重新审理。御史台会对大理寺和刑部审理的案件进行监督。对于御史台官员的弹劾和皇上亲自要求御史台处理的案件，要先经过御史台的审核，然后由大理寺进行判定。这三者相互制约、相互监督。

第二，健全地方监督。古代中国的君主建立了巡视制，即君主选派官员监察地方官员行政，如：汉代刺史、唐代监察御史、明代巡按御史等。具有巡视权的官员往往官职较低，但权力较大，有定期的巡察时间。这一制度减少了地方官员滥用权力的机会。

第三，官吏选拔方式。科举制度就是古代中国公正的典型体现。隋唐时期，统治者开创了分科考试的人才选拔制度。考生通过童试、乡试、会试、殿试层层选拔才能够当官。科举考试分为文考和武考。文考主要是选拔文官，考查科目历朝都有所变化，大致分为进士科和明经科。进士科内容为作诗写赋，考查考生的政治决策能力；明经科为背诵理解，考查考生对儒学经典的掌握程度。武考主要是选拔武官，主要考查考生的作战能力、身体素质、兵器使用熟练度，后世还纳入了理论考核。除了以上常科以外，统治者还设立了制科来选拔特殊人才，如：奇才异行、孝悌力田等。科举制度打破了世家大族对政治权力的垄断，为阶级流动提供了机会。

中国古代朴素公正观除了蕴含在官方法律制度中，在民间社会中也有其独特体现。中国人常说"人在做，天在看""举头三尺有神明"，在

基石与追求：自由、平等、公正、法治

中国百姓内心深处有着一把评判是非曲直的标尺。人们往往根据它去做出价值判断和价值选择。他们相信，一旦善恶的天平出现了倾斜，"天""神明"这种神秘力量就会代替百姓行使惩恶的权力。在元代戏曲《感天动地窦娥冤》中，关汉卿讲述了无依无靠的窦娥被恶棍构陷、屈打成招含冤而死的故事。在该故事中，窦娥受到天大的冤屈却百口莫辩，只能向天控诉，发出"血溅白练""六月飞雪""大旱三年"三大誓愿。最后它们一一应验。在这个故事中，没有任何人能够为窦娥洗刷冤屈，只有所谓的"天"才能够做到绝对客观的评判并为其证明。从这个现象我们可以得知，中国古代的法律制度无法较好地保障百姓的基本权利。所以，百姓只能将这种对公平公正理想社会的构想诉诸"天"这种绝对客观精神。除此之外，人们还会通过将具体历史人物神化来进一步表达对公正社会的向往，如关公、包青天等。

然而，古代中国朴素公正观具有不可避免的历史局限性和阶级局限性，在封建专制的社会不可能得到真正的实现。毛泽东曾经指出："今天的中国是历史的中国的一个发展；我们是马克思主义的历史主义者，我们不应当割断历史。从孔夫子到孙中山，我们应当给以总结，承继这一份珍贵的遗产。"[①] 因此，我们需要更好地了解传统公正思想，在扬弃中传承和创新。

三、西方公正观念及其流变

公正是全人类的共同向往与追求。在西方传统中，"正义"往往指

[①] 毛泽东. 毛泽东选集：第2卷.2版. 北京：人民出版社，1991：534.

第二章　社会层面社会主义核心价值观的传统基石

城邦、社会的正当秩序，而"公平"更多地指人公正无私、不偏不倚的态度或行为方式。

西方的公正思想发源于古希腊时期。古希腊伟大的《荷马史诗》将公正精神具象化为正义女神忒弥斯，她以双眼蒙布、左手拿天平、右手握刀剑的形象出现。蒙住眼睛的白布代表着公正是符合内在精神的，不为外在利益、权威动摇；天平代表的是公正和秩序；刀剑代表的是制裁一切邪恶的力量。毕达哥拉斯学派认为宇宙万物是数，追求基于数的和谐之美。该学派提出了数字理论，数字"四"可以由两个完整相同的"二"相乘得出，象征着正义（公正）。同样，他们强调若要实现社会秩序和谐，就需要遵循公正法则。赫拉克利特认为世界是由一团火组成的，而符合世界本原"火"发展变化规律的原则（也称为逻各斯）才是真正的公正。

随着城邦政治的不断完善和发展，公正话题也引起了政治家的关注，被当作重要内容进行系统讨论。这一阶段的公正与美德紧密相关。首先系统提出公平正义这一问题的是苏格拉底的得意门生——柏拉图。他的《理想国》被誉为古代的"正义论"，强调公正即和谐，影响西方至今数千年之久。正义是什么？柏拉图根据希腊人所谓的"四主德"，将美德进行了详细的阐述和区分。他不仅把正义看成与智慧、勇敢、节制并列的"四主德"之一，而且认为正义是高于其他美德的最高境界。他把正义分为国家的正义和个人的正义。对国家来说，正义就是各个等级各守其位、各司其职。个人的正义表现为灵魂各组成部分和谐的一种内在的精神状态。亚里士多德系统地奠定了西方的正义论基础，并详细

基石与追求：自由、平等、公正、法治

地对正义做出了分类。亚里士多德认为正义是评价法律的最高标准，法律是实现正义最可靠、最有力的保障。他指出：正义是指人们在社会关系中产生的美德，中庸则是美德的特性。正义就是一个人获得的东西是他应得的。法律的好坏，应当以是否合乎正义为准。他将正义分为普遍的正义和个别的正义两种，其中个别的正义又分为分配的正义和平均的正义两种。普遍的正义是就社会的每一成员与整个社会的关系而言的，它要求全体成员的行为合乎法律，包括国家颁布的成文法和不成文的道德法典。个别的正义是就社会成员之间的关系而言的，其中所谓分配的正义就是一种赏罚分明的公平，而平均的正义是人们之间关系的平等。

中世纪是一个信仰的时代。在漫长的中世纪，对上帝的虔诚信仰代替了哲学的理性沉思，一切其他学科都被纳入神学的框架，关于公平正义的理论也被深深地烙上了神学的印记。"原罪说"体现了神学正义理论违法必惩的精神，要求对违反法律的行为进行刑罚以及量罪用刑。在进行审判时，要求按照上帝的意志进行裁决，也就是遵循至善、智慧与公正的原则，不能够以容貌、贵贱、性别等外在条件抛弃公正精神。同样，这种公正的正义是永恒存在的，不会消散。正如埃德蒙·柏克所说：它先于这个世界而存在，并且也将存在于这个世界自身的组织结构之中，它就是正义。这种正义起源于上帝，驻留在我们每一个人的胸中……尽管这一时期的公正观是围绕绝对权威的"神"开展的，我们依稀能够从中看到近现代公正观的影子。

文艺复兴之后，西方的公正观发生了重大的转变。人们不再只是一

第二章　社会层面社会主义核心价值观的传统基石

味地崇拜高高在上的"神",而是越来越关注自身,产生了对"人"的尊重。对于"正义"的理解,不再拘泥于各守其位、各司其职,而认为正义是对自由、平等、博爱等人文精神的追求。服从上帝的法律不再是公正的唯一形式,制定规范合理的人间法律成为西方文明人的共识。从前作为一切行事标准的《圣经》也逐渐淡化,社会往往以人的理性作为衡量公正的标准。这一系列的变化使得西方的公正观念走进了近代。

首先是自由、平等、博爱的精神。近代西方社会普遍把自由、平等、博爱等看作正义的同义词。格劳秀斯、斯宾诺莎、卢梭、孟德斯鸠、康德等一大批思想家,都以自由、平等、博爱作为核心价值去阐发他们的正义观念。斯宾诺莎说:在原始的自然状态下并没有所谓的正义或者非正义,公正是社会的产物。在人类社会的状态下,法律所确定和捍卫的个人财产是实际的"公正"产生的根源。要是一个人具有永恒而稳定的意志,把应该属于每个人的东西都归给每个人,那么他就是公正的;而如果一个人企图把别人的东西占为己有,或者想要把别人的东西夺取过来而给另一个人,他就是不公正的。而在卢梭看来,要想实现社会的公正不能单单依靠某一种手段。在《论人与人之间不平等的起因和基础》中,卢梭设定了一个自然状态,原本相互隔绝的自然人因为外界环境所设置的种种障碍而不得不相互合作,在经历了多次革命和突破后,自然状态终于进入了社会状态。而公正与不公正恰恰是在整个人类的转变过程中逐渐显现出来的。卢梭认为,要想获得社会的普遍正义,既需要每个人出于良心而产生道德上的正义感,又需要国家凭借法律而产生规则上的正义性,二者结合才能创造整个社会真正的公平、公正。

基石与追求：自由、平等、公正、法治

其次是秩序的精神。霍布斯把秩序、安全和权威作为自己毕生追求的首要价值，他把正义和公道归结为每个人对法律的遵守。而在洛克看来，以自然法作为依据的自然状态缺乏判断人们行为是否合理的标准，也无法裁决人们之间的纠纷与矛盾。为了协调人与人之间的关系，大家就应该一起订立一个契约，在契约的基础上建立一个代表民意的国家和政府。而公正是什么呢？公正就是服从这种建立在契约基础上的国家的法律。国家和政府作为契约的产物，应当按法律办事，保障人民的权利。为了保证法律的充分实现，主权者应该是至高无上、不受法律约束的，但是不受法律约束又往往会出现问题。针对这种现实问题，为了防止主权者的个人专断，维护人民的利益和社会的公正，卢梭提出了人民主权说，洛克和孟德斯鸠则提出了分权制衡的构想。这些维护秩序和法律的思想不仅体现了对于公正的向往，还力图为公正的获得做出切实努力。

最后是追求效益的精神。追求效益也是近代西方公正观的一种重要倾向，其典型代表就是功利主义。功利主义又被称作效益主义，最初风行于英国，后来这种哲学思潮对整个西方社会都产生了巨大的影响。它提倡追求最大的幸福，认为人应该做出他所能达到的最好的行为，而人类行为的唯一目的就是获得最大效益，最终获得幸福。功利主义的早期代表人物休谟曾说：公共的效用是正义的唯一起源。这一著名论断被当作功利主义公正观的最早表述。功利主义者认为人的最高目标是获得幸福，因此人是利己的，而人与人之间的交往能够促进彼此利益的增加，所以功利主义者眼中的公正是一种双赢。既然公正是双赢，那么维护别

人的利益其实就是维护自己的利益，成全别人的幸福也是为了保证自己的幸福。为了增加普遍的利益和幸福，人们才会遵守规则，正是这种心理产生了功利主义的道德。如果一个人的行动能够对社会的普遍利益和幸福产生正效用，这个人就被认为是高尚的、幸福的、有道德的。这就是迄今都发挥着重要作用和影响力的功利主义的公正观。

自由、平等、博爱、秩序、效益，是近代以来西方公正理论的核心精神。它们不仅影响着西方社会的发展，还对近代中国产生了极大的影响。戊戌变法时期，康有为吸收了西方公正思想精神，提出了大同民主，即主张建设公正、平等的社会。辛亥革命时期，孙中山提出三民主义，其中的民生主义蕴含了其对社会公平的构想。民生主义的主要内容就是平均地权、节制资本，以实现社会公平。然而，整部中国近代史已经证明，照搬西方公正理论走资本主义道路是行不通的。

第四节

法治观念之始

法治是社会主义核心价值观的重要组成部分，作为一种治国理政的方式，作为一种法的价值取向、理想追求，在人类历史上有着悠久的历史。用明确的法律规范来调节社会生活、维护社会秩序，是古今中外的

基石与追求：自由、平等、公正、法治

通用手段。无论是东方文明还是西方文明，在历史上很早就开始了对法治思想的探寻。

一、古代中国法治思想简述

《说文解字》对法的阐释为："灋，刑也，平之如水，从水；廌，所以触不直者去之，从去。""灋"是"法"在我国古代的写法。"平之如水，从水"体现"法"公平、公正的特点。"廌"是上古时期用来断案的神兽。据记载，舜曾任命正直公正的皋陶掌管刑法。皋陶有一只神兽，叫作廌。当皋陶遇到复杂的案件难以决断时，它能够辨明黑白、分辨是非，会用自己的触角去碰理屈的人。"廌"是公正执法的化身。随着汉字的演变，"灋"中的右边部分被替换成"去"，保留了"水"。其意为"水"代表保持公平、公正，"去"代表去除不公平。"法"是人们内心对正义向往的具象化。中国古代早期的"法"类似于我们今天的刑法。正如桓宽在《盐铁论·诏圣》中提到的"法者刑罚也，所以禁强暴也"。尽管"法治"一词早在春秋战国时期就出现了，如《晏子春秋》提道，"昔者先君桓公之地狭于今，修法治，广政教，以霸诸侯"，但是这里的"法治"指的是法令规定，与我们现在提到的"法治"用法律法令治理国家的含义有所不同。我国最早提出以法治国观念的是管子。《管子·明法》有"以法治国，则举措而已"，认为法律是治理国家的唯一手段。

中国古代的"法"来源于"礼"。《管子·枢言》曾言："法出于礼，礼出于治。治、礼，道也。万物待治、礼而后定。""礼"是对社会行为

第二章　社会层面社会主义核心价值观的传统基石

的规范，强调道德约束，而"法"是在"礼"这种道德规范无法起到效力后产生的强制手段。《大戴礼记·礼察》中的"礼者禁于将然之前，而法者禁于已然之后"是对此的描述。当代倡导的法治思想能够在儒家礼治思想中找到影子。儒家"礼"的内涵，荀子对此进行了解释，"故礼上事天，下事地，尊先祖而隆君师，是礼之三本也"（《荀子·礼论》）。礼是一种遵循自然、社会、人伦的行为规范。

"礼"是具有中国古代特点的尊天道、系民生的法治规章。儒家十三经中的"三礼"（《仪礼》《礼记》《周礼》）是早期的法律规章的雏形。"若有诸公，则先卿献之，如献卿之礼。席于阼阶西，北面，东上，无加席"（《仪礼·燕礼》）介绍了当时饮酒礼的入席规范。《礼记》内容丰富，涵盖了吃、穿、住、行各个方面。上至人君下至普通百姓，它都制定了对应的规范，如：《文王世子》论述了教育制度和选拔人才的规则，《祭法》介绍了祭祀的规定，《投壶》介绍了投壶礼的规范制度。《周礼》按照官制的类型对当时的祭祀、丧葬等的规范进行阐释。《周礼·地官·大司徒》指出："以保息六养万民：一曰慈幼，二曰养老，三曰振穷，四曰恤贫，五曰宽疾，六曰安富。"提出了养护百姓需要统治者从慈幼、养老、振穷、恤贫、宽疾、安富这六个方面着手，与现代尊老爱幼、体恤残障人士等理念一致，蕴含了现代为民服务的法治思想。

除了礼法规范的制定，儒家还对礼法原则进行了阐释。首先，儒家强调法为民造。"民为贵，社稷次之，君为轻"（《孟子·尽心下》）体现了儒家"民惟邦本"的政治思想。君主的政治决定需要考虑人民，不然会造成"水亦覆舟"的局面。其次，儒家强调"善法"。孟子提出"国

基石与追求：自由、平等、公正、法治

君好仁，天下无敌焉"（《孟子·尽心下》），主张政治、礼法制定都需要有仁心、仁慈。这一思想对后世影响深远。最后，儒家强调礼的重要性。礼制能够规范个人行为，构建美好家园。荀子认为人性本恶，需要通过礼制规范自我行为。"性者，本始材朴也；伪者，文理隆盛也。无性则伪之无所加，无伪则性不能自美。性伪合，然后圣人之名一，天下之功于是就也。"（《荀子·礼论》）人有劣根性，需要通过外在社会规范约束自身，逐渐修正自己，向圣人靠近。"凡礼，……天下从之者治，不从者乱，从之者安，不从者危，从之者存，不从者亡。"（《荀子·礼论》）天下遵守礼制就能够安定和平，不遵守礼制就会混乱。礼是天下稳定的保障。

由于"礼"与"法"关系密切，"礼法"一词在我国古代典籍中多连用出现。《商君书·更法》中有"礼法以时而定"之语。《周礼·春官宗伯》记载，"凡国事之用礼法者，掌其小事"。东晋干宝的《晋纪总论》用礼法规章批判皇室的行为，"礼法刑政，于此大坏，如室之斯构，而去其凿契，如水斯积，而决其隄防，如火斯畜，而离其薪燎也，国将亡，本必先颠，其此之谓乎"[①]。由此可见，我国"礼法合治"传统悠久。

法家主张的"以法治国"与我们今天所说的法治有着本质的区别。它含有承认法律极端重要性的积极因素。法家认为，法，就是统治者公布的政策、法令、制度。法家代表人物商鞅曾说过，"为国也，观俗立

---

① 萧统. 文选. 李善，注. 上海：上海古籍出版社，1986：2188.

法则治,……不观时俗,不察国本,则其法立而民乱"①,强调立法、法治对于一个国家的兴衰成败具有重要的决定性意义。法家的另一位代表人物韩非子强调治国要有法治,赏罚都要以"法"为标准,他说:"法不阿贵,绳不挠曲。法之所加,智者弗能辞,勇者弗敢争。刑过不避大臣,赏善不遗匹夫。"②也就是说,在"法"面前,不存在贵族和平民之分,任何人都不能独立于法外。但在一定程度上,法家观念中也蕴含着儒家的礼制思想。《韩非子·爱臣》中有"爱臣太亲,必危其身;人臣太贵,必易主位;主妾无等,必危嫡子;兄弟不服,必危社稷",提出臣子、君主、妻妾、兄弟之间的等级关系要有所明晰、规范,否则会危及君主的地位和国家的稳定,其本质也是儒家礼制的一种表现。

二、中国古人构建德法之家

伴随着中华文明的发展,经过漫长的历史实践,我国形成了世界法制史上独树一帜的中华法系。中华法系精神根植于儒家礼法思想,强调以民为本和德治,从而维系社会稳定。

在中国早期法制史中,夏、商是奠基时期。夏、商、周三代设有《禹刑》《汤刑》《吕刑》。自公元前 21 世纪夏启建立夏代开始,夏王朝前后存在约 500 年。在此期间,中国早期的刑罚制度、监狱制度都有了一定的发展。夏朝制定了我国最早的刑法——《禹刑》。在继承夏代法制经验的基础上,商代在罪名、刑罚以及司法诉讼制度等方面继续跟

---

① 蒋礼鸿.商君书锥指.北京:中华书局,1986:48.
② 王先慎.韩非子集解.钟哲,点校.北京:中华书局,2003:38.

进。20世纪初出土的甲骨文资料证明，商代的刑法及诉讼制度已经比较完备。死刑、肉刑、徒刑在商朝有较为明确的规定。西周是中国早期法制的鼎盛时期。西周时期形成了"以德配天""明德慎罚"的法制指导思想。《左传·昭公六年》记载："夏有乱政而作禹刑，商有乱政而作汤刑，周有乱政而作九刑。"周代在沿袭商朝的五刑的基础上，添加了赎、鞭、扑、流等四种刑罚。这九种刑罚统称为九刑。周穆王时期，吕侯制定了周朝第一部成文法典《吕刑》。《吕刑》量化了用刑强度，较为体系地阐释了"罪""罚""刑""讼"等法律术语。同时，它还强调德在法中的重要性，提出"明德慎罚""敬德于刑，以刑教德"。周朝法律包含了老幼犯罪减免刑罚、区分故意和过失等法律原则，以及"刑罚世轻世重"的刑事政策。这些在当时具有世界最高水准，对中国后世的法制产生了重要的影响。

公元前221年，秦始皇统一中国，建立了中国历史上第一个以中央集权为特征的统一的专制王朝，确立了以后2 000多年中国传统政治格局和政治模式。在指导思想上，秦代奉行的是法家学派的"法治""重刑"等理论，法律制度非常严密。"昔秦法繁于秋荼，而网密于凝脂"（《盐铁论·刑德》）是世人对秦朝法律的描述。秦朝法律有律、令、式、廷行事和法律答问等多种形式，内容涵盖行政法、刑法、民事法、经济法等，条例完备。按理来说，完备的法律有利于国家的发展和进步，但是却加速了秦朝的灭亡。其主要原因乃是苛政猛于虎也。秦朝统治者用刑无度，"乐以刑杀为威"，最终导致民怨四起，墙倒众人推。

汉代鉴于"秦二世而亡"的历史教训，把儒家思想引入法律制度当中，在周代的基础上逐步形成了德法合治的传统。引经决狱、引礼入律是汉代法律儒家化的主要途径。两汉时期，统治者采用"引经决狱"的方式断案，即直接将儒家经典中的条文用来审判案件。其中，以功覆过原则、反对株连原则、宽刑宥罪原则都体现了仁政思想。文景时期，统治者对刑罚制度进行了改革。汉文帝废除肉刑，将奴隶社会时期的五刑（墨、劓、剕、宫、大辟）代之以笞刑。后来，汉景帝颁布《棰令》，规定了进行笞刑所用的刑具的规格（长短、厚度）、用刑的部位以及行刑中的特殊规定。此次法律改革是中国古代由野蛮的奴隶时期向文明时期转化的标志，保护了人的权利，为封建五刑制度的建立奠定了基础。

魏晋南北朝时期，中国法律儒家化萌芽、发展。魏明帝在参照《周礼》"八辟"的基础上推行八议入律，体现了"刑不上大夫"的礼制原则。《晋律》首创服制定罪，即依据家族血缘关系的亲疏，由近及远划分为五个等级，分别为斩衰、齐衰、大功、小功、缌麻。一旦家中亲属犯罪判刑，就根据"亲者服重，疏者服轻"的原则进行惩罚。这是儒家思想礼制入法的表现。

隋唐时期，中华法系进入了成熟阶段。隋朝制定了《开皇律》和《大业律》。《开皇律》确立了封建五刑，即笞、杖、徒、流、死五种法定刑罚，体现了中国法制文明化的趋向。同时，儒家学派的一些基本主张被精巧地纳入成文法典之中，中国传统社会的"法律道德化，道德法律化"的特征，在隋唐法律中得到了充分的体现。最为典型的就是我国现存最久远、最为完备的刑法律令——《唐律疏议》。《唐律疏议》也被称为《永徽疏律》，由长孙无忌、李勣等人在《贞观律》的基础上进行

基石与追求：自由、平等、公正、法治

修改编订，于唐高宗永徽年间完成。"德礼为政教之本，刑罚为政教之用，犹昏晓阳秋相须而成者也。"德主刑辅是该律令主要的特点。第一，德礼入法。儒家倡导原心论罪的司法原则，即通过了解行为发出者的动机来判定其是否符合道德礼法规范。这一点在《唐律疏议》中有所体现。《唐律疏议》记载如下："问曰：居丧嫁娶，合徒三年，或恐喝或强，各合加至流罪，得入不孝流以否？答曰：恐喝及强，元非不孝，加至流坐，非是正刑。律贵原情，据理不合。"[①] 该部分是对不孝这一罪行判罚的补充。我国古代的居丧制度规定，父母或配偶去世的三年内，皆不可再行嫁娶之事。犯此罪者，在此律令中被判为"不孝"。但是如果遇到男子或女子被强迫嫁娶的情况，法官必会据情断案，知道其不是故意不孝而是被外力所逼，不会将其判罪。该法典内容也体现了重视道德礼法的特点。《唐律疏议》记载，"五刑之中，十恶尤切，亏损名教，毁裂冠冕"[②]。"十恶"指唐朝最为恶劣的十类罪行。其中包含"恶逆""不孝""不睦""内乱"这四种违背宗族伦理道德的罪行。"恶逆"即殴打或谋杀亲属的重罪，凡犯此罪者一律斩首。"不孝"即后代未对三代直系亲属尽孝道的重罪，包括咒骂、诉讼、分家、供养有缺、有违孝制等行为。"不睦"即亲族互相损害彼此的重罪。"内乱"即亲族之间乱伦通奸的重罪。后三种罪行根据具体情况判刑，轻则流放，重则施以绞刑。以上罪行几乎囊括了中国宗族社会可能会出现的重大伦理问题。唐朝统治者意识到其重要性，于是用成文的法令将人们观念中的道德共识

---

① 曹漫之．唐律疏议译注．长春：吉林人民出版社，1989：79.
② 同①29.

第二章　社会层面社会主义核心价值观的传统基石

规定下来，从而有利于更好地维护社会稳定，形成和睦、友善的社会风气。第二，刑罚教化。"徒刑"是《唐律疏议》"五刑"之一，即："徒者，奴也，盖奴辱之。周礼云：'其奴男子入于罪隶'，又'任之以事，置以圜土而收教之。上罪三年而舍，中罪二年而舍，下罪一年而舍'，此并徒刑也。盖始于周。"[①] 把罪犯当作奴隶一样对待，根据罪行程度进行不同年限的劳动教育。"笞刑"即"笞者，击也，又训为耻"，在对犯人施刑之时还要对其进行训诫。由此可见，唐朝法律刑罚并不是简单地对肉体进行惩罚，而是通过一定的刑罚让犯人反思自己从而自我醒悟、规范自身，实现由外到内的道德教化。《唐律疏议》的制定标志着中国古代道德与法律的融合过程基本完成，对中国乃至世界产生了极大的影响。一方面，奠定了宋、元、明、清律法德法合治的基本精神；另一方面，日本、越南等亚洲国家效仿该律令制定本国法令，如《大宝律令》《高丽律》等。

宋代以后，我国的法律制度在隋唐时期所确立的基本框架内，得到了进一步的发展。宋朝法律继承唐朝"一准乎礼"的传统。其中，宋朝的民法最为丰富。宋朝统治者采取"不抑商"政策，促进了宋代商品经济的繁荣。元朝法律依旧遵循"参照唐宋之制""附会汉法"的原则。明清之际，随着资本主义的萌芽，早期启蒙思想家应运而生，强调法治的作用。中国思想启蒙之父黄宗羲主张用"天下之法"代替"一家之法"，认为"三代以上有法，三代以下无法"[②]。他认为后世皇帝设立法

[①] 曹漫之. 唐律疏议译注. 长春：吉林人民出版社，1989：26.
[②] 黄宗羲. 黄宗羲全集：第1册. 杭州：浙江古籍出版社，1985：6.

基石与追求：自由、平等、公正、法治 ● ● ●

令规章本质上都是为了巩固君主统治，并不是为民谋福祉。他还强调了法治的重要性，宣扬"有治法而后有治人"、"法治"优于"人治"。这一时期产生了具有民主性质的法治观念，体现了早期资本主义思想的萌芽。

总的来说，中国封建法律制度发展历程实质上是礼的规范化、典章化的渐进过程，也是德治和法治的融合过程。纵观中国古代法律制度发展史，历朝历代的法令条文皆是为维护当朝统治者的统治而建立的，从根本上说是人治模式下的法制建设，但其中所蕴含的中华法系思想，彰显了中华民族的伟大创造力和中华法制文明的深厚底蕴，是我们今天推进法治建设的重要滋养。

三、西方法治观念及其流变

在西方，法治思想的发展也源远流长。早在古希腊、古罗马时期，柏拉图、亚里士多德和西塞罗等哲学家就对法治的精神做出了精辟而深入的阐述。

柏拉图作为雅典伟大的政治家，提出了许多影响深远的法治观念，其经历了由"人治"到"法治"的转换。柏拉图最早是"人治"的拥护者，其代表作是早期政治著作《理想国》。柏拉图所谓的"人治"不同于中国古代一人独大的君主专制制度。他认为，理想国必须由哲学家来统治才能治理好。柏拉图将"在各种场合下以各种方式欢迎真正的存在者的人"[①] 称为"爱智者"，也就是能胜任统治者一职的哲学家。这一

---

① 柏拉图. 柏拉图全集：第2卷. 北京：人民出版社，2003：472.

第二章 社会层面社会主义核心价值观的传统基石

哲学家不是特指某一个人抑或是某一个团体,而是象征具备某类品质的人。所以,在《理想国》中,柏拉图主张的"人治"思想是一种精英统治。晚年的柏拉图,在历经实践的磨难之后,逐步接受了法治的思想。他说:"需要国家或政制并不仅仅是为了身体的健康和存活,而且是为了在灵魂中向法律表示忠诚,或者宁可说是为了恪守灵魂的法律。"[①]一个国家如果没有法律必将覆灭。

亚里士多德是柏拉图的学生,但是他却不赞同柏拉图的人治观点,他认为,"法治应当优于一人之治"并给出了如下理由:第一,人治容易偏私,而法治可以秉公,因为法律是没有感情的智慧。第二,法律是由多数人制定的,而多数人治理国家总比一个人要好。第三,实行人治,容易贻误国家大事,尤其是世袭的君主制更是如此。第四,实行法治是时代的要求,而实行一人之治管理国家实属困难。作为治国原则,亚里士多德的法治核心思想是强调法律的公允性、权威性、完备性以及普遍遵守法律的重要性。亚里士多德还给法治下了一个定义:已成立的法律获得普遍的服从,而大家服从的法律又应该本身是制定得良好的法律[②]。这一经典定义影响深远,直到今天还为法学界所尊崇。

西塞罗继承并发展了亚里士多德的法治理论,主张要按照法律管理国家,他坚决反对人治,认为要真正使公民获得幸福,国家应当实行法治,不允许任何人享有法律以外的特权。全体公民包括执政官在内,在法律面前应一律平等。西塞罗指出:"犹如法律指导官员,官员也这样

---

① 柏拉图. 柏拉图全集:第3卷. 北京:人民出版社,2003:724.
② 亚里士多德. 政治学. 北京:商务印书馆,1981:199.

基石与追求：自由、平等、公正、法治

指导人民，因此完全可以说，官员是说话的法律，法律是不说话的官员。"[1] 亚里士多德和西塞罗的法治理论对近代西方法治理论的产生和发展产生了极为重要的影响。

经历了中世纪的漫漫长夜，法治思想在西方近代又达到了一个高峰。西方启蒙思想家洛克、孟德斯鸠、卢梭等人高举理性大旗，推崇法律的权威性，主张法治原则，反对封建社会的人治原则，提倡法律面前人人平等，反对封建特权。

英国哲学家洛克被誉为自由主义之父，其法治主张集中体现在《政府论》一书中。其主要内容分为破除旧制度、建构新制度两个篇章。在上篇，洛克对保皇派菲尔麦"君权神授""王位世袭"这两个主要观点进行了批驳，认为人生而自由，不应该受所谓父权的束缚；在下篇，洛克提出了理想中的政府状态，认为政府的存在是为了维护人们自由平等的权利。而这样的政府应该如何运作呢？他提出了"法治"这一观念，坚持一个真正的共和国应该是一个法制完备并认真执行法律的国家，强调法律面前人人平等。同时，他推崇分权制，把国家的政治权力分为立法权、执行权和对外权，并着重强调立法权和执行权的分立。该书抨击了君主专制制度，维护了资产阶级的利益，为西方资产阶级革命提供了强有力的理论基础，影响着后世启蒙思想家的法治思想。

法国启蒙思想家孟德斯鸠在洛克分权思想的基础上发展出立法权、行政权、司法权分立这一主张。在《论法的精神》中，他提出为防止滥用权力，就必须以权力约束权力，实现各权力的制约和平衡。他把国家

---

[1] 西塞罗. 论共和国 论法律. 北京：中国政法大学出版社，1997：120.

第二章 社会层面社会主义核心价值观的传统基石

权力分成立法权、行政权、司法权三权，提出立法权"由许多人处理则比由一个人处理要好些"[①]，行政权"应该掌握在国王手中，因为政府的这一部门几乎时时需要急速的行动"[②]，司法权"应由选自人民阶层中的人员，在每年一定的时间内，依照法律规定的方式来行使；由他们组成一个法院，它的存续期间要看需要而定"[③]。其中，他认为权力分立尤其是司法独立是实现法治的重要前提。这三种权力应当保持平衡，倘若有两种或两种以上权力被合并，就会造成权力失衡，国家就有极大可能陷入专制统治。

另一位法国启蒙思想家卢梭在其代表作《社会契约论》中对理想的法治社会进行了构建。其主要法治理念如下：第一，坚持人民主权。唯有公意才能按照国家创制的目的，即公共幸福，来指导国家的各种力量[④]。卢梭认为国家的意志是由"公意"来决定的。所谓的当权者不能用自己的个人意志代替"公意"，他们只是人民权利的代为实施者。在这里，"公意"指的是每位国家成员平等地发表自己的想法并达成一致维护公共利益的意志。卢梭反对用某个集团的意志来代替个人意志，"但是当形成了派别的时候，形成了以牺牲大集体为代价的小集团的时候，每一个这种集团的意志对它的成员来说就成为公意，而对国家来说则成为个别意志"[⑤]。第二，强调法律面前人人平等。他说："社会公约在公民之间确立了这样的一种平等，以致他们大家全都遵守同样的条件

[①②] 孟德斯鸠. 论法的精神：上册. 北京：商务印书馆，1961：160.
[③] 同[①]157.
[④] 卢梭. 社会契约论. 北京：商务印书馆，2005：31.
[⑤] 同[④]36.

基石与追求：自由、平等、公正、法治

并且全都应该享有同样的权利。"[1] 第三，卢梭还强调，只有实行法治才能保障人的自由、尊严和价值。启蒙思想家的法治思想对18世纪末和整个19世纪西方各国资产阶级革命胜利后实施法治产生了深远的影响。

随着时代的变迁，西方的法治思想为了适应社会的发展也有了新的变化，演化出三大主流法学门派——分析实证主义法学派、自然法学派和社会法学派。分析实证主义法学派以国家规定的法律为研究对象，采用注释、推理、定义等方式来研究法律。英国法学家奥斯丁开创这一学派，主张实施实在法。其理论在一定程度上强化了法律的权威性，但忽视了道德在法律中的作用，成了资产阶级巩固自身权力的工具。随后，该学派在此基础上演化出纯粹法学和新分析法学。自然法学派是历史最为悠久的法学流派，大致可以划分为古代、中世纪、近代和现代四个时期。现代自然法学派，又被称为复兴自然法学派，于19世纪末20世纪初形成，主张法律要与当前时代环境相协调，分为新托马斯主义法学和世俗的自然法学。新托马斯主义法学相信有独立于人意志之外的绝对精神，并将法律思想改造适应于资本主义社会。德国法学家海因里希·罗门作为该流派的代表人物，撰写了《自然法的观念史和哲学》一书。在该书中，他主张寻求一种绝对的自然法去遏制人类的恶。世俗的自然法学更加重视法律与道德、正义等之间的关系，回归现实推理、归纳等手段，代表人物为约翰·罗尔斯、罗纳德·德沃金。其中，约翰·罗尔斯主张社会正义论，寻求社会平等与自由。社会法学派认为法律是研究社

---

[1] 卢梭.社会契约论.北京：商务印书馆，2005：40.

第二章 社会层面社会主义核心价值观的传统基石

会现象的,并用于解决社会问题,而不是围绕书本上的条文进行探究的。其流派众多,如:经济分析法学、利益法学、社会法学、法社会学、实在主义法学、自由法学等。

对于西方法治思想,近现代中国经历了了解、套用、化用几个过程,在文化碰撞中探寻出了一条适合国情的道路。尽管这些思想变革具有时代局限性,但是在一定程度上启蒙了人民的法治思想,推动了近代以来中国法治的发展。

第三章

社会层面社会主义核心价值观的中国特色

第三章　社会层面社会主义核心价值观的中国特色

社会主义核心价值观是我国历经几十年的实践探索得出的价值观准则，是中华智慧的高度凝结。它既适用于中国自身政治制度、发展情况，更体现人类文明在价值取向上的新形态。该价值观社会层面中自由、平等、公正、法治不再是局限于一时一地的特定概念，而是全球化背景下全体中国人共同的价值抉择。这体现了中国作为一个有担当、负责任的大国发展自身时还不忘观照全球社会的他者。本章将从社会主义核心价值观的社会层面切入，就其中国特色进行分析。

第一节

与道德规范一致的自由

自由是人类普遍追求的基本价值。每个人都希望在自由和宽松的环境中，按照自己的意愿而不是被迫服从于他人而生活。这种渴望自由的愿望促使人类在数千年的历史中改造自然、社会和自身，人们对自由的不懈追求充分彰显了自由价值的崇高和伟大。作为社会主义核心价值观，自由体现出了鲜明的中国特色。从马克思主义的自由观出发，中国特色社会主义的自由通过与自身实际相结合，通过实践发展和深化了自由的内涵。

基石与追求：自由、平等、公正、法治 ● ● ●

一、马克思主义论自由

马克思主义的自由理论是从历史发展的角度，通过继承与批判的方法建立起来的一种关于人的存在与发展的辩证关系逻辑学说，其目标是实现人的解放。马克思主义的自由理论在辩证唯物主义和历史唯物主义的基础上，确立了以人为中心的人与自然、人与社会、人与思维的关系体系，其内在逻辑首先在于正确认识人，进而追求人的自由而全面的发展，最终实现人的完全解放。

从马克思主义自由观的内容来看，消除异化劳动、实现劳动解放是马克思主义自由观的重要内容。马克思主义经典作家认为，生产力是决定生产关系、社会关系和资本主义社会形成的核心要素。资本的生产力并不是资本本身所具有的生产能力，而是取决于资本家对生产要素的组织和利用。这种生产力的提高造成了生产要素的分离和对立，即资本家与工人之间的对立、资本家与土地所有者之间的对立等。这种关系在其简单形式中就已经是一种颠倒，是物的人格化和人的物化，即"异化"。异化劳动是资本逻辑运行的必然后果，是资本的现实化表现。为了实现人的自由解放，马克思认为，必须找出造成这种异化状态的根源，扬弃人类的异化生存样态，通过消解或扬弃私有财产来达成这一目标。只有通过社会主义和共产主义的社会制度来消除这些对立，才能实现真正的生产力的提高和社会的全面发展。人的本质是自然生命和社会生命的双重活动。人的劳动是人保持自由的生命表现，是人的真正财产。劳动是创造价值、获得成就感的方式。但是，在资本主义社会中，异化劳动把

第三章 社会层面社会主义核心价值观的中国特色

自主活动、自由活动贬低为手段，甚至成为工人赖以生存的手段。在这种情况下，人类的生活变成了维持人的肉体生存的手段，人们无法获得真正的自由和满足感。马克思认为，自由的真实内涵在于消除异化劳动，实现劳动解放。私有财产是异化劳动即工人对自然界和对自身的外在关系的产物和必然后果。为了消除异化劳动的根源，必须扬弃私有财产。在马克思的理论中，共产主义是实现人类自由解放的根本途径。基于唯物史观和政治经济学批判的基本原理，马克思认为，通过实现劳动解放，实现人的自由、平等和幸福是历史的必然趋势。只有实现了劳动解放，才能真正实现人的自由和幸福。

扬弃资本、解放劳动、消灭私有制，是共产主义实现自由的现实道路。马克思在《资本论》中提出的"重新建立个人所有制"的理念，是共产主义社会的一种基本构想。这种社会模式将劳动资料变成了社会财产，由全体社会成员共同占有和管理，从而消除了私人所有制和雇佣劳动的存在。这样，每个人都有机会参与社会的生产和分配过程，真正实现了个人与社会的和谐统一。在共产主义社会中，劳动不再是一种单纯的手段或奴役人的工具，而是成为每个人自我实现的方式。每个人都能依靠自己的劳动能力创造社会财富，共享劳动成果，从而满足自己的物质和精神需求。同时，每个人都可以通过生产劳动全面展示自己的才能，从而充分发挥个人潜能，享受生活的乐趣。这种社会模式能够真正实现劳动的解放，人的自由全面发展能够得以实现。然而，要实现共产主义社会，需要一系列的阶段和革命。这些阶段包括社会主义革命和建设阶段，其中要消除资本主义的影响和残留，建立社会主义的生产方式

基石与追求：自由、平等、公正、法治 ● ● ●

和经济制度。

从目标维度来看，人的自由全面发展是人始终向往和追求的目标，也是马克思主义自由观的理论目标。马克思主义理论认为，人的自由发展和全面发展是人类历史进步的关键和终极目标。在马克思主义理论中，人的自由发展与全面发展是辩证统一、不可分割的两个方面。一方面，人的自由发展是实现全面发展的前提。人的自由发展是个人能够根据自己的兴趣和能力自主选择并从事各种活动的自由。只有在这种自由的基础上，个人才能全面发展，实现自己的潜力和价值。马克思指出，在资本主义社会中，劳动者的自由发展被压抑，他们被迫从事单调重复的劳动，没有时间和机会去发展自己的其他能力和兴趣爱好，这使得他们的全面发展受到了阻碍。另一方面，全面发展是超越片面发展的重要标志。马克思认为，片面发展是资本主义分工所产生的必然结果。在片面发展中，人的其他能力和潜力得不到发挥，从而导致人的畸形发展。只有实现全面发展，才能使个人的各种潜能得到充分发挥。这种全面发展的人是社会进步和人类发展的标志。全面发展和自由发展相互依存、相互促进，人的自由发展和全面发展是社会进步和发展的必然要求，是社会主义社会和共产主义社会的基本原则之一，也是人类社会发展的最终目标。因此，实现自由而全面的发展需要以消灭资本主义的分工为前提，进而消灭资本主义制度的剥削和压迫。资本主义制度是人类历史发展的阶段性产物，它使得生产力和劳动力的发展不平衡，导致了社会矛盾和阶级斗争。只有消灭资本主义制度，建立社会主义制度，才能实现人的自由全面发展。在共产主义社会中，每个人将能够自由地选择自己的职业，发挥自己的才能，实现自己的自主、自由和全面的发展；每个人都将成为自己的主人，对自己的生产和生活具有主导权和控制权，从而能够实现自由、平等、全面的发展。

从实践维度来看，自由是展开社会主义实践的内在要求。在《共产党宣言》中，马克思、恩格斯明确地指出："代替那存在着阶级和阶级对立的资产阶级旧社会的，将是这样一个联合体，在那里，每个人的自由发展是一切人的自由发展的条件。"[①] 社会主义作为共产主义的初级阶段，是对资本主义社会普遍存在的奴役、剥削和压迫等不自由现象的反抗，是追求"人的自由全面发展"的伟大事业，社会主义制度"将给所有的人提供健康而有益的工作，给所有的人提供充裕的物质生活和闲暇时间，给所有的人提供真正的充分的自由"[②]。人的自由全面发展，是马克思主义的最高命题，是马克思主义崇高价值追求的本质体现，为现实的社会主义运动和建设指明了方向。人的自由全面发展是社会主义的应有之义，是区别于资本主义的重要标志。社会生产力和经济文化的发展水平是逐步提高、永无止境的历史过程，人的全面发展程度也是逐步提高、永无止境的历史过程。社会主义制度的建立、社会主义现代化建设的推进，为广大人民群众的自由发展创造了前提，为人类社会从必然王国向自由王国的飞跃准备了条件。

二、对自由主义的认识及批判

自由是具体的、历史的，是和物质生产、社会进步相联系的。任何

---

① 马克思，恩格斯.共产党宣言.北京：人民出版社，2014：51.
② 马克思，恩格斯.马克思恩格斯全集：第21卷.北京：人民出版社，1965：570.

基石与追求：自由、平等、公正、法治

时候，人的自由、权利不可能超出经济社会发展的限制。马克思、恩格斯就指出："人们每次都不是在他们关于人的理想所决定和所容许的范围之内，而是在现有的生产力所决定和所容许的范围之内取得自由的。"[①] 社会历史发展到什么程度，人的自由也就达到什么程度。原始时代的人们茹毛饮血，受着自然力的支配，是自然界的奴隶。随着制造和使用工具的能力的提高，人类才逐步增强了改造自然、抵抗野兽侵袭的能力，自由程度也慢慢得到提高。

近代以来，随着历史社会的发展和生产力的提高，西欧社会逐渐由传统社会向现代社会转型，在这一历史进程中，资产阶级在对抗封建君主专制的同时，逐步发展并确立了以自由主义为核心的思想理论体系。总的来说，自由主义既是一种学说、一种意识形态，又是一种政治运动，而且在许多国家成为一种占主导地位的制度。自由主义的内涵非常复杂，从其内容构成来看大致分为政治自由主义、经济自由主义、社会自由主义等。在政治自由主义方面，自由主义者主张保障个人的政治自由，即在国家的保障下，个人享有言论自由、结社自由、宗教自由、民主选举等权利。在经济自由主义方面，自由主义者主张市场自由，认为市场可以自我调节，政府应该少干预市场，让市场自由地运行，以此来实现经济效率的提高。在社会自由主义方面，自由主义者主张保障个人的社会自由，包括性别平等、少数群体的权益、个人隐私等方面。个人主义是自由主义的基础性原则之一，它认为个人的自由和权利是最重要的，个人的价值高于集体的价值，个人应该被赋予更多的自由和权利。

---

① 马克思，恩格斯. 马克思恩格斯全集：第3卷. 北京：人民出版社，1960：507.

第三章　社会层面社会主义核心价值观的中国特色

这种个人主义的思想在某些情况下会与集体主义相冲突，例如在社会福利等方面的政策制定上。因此，自由主义也常常受到批评和责难，认为其过于关注个人的自由而忽视了社会的公平和正义。自由主义还关注自由的限度问题，即自由的行使应该受到一定的限制和约束，以免损害他人的权利和福利。此外，平等和正义也是自由主义关注的问题之一，自由主义者认为个人应该在法律面前平等，而且社会应该采取措施来减少贫富差距等不公正现象。自由主义也与民主和国家有着紧密的联系，自由主义者认为自由和民主是相辅相成的，政府应该保障人民的自由和民主。在历史上，自由主义思潮对自由竞争的资本主义的飞速发展起到了积极的推动作用。自由主义的市场经济理论被广泛采纳，成为资本主义社会经济制度的重要组成部分。在当今世界，自由主义思潮对世界经济社会的发展产生了重大的影响。自由主义的市场经济理论在全球范围内广泛实施，自由贸易、自由市场和私有制等自由主义原则得到了广泛推广和应用。

然而，自由主义的片面性在于，西方国家一直以"人权卫士"自居，声称其自由民主理念代表了历史发展趋势，而未考虑到自由主义的理念是否与不同国家、地区特有的现实情况相符合。他们认为，自由民主体制，具体地说以美国为代表的西方自由民主体制是人类社会发展的方向，认为凡是不顺从西方，尤其是与美国人权观念相违背的政权都属于被改造或打击的对象。在这一问题上，最典型的是福山的观点。在《历史的终结》中，福山明确指出，苏联解体，东欧剧变，冷战的结束，标志着共产主义的终结，历史的发展只有一条路，即自由主义的经济和

基石与追求：自由、平等、公正、法治

民主政治①。其他自由主义思想家尽管在这一问题上不像福山表达得那样直白，但也表现了对自由主义、自由民主的高度自信。例如，斯蒂芬·霍姆斯就指出：毫无疑义，自由主义不会在短期内独霸全球。权威主义和原教旨主义仍然存在，种族中心论正在兴起。但是，就目前的情势而论，无论是从经济的还是从军事的视角来看，宪制显然比它的任何对手都具有优越性。人们也不能忽视自由主义作为一种政治理念再度成为关注的中心这一事实②。这些思想家的观点背后不仅蕴含了他们对所谓的自由民主理念的信奉，也体现了强烈的西方中心论色彩。他们往往在自由主义和非自由主义之间进行了价值高低的排序，将非自由主义的自由包括社会主义的自由列入价值链条的底部，归为被拷问、被改造的对象。显然，没有严格按照西方自由民主模式建设的国家，其形象是被诋毁了的。不仅如此，西方国家加紧价值观的输出，力图按照自己所理解的自由民主理念对其他国家进行改造。近年来，在一些国家中发生的以政权更替、社会动乱为表现的所谓"颜色革命"，往往与西方"民主人权输出"密切相关。格鲁吉亚爆发的"玫瑰革命"、乌克兰爆发的"橙色革命"、吉尔吉斯斯坦爆发的"郁金香革命"、中东和北非一些国家相继爆发的"茉莉花革命"等，背后都有西方国家"民主输出"的推动。西方媒体曾一度欣喜狂呼：独联体地区的"民主浪潮"已经形成，该地区人民将在"第三次欧洲解放浪潮"中获得民主和自由。然而，"颜色革命"并没有结出什么善果，相反，它所带来的是社会的动荡乃至倒

---

① FUKUYAMA F. The end of history？. The national interest，1989（16）：3-18.
② HOLMES S. Passions and constraints：on the theory of liberal democracy. Chicago：The University of Chicago Press，1995.

退。"橙色革命"爆发前的乌克兰经济以5%的速度增长,而"橙色革命"后的2009年经济萎缩了15%,国家债务缠身,甚至面临破产等全面的社会危机。同样的问题也严重困扰着其他发生"颜色革命"的国度[①]。事实证明,西方输出的民主形态在许多地方并没有合适的土壤,反而成为社会混乱的重要原因。世界人民都有追求自由民主的权利,但西方的自由民主形式并非世界各国必须遵循的标杆。

西方国家以自由民主卫士形象自居表明,其将资本主义的自由视为人类社会追求的终极目标,将资本主义世界视为人类历史发展的趋势。这是一种固步自封的自由观念,是自我陶醉、霸权的心态。正如我们已经指出的,自由不是资本主义的专利,不仅法国大革命响亮地提出了自由、平等、博爱的口号,不仅美国《独立宣言》鲜明地提出了人人生而平等,被造物主赋予内在的、不可剥夺的权利,自由也是人类共同的价值追求。正如我们一再强调指出的,人们自由的实现程度与当时的社会发展水平紧密相关。由于国情不同,每个民族、每个国家,追求自由的方式各有不同,在自由内容实现的侧重点上也有所差异。英国式的自由不同于法国式的自由,德国式的自由也有别于英国式、法国式的自由。社会主义的自由是在批判自由主义的基础上形成的,中国特色社会主义的自由不是自由主义,也不能由自由主义演化而来。

自由主义在中国已经传播和发展了近一个世纪,其影响力不可低估。近年来,它已经渗透到中国的经济、政治和思想等各个领域,引起了广泛关注。在经济领域,自由主义主张私有制和市场经济,贩卖西方

[①] 认清西方"民主人权输出"的实质. 人民日报,2012-05-25(2).

基石与追求：自由、平等、公正、法治

经济学理论，兜售非国有化和私有化的改革方案。在政治领域，自由主义攻击人民民主专政和中国共产党领导，主张政治多元化，鼓吹"告别革命"。在思想领域，自由主义要求取消马克思主义的指导地位。这些都深刻地提醒我们，要认真对待自由主义对中国的影响，并正确理解自由主义的本质。自由主义对中国的影响不仅是经济和政治层面的，也涉及思想层面，这是必须深刻认识和正视的。同时，人们应该保持警惕，不断提高自身的思想认识水平，加强对不同思想的理解和分析，以推动中国经济、政治和思想等方面的全面发展。面对自由主义带来的这些问题，中国深刻反思了目前社会中的意识形态领域的七大思潮，即新自由主义、民主社会主义、新左派、折衷马克思主义、传统马克思主义、复古主义和创新马克思主义。其中，新自由主义是一种为资本主义制度辩护的社会思潮，它强调市场机制和自由放任原则，反对政府过多干预经济活动。尽管在某种程度上为我国社会主义市场经济提供了借鉴，但其本质是为现阶段国际垄断资产阶级经济和政治根本利益服务的资产阶级思想理论。当前中国的自由主义思潮，也就是资产阶级自由化思潮，不仅包括经济自由主义，还包括政治和思想文化方面的内容。由于其代表人物热衷于兜售西方政治化的新自由主义，对我国改革的理论和政策产生了严重干扰，对我国社会主义改革和现代化建设造成了危害。邓小平曾深刻批判新自由主义思潮对我国改革方向和道路的不利影响，他说："某些人所谓的改革，应该换个名字，叫作自由化，即资本主义化。他们'改革'的中心是资本主义化。我们讲的改革与他们不同，这个问题还要继续争论的。"[①] 党的二十大进一步明确了马克思主义在意识形态

[①] 邓小平．邓小平文选：第3卷．北京：人民出版社，1993：297．

领域的指导地位,并强调了要健全宏观经济治理体系,发挥国家发展规划的战略导向作用。针对现阶段的历史现实和我国的特殊国情,须为社会主义自由的实现而不断努力前行。这些都深刻地提醒我们,必须正视自由主义的影响,正确认识自由主义的实质。

马克思主义认为,应该借鉴和吸收自由主义理论中的一切积极成果,但同时也要认清自由主义理论的实质。对于自由主义的各种思潮,我们需要进行历史分析,研究它的各种变种和多方面的影响。我们应该认识到,马克思主义和自由主义在意识形态领域的斗争是长期的,应该大力弘扬马克思主义的科学精神,正确看待自由的抽象价值和特定国家、特定历史阶段的具体价值。不能把一个国家实行的具有一定有效性的自由主义模式简单地照抄、照搬到另一个国家,而应该从具体的历史条件和不同国情出发,采用正确的政治、经济、文化模式,实现自由概念的特定历史价值。

三、中国特色社会主义自由新境界

自由是中国特色社会主义的价值理想,中国通过实践发展了马克思主义自由理论,并力图使社会主义的自由得到真正的实现。中国共产党始终把不断推进人的自由全面发展作为社会发展的重要标志,致力于中国人民的自由和思想解放。习近平总书记在十八届中央政治局常委同中外记者见面时明确指出,"人民对美好生活的向往,就是我们的奋斗目标"[①]。解放思想、开拓创新,是中国特色社会主义发展的一个重要法

---

① 习近平. 习近平谈治国理政. 北京:外文出版社,2014:3.

基石与追求：自由、平等、公正、法治

宝。中国特色社会主义在新时代的实践和理论创新中，积极维护人民的根本利益，高度重视人民的获得感、幸福感和安全感，进一步促进了社会主义自由的实现，为人民的自由全面发展创造了良好的条件。

一方面，中国特色社会主义的自由体现为从现实生活的各个领域展开对马克思主义自由观的实践。在经济领域，以生产资料公有制为主体的经济制度为人们的实质自由提供了根本保障。社会主义社会在经济上实行公有制为主体、多种所有制经济共同发展的基本经济制度，实行按劳分配为主体、多种分配方式并存的分配制度，占人口绝大多数的工人阶级和其他劳动人民在享有生产资料不同形式所有权和支配权的基础上当家作主。经济地位上的平等，从根本上决定并保证了社会主义的自由不受资本的操纵。社会主义的自由不是少数人占有生产资料而享有的自由，相反，最广大的人民群众享受着实实在在的自由。在政治领域，社会主义建立了无产阶级专政的政权，让劳动人民掌握了国家权力，从而获得了最大的政治自由。《中华人民共和国宪法》规定，中华人民共和国的一切权力属于人民，中华人民共和国公民有言论、出版、集会、结社、游行、示威的自由，有宗教信仰自由，中华人民共和国公民的人身自由不受侵犯。社会主义的自由是在国家宪法、法律等的规范和制约之下的自由，是权利和义务相对等的自由，而不是凌驾于社会利益之上的、绝对的个人主义和自由主义。社会主义的民主制度使广大人民真正获得了平等的民主权利和自由，为广大劳动人民平等地享有和实现各种自由权利提供了制度保障。在文化领域，社会主义坚持以马克思主义为指导思想，大力发展社会主义文化，使人们的思想境界不断得到提高。

第三章 社会层面社会主义核心价值观的中国特色

中国特色社会主义大力发展社会主义文化，贯彻"二为"方向和"双百"方针，引导文化工作者提高文化产品质量，创作生产出一系列思想性、艺术性、观赏性相统一且人民喜闻乐见的优秀文艺作品，不断满足人民日益增长的精神文化需求，不断丰富人民的精神世界，增强人民的精神力量；广泛开展普法教育和民主实践，让人们充分认识权利的重要性，懂得依法维权，同时做到尊重他人的权利，从而保证了自由的有效实现；注重提升人们的思想道德素质，实施公民道德建设工程，加强社会公德、职业道德、家庭美德、个人品德教育，引导人们自觉履行法定义务、社会责任、家庭责任，在提升人们的权利意识的同时，培育人们的社会担当意识和奉献精神。

总之，中国特色社会主义为自由的实现开辟了广阔的空间，我们要坚持走中国特色社会主义道路。同时，我们需要清醒地认识到，人们自由的实现程度受社会发展水平的制约。社会主义的自由作为人类自由发展的一个历史阶段，仍然无法摆脱人对自然和社会条件的依赖。我国仍处于社会主义初级阶段，生产力发展水平仍较低，人们的物质生活条件尚需要进一步改善，民主法治建设还需要进一步加强，人们的精神生活还需要进一步丰富，社会保障水平还需要进一步提高。这些在很大程度上制约着人们的自由实现程度。我们需要推进法治中国建设进程，努力实现国家治理体系和治理能力的现代化，有效保护和实现人们的各项权利；大力发展社会生产力，不断改善人们的物质生活条件，提高社会保障水平，丰富人们的精神生活，提升人们的思想境界，使得人们的实质自由程度不断提高。

基石与追求：自由、平等、公正、法治

另一方面，中国特色社会主义的自由体现为对马克思主义自由理论的深化和发展。这包含对自由与法律秩序、自由与美德两组关系的辩证认识。首先，自由与法律秩序共存亡，自由与法律法规紧密相关。法律反映并调整一定的社会关系，用规定人们的权利和义务的方式，规范全体社会成员的行为。自由是法律下的自由，是通过法律界定、确定的自由，是人们在法律规定的范围内拥有自由行动、不受限制的权利。第一，自由构成法律的目的。自由是法律的灵魂和精神，法律的目标、内容和标准都应包含着自由的内容，都应体现着人的自由精神，它们是人的自由需求、自由追求、自由精神的法律表达。第二，法律为自由提供了坚实的保障。保证自由不被滥用、不受侵犯，是法律的基本职责。有秩序才有自由，有底线才有自由。真正的自由不是为所欲为，而是在法律的约束下享有秩序的自由。秩序和自由是相互依存的。没有秩序，自由就会变得混乱和无序，个人和社会的权益也会受到威胁。因此，只有建立在秩序基础上的自由才是真正的自由。在实现自由的过程中，每个人都有责任遵守法律法规，不损害他人的合法权益，同时也有权利参与到社会管理和监督中来。因此，每个人在享受自由的同时，必须遵守国家法律和法规，自觉维护社会秩序，不损害他人、集体和社会的利益。

社会主义的自由同样也不是随心所欲的，它也是有限度的。《中华人民共和国宪法》赋予了公民广泛的自由权利的同时，也明确规定："任何公民享有宪法和法律规定的权利，同时必须履行宪法和法律规定的义务。"个人在行使自己的自由权利时，如果损害了他人、集体和社会的权利，就必须受到法律的制裁。中国社会将自由和秩序视为不可分

割的概念。中国政府强调尊重和保护人权，让人们自由发展，但中国人民也非常珍视秩序和稳定，认为团结和安定是自由发展的重要条件。稳定是中国实现社会主义现代化的必要条件。在现代中国，经济发展需要稳定，深化改革需要稳定，扩大开放需要稳定，民主法治建设需要稳定，精神文明建设也需要稳定。邓小平曾多次强调："中国的问题，压倒一切的是需要稳定。没有稳定的环境，什么都搞不成，已经取得的成果也会失掉。"[①] 因此，中国必须有一个安定团结的政治环境，必须有领导有秩序地进行建设，以保证自由而有序地实现社会主义现代化。

其次，自由与美德为伍，社会主义所倡导的自由是与公民道德境界、公共责任感的提升密切联系的。社会主义注重保障和实现个人权利，但同时也反对极端的个人主义，强调公民对社会和国家的奉献和忠诚。自由的实现需要建立自由、民主、公正的社会制度，同时也需要每个成员具备理性、审慎的精神和公共情怀。这些是社会主义所倡导的自由应该具备的基本内容。在中国文化中，美德和道德一直被重视，自由同样不例外。自由被理解为个人在法律框架内，拥有按照自己的意愿选择生活方式而不受任何外在专制力量支配的权利。自由与道德密切联系，如果一个人的内心世界受到低级欲望的支配，在现实生活中缺乏公共意识和责任感，那么这种行为不能被称为自由。相反，自由应该与美德为伍，体现为个体对积极健康人生的追求和对社会公共责任的担当。实现这种美德的自由，需要个人承担公共责任并具备奉献精神。现代社

[①] 邓小平. 邓小平文选：第3卷. 北京：人民出版社，1993：284.

会的良性运行需要建构自由、民主和公正的社会制度，同时也需要个体德行水平的提升，只有拥有正义美德的人才能了解如何运用法则、设计正义制度并按照正义原则来实施正义制度。在现实中，如果人们普遍只关注个人私利而不考虑或关心他们在总利益中的份额，好的政府就无法存在。社会主义强调公民社会责任感和公共意识的养成，这是实现自由的基础。同时，社会主义尊重差异，包容多样，重视个体权利的保护和实现，并反对极端的个人主义。因此，社会主义所倡导的自由不仅涉及个人权利，还考虑到整个社会的利益与和谐发展，自由是与美德为伍的自由。

第二节

与社会进步一致的平等

平等是社会进步和发展过程中的重大课题。古有云，"不患寡而患不均"。一个国家资源、财富的丰俭彰显了其在国际社会中的整体实力，而一个国家内在稳定性和持续性则需要通过践行平等观念来实现。平等在认知层面表现为对具有差异化对象的理解、尊重；在实践层面表现为合理分配，也就是对不同群体、区域、国家等进行较为公正的资源分配。中国特色社会主义平等观是适合我国当前发展阶段的价值观内容，是促进现代化建设的关键条件。

一、马克思主义论平等

马克思主义博大精深，归根到底就是一句话，为全人类求解放。习近平总书记指出："在马克思之前，社会上占统治地位的理论都是为统治阶级服务的。马克思主义第一次站在人民的立场探求人类自由解放的道路，以科学的理论为最终建立一个没有压迫、没有剥削、人人平等、人人自由的理想社会指明了方向。"[1] 马克思、恩格斯根据辩证唯物主义和历史唯物主义的世界观和方法论，深入研究了人类历史上平等观念的演变发展；并从政治经济学的角度，分析和批判了历史上特别是资本主义社会不平等现象的经济学起源，解决了经济平等的问题，进而提出了一种科学社会主义的平等观。

首先，马克思、恩格斯从生产领域强调平等的重要性，在生产力和生产关系中实现平等是马克思主义平等观的出发点。根据历史唯物主义的观点，任何一种平等的性质和状态都是由一定的生产方式所决定的。马克思认为，物质生活的生产方式制约着整个社会生活、政治生活和精神生活的过程[2]。生产方式由生产力和生产关系构成。所谓生产力，是指人们在劳动过程中形成的改造自然和影响自然的客观物质力量，它是人们进行物质生产和精神生产的基础条件，是人们不能任意选择的物质性历史前提。生产力决定生产关系，进而决定其他一切社会关系。平等

---

[1] 中共中央党史和文献研究院．十九大以来重要文献选编：上．北京：中央文献出版社，2019：424．

[2] 马克思，恩格斯．马克思恩格斯文集：第2卷．北京：人民出版社，2009：597．

基石与追求：自由、平等、公正、法治

或不平等作为社会关系的一种，归根结底是由生产力发展状态和水平决定的。

一方面，旧社会产生人对人剥削和奴役现象的根本物质动因就是：极其有限的生产力。在旧社会，由极其有限的生产力所提供的社会生产，不能满足整个社会所有人的物质文化需要，故此，人们的发展只能具有这样的形式：少数人凭借政治经济垄断特权，奴役和压迫大多数人，从而获取自由发展的优先权；与之对照的是，大多数人由于处在被剥削、被压迫的地位，不得不为满足最迫切的生存需要而辛苦劳作，无暇顾及文学、艺术或其他最高层面的需要。由此而来，在生产力水平低下的旧社会，一直是在对立的范围内发展的，根本不存在人与人之间的平等。

另一方面，平等或不平等的社会关系是对一定的生产关系的反映。人们在自己生活的社会生产中发生一定的、必然的、不以他们的意志为转移的关系，即生产关系。这些生产关系的总和构成社会的经济结构，即有法律的和政治的上层建筑竖立其上并有一定的社会意识形式与之相适应的现实基础，简称经济基础。平等或不平等作为一种政治的上层建筑是对客观经济基础的主观反映。生产关系尤其是生产资料所有制形式，从根本上决定了人与人之间平等或不平等的关系。马克思说，"劳动者在经济上受劳动资料即生活源泉的垄断者的支配，是一切形式的奴役，社会贫困、精神屈辱和政治依附的基础"[1]。

其次，在生产领域的平等之后，马克思进一步强调分配领域的平

---

[1] 马克思，恩格斯. 马克思恩格斯选集：第2卷.2版. 北京：人民出版社，1995：609.

等。具体来讲，在共产主义发展的不同阶段，分配领域的平等表现为以按劳分配、按需分配为基本原则的平等。平等的实现是不以人的意志为转移的历史发展过程，平等实现的程度不能脱离现实条件。在《哥达纲领批判》中，马克思将共产主义的平等分为两个阶段。第一阶段是共产主义初级阶段的平等，也就是社会主义阶段的平等。社会主义阶段的平等是在消费品上实行各尽所能、按劳分配的平等。这种平等权利是以劳动作为同一尺度进行计量的，但是对于不同等的劳动，其所体现的是不平等的权利。因此，马克思认为，"在这里平等的权利按照原则仍然是资产阶级权利，虽然原则和实践在这里已不再互相矛盾"[①]。在现实生活中，每个劳动者的情况是不同的，如果以同一尺度应用于不同的人，必然会出现事实上的不平等，所以，按劳分配体现的是不完全平等的阶段。

第二阶段是共产主义高级阶段的平等。在共产主义高级阶段的平等中，资产阶级法权的意义被摒弃，以劳动为尺度的权利平等消失，人性发展的障碍消除，衡量平等权利的标准不再是基于个人的能力差异，而是基于人的发展需求。"在共产主义社会高级阶段，在迫使个人奴隶般地服从分工的情形已经消失，从而脑力劳动和体力劳动的对立也随之消失之后；在劳动已经不仅仅是谋生的手段，而且本身成了生活的第一需要之后；在随着个人的全面发展，他们的生产力也增长起来，而集体财富的一切源泉都充分涌流之后，——只有在那个时候，才能完全超出资产阶级权利的狭隘眼界，社会才能在自己的旗帜上写上：各尽所

---

① 马克思，恩格斯. 马克思恩格斯文集：第 3 卷. 北京：人民出版社，2009：434.

基石与追求：自由、平等、公正、法治

能，按需分配！"① 只有实行按需分配，实质上的平等才能真正得到实现。

总的来说，分配领域平等的实现程度取决于生产力的发展水平。随着社会主义阶段向共产主义阶段的转变，分配方式也从各尽所能、按劳分配向各尽所能、按需分配发展，这代表了从形式平等向实质平等发展的过程。平等的发展以及最终实现是社会生产方式进步的必然结果，是一个客观的历史发展过程。马克思将平等观提升到了生产力和生产关系的高度，找到了平等的价值基础和评判标准，准确地把握了平等要求的内在本质，科学地揭示出平等价值与历史发展的一致性。

最后，马克思主义平等观要实现的最终目标是消灭阶级，消灭剥削，从制度上为社会成员提供自由全面发展的机会、条件和权利。马克思主义平等观是无产阶级平等观，这与资产阶级平等观存在根本不同。马克思曾指出：资产阶级平等观是虚伪的，因为它不能真正实现各阶级之间的平等。无产阶级平等观则要求消灭阶级，无产阶级是唯一以消灭阶级为己任的阶级，因此，无产阶级平等观超越了以往任何一个阶级的平等观。"无产阶级平等要求的实际内容都是消灭阶级的要求。任何超出这个范围的平等要求，都必然要流于荒谬。"② 在马克思看来，只有当阶级被消灭了，才能真正实现平等。平等观是特定历史条件下的产物，总是存在于某一特定的经济社会关系中。马克思认为，只有超越阶级差别，才能真正实现平等，而超越阶级差别的唯一途径就是消灭阶

---

① 马克思，恩格斯．马克思恩格斯选集：第 3 卷．2 版．北京：人民出版社，1995：305 - 306．

② 同①448．

级。随着阶级差别的消灭，社会和政治的不平等也会自然消失。平等作为反映一定经济结构的价值观念，它的实现程度不可能超越经济社会的发展阶段。因此，平等的实现程度取决于社会经济的发展程度。

马克思通过对资本主义社会内部矛盾的深刻分析，得出了一个科学的结论：无产阶级是现代社会变革的物质力量，可以实现真正的社会平等。他将平等观与无产阶级运动相结合，考察了社会主义的本质特征。马克思认为，在存在剥削制度和剥削阶级的社会中，真正的平等是不可能实现的。只有到社会主义社会，通过消灭剥削制度和剥削阶级，让全体人民共同享有生产资料和管理国家的权力，才能真正实现平等。他不仅指出了实现人的平等和解放的道路，而且找到了实现这一目标的物质力量和社会制度——无产阶级和社会主义制度。只有无产阶级才能承担起消灭私有制和剥削的历史任务，建立以生产资料公有制为主体的社会主义制度。从这个意义上说，社会主义的平等实质上是生产资料占有上的平等。

二、推进平等事业的伟大实践

平等的观念总是和不平等的观念同时产生、共同存在的，这是在平等问题上的历史辩证法。恩格斯说，"平等的观念"本身"是一种历史的产物，这一观念的形成，需要一定的历史条件，而这种历史条件本身又以长期的以往的历史为前提。所以，这样的平等观念说它是什么都行，就不能说是永恒的真理"[①]。在古代，以手工劳动为特点的落后生

---

① 马克思，恩格斯. 马克思恩格斯选集：第3卷. 2版. 北京：人民出版社，1995：448.

基石与追求：自由、平等、公正、法治

产条件，形成了自给自足的自然经济和血亲关系的社会等级。在近代，机械化大生产催生了商品生产和等价交换，在此基础上，资产阶级建立了"人人平等"的民主国家；但是，生产资料私人占有的经济本质，决定了资本主义平等不过是资本的经济特权、寡头的政治统治。在社会主义社会，生产资料社会主义公有制的建立，使人民成为国家和社会的主人，为人们平等的经济、政治和社会权利的实现创造了坚实的条件。平等既成为社会主义的本质特征，又成为社会主义向共产主义发展的内在要求。

从我国的社会主义建设和发展的历程来看，我们继承和发展了马克思主义的平等观念，并积极地实践马克思、恩格斯的科学社会主义平等观。新中国成立初期，在半殖民地半封建社会的基础上，我们消灭了资产阶级和地主阶级的剥削与压迫，确立了生产资料社会主义公有制，打破旧的生产关系的束缚，大大促进了生产力的发展，人民生活水平显著提高。我们建立了工人阶级领导的、以工农联盟为基础的人民民主专政的社会主义国家，通过人民代表大会制度这一根本政治制度以及中国共产党领导的多党合作和政治协商制度、民族区域自治制度、基层群众自治制度等基本政治制度保障了人民当家作主的基本权利，使中国人民在平等的理想追求中前进了一大步。然而，我国是一个经济文化落后、人口众多、幅员辽阔、发展极不平衡的社会主义国家。怎样建设社会主义，发展社会主义，增进社会主义平等，并没有现成的道路可循。新中国成立初期，由于对社会主义发展阶段认识不科学、对社会生产力发展速度估计错误，产生了"共产主义在我国的实现，已经不是什么遥远将

第三章　社会层面社会主义核心价值观的中国特色

来的事情"这种操之过急的情绪。针对平等问题，我们混淆了社会主义同共产主义的区别，混淆了社会主义平等同平均主义的区别。在生产力水平低下的条件下，盲目地推行高度社会化的劳动生产方式，对有限的社会产品采取了平均分配的供给制。结果表明，这一切并没有使人民群众进入人人平等、共同富裕的共产主义社会，反而助长平均主义，挫伤劳动者的生产积极性，对生产力造成巨大破坏，使我们距离共产主义美好生活更加遥远。

　　改革开放以后，在认真总结正反两方面的经验教训的基础上，我们清楚地认识到，对社会主义初级阶段平等的建设是一个长期发展的过程。首先，虽说我们的经济建设取得重大成就，但是，手工农业与现代农业、粗放型工业与集约型工业之间的差距还存在，在社会主义市场经济体制中个体经济、私营经济等非公有制经济与公有制经济之间的差别还存在，城乡差距、东西部发展差距、各阶层之间的差距还存在。其次，我国社会主义民主政治不断发展，依法治国基本方略扎实贯彻，文化事业繁荣昌盛，但同时，教育、医疗、就业、住房等关系群众切身利益的民生问题还有待进一步完善解决，部分脱贫群众还有返贫风险，社会不平等现象还存在于政治、经济、文化等诸多方面。最后，中国共产党是以马克思主义思想武装起来的工人阶级政党，作为执政党，其先进性和人民性是得到广大群众一致认同的。多年来，我党全面从严治党决心很大、成效也很大，形式主义、官僚主义、享乐主义和奢靡之风得到有效遏制。但是，少数党员干部思想信念动摇，以权谋私、贪污腐化等问题仍然存在，这些问题在个别地区、行业内甚至发展成为特权阶层与

基石与追求：自由、平等、公正、法治

广大群众之间的对立。

进入中国特色社会主义新时代，中国共产党经历了百年的历史考验，社会主义平等观的政党基础迈向了新的高度。在习近平新时代中国特色社会主义思想的指导下，中国共产党对社会主义平等观的理论内涵进行了深度思考，并将平等作为社会主义核心价值观的重要组成部分。新时代全面深化改革开放以"以促进社会公平正义、增进人民福祉为出发点和落脚点"为理论导向，进一步推动构建人类命运共同体，倡导全人类共同平等发展，从而使社会主义平等观的理论内涵达到了世界历史的新高度。具体来看，在新时代中国共产党的治理下，社会主义平等观在中国的实践不断取得新的成就。在全国范围内推行的"共建共享"理念，着重强调了人民群众的利益和权益，同时也持续推进全国范围内的基本公共服务均等化，使得整个社会更加公正平等。此外，新时代中国共产党还注重推行以人民为中心的发展思想，关注贫困地区、弱势群体的权益保障和公平发展，全力打造共建共治共享的社会治理新格局，使社会主义平等观在实践中得到了进一步的体现。最后，中国共产党在国际舞台上积极推动全球治理，提出构建人类命运共同体的理念，积极参与全球治理建设，与其他国家共同推进全球治理、应对全球性挑战，这也体现了中国共产党践行社会主义平等观的决心和态度。

中国特色社会主义平等价值观建设是一项崇高的精神文明事业，需要一代又一代中国人民接续奋斗。进入中国特色社会主义新时代，我们要继续大力发展社会主义市场经济，为平等价值观建设提供更充实的物质基础；进一步弘扬社会主义先进文化，为平等价值观建设提供积极的

精神食粮；不断加强社会主义体制改革，为平等价值观建设构架制度保障。我们要在经济社会不断发展的基础上，努力营造公平正义的社会环境，保障人民平等参与、平等发展的权利，使全体人民真正享有中国特色社会主义平等、保障底线的且有差别的平等和在发展中不断健全的平等，最终实现共同富裕这一社会主义本质目标。

三、社会平等是一个系统工程

社会主义核心价值观与资本主义核心价值观的根本不同在于：我们究竟在什么意义上来谈论平等，谈论的是谁的平等？从平等的领域来看，中国特色社会主义平等主要从经济领域、政治领域、社会领域展开；从平等的主体来看，中国特色社会主义平等在民族平等和性别平等方面具有突出贡献；此外，中国特色社会主义平等还实现了制度的平等和国际的平等。中国特色社会主义平等观具有多维性，它既包含个体与个体之间的平等，也包含群体与群体之间的平等。

首先，社会主义平等的实现是一项宏大的社会系统工程，中国特色社会主义平等涵盖了经济、政治、社会等多个领域。在经济领域，坚持以经济建设为中心，锐意推进经济体制改革，实现公平和效率的统一。建立以家庭承包经营为基础、统分结合的农村双层经营体制，形成公有制为主体、多种所有制经济共同发展，按劳分配为主体、多种分配方式并存，社会主义市场经济体制等基本经济制度，形成在国家宏观调控下市场对资源配置起决定性作用的经济管理制度，为我国经济繁荣、经济平等提供了有力的制度保障。大力发展经济，解放生产力，发展生产

基石与追求：自由、平等、公正、法治

力，使我国综合国力迈上新台阶，国家经济总量跃居世界第二，小康社会全面建成，脱贫攻坚取得全面胜利，为我国社会主义平等价值观的全面实现提供了有力的物质保障。在政治领域，大力发展社会主义民主政治，人民的权利平等得到了更好保障。政治体制改革不断深化，全过程人民民主不断推进，人民代表大会制度、中国共产党领导的多党合作和政治协商制度、民族区域自治制度、基层群众自治制度日益完善，中国特色社会主义法律体系不断完善，全面推进依法治国有效实施，公民有序政治参与不断扩大，人权事业全面发展，人民的政治平等、法律平等、民族平等、性别平等得到更好保障。在社会领域，大力发展文化教育和社会事业，为实现社会主义平等营造更好的社会环境。着力发展社会主义先进文化，促进社会主义核心价值体系建设，大力支持教育事业，促进教育公平，使人民精神文明素质普遍提高；加强社会保障制度建设，使覆盖城乡居民的社会保障体系初步形成，就业保障机制不断改善，公共卫生服务体系和基本医疗服务体系不断健全，为人民平等参与、平等发展、平等享有创造有利的社会条件。

其次，中国特色社会主义平等是社会各主体之间的平等。在我国，不分民族、性别、身份、地位，各主体之间均享有平等的权利。这主要表现为我国对民族平等、男女平等的实现。在民族平等方面，中国特色社会主义平等观继承和发展了马克思主义民族理论，制定了符合我国现阶段民族问题现状的、关于民族平等的具体政策和制度。民族平等是我国处理国内民族问题的一项基本原则。我国主张各民族一律平等，实行民族区域自治制度，各个民族之间相互尊重各自的风俗习惯；少数民族

第三章 社会层面社会主义核心价值观的中国特色

的全面发展是实现民族平等的重要途径，民族地区全方位的发展，实现了各民族的共同富裕、共同繁荣和共同发展；民族区域自治制度是民族平等的重要保障，民族区域自治制度作为我国的基本政治制度之一，是中国特色社会主义政治建设的重要内容。在男女平等方面，男女平等是平等的价值观在性别领域的具体体现，是中国特色社会主义核心价值观的题中应有之义。中国共产党历来倡导男女平等，从成立之初起，就将促进妇女解放和实现男女平等视为自己的奋斗目标之一。在新中国成立的70多年里，党和政府一直秉持男女平等的价值理念，通过综合运用法律、政策、行政、教育、宣传等手段推进男女平等。为了消除社会中的性别不平等，党制定了一系列保护妇女权益的政策和法律，如《中华人民共和国妇女权益保障法》等。同时，党还通过"妇女能顶半边天"等社会主流意识形态的宣传，以及号召社会各界的努力，大力推动妇女参与社会、经济和政治生活，鼓励妇女走向职场、投身创新创业，女性成为社会发展的重要力量。随着时间的推移，中国女性的地位得到了不断提高。如今，女性已经成为中国社会发展的重要组成部分，在政治、经济、文化、科技等各个领域都发挥着重要的作用，为中国的现代化进程做出了积极的贡献。党的二十大强调了要坚持男女平等基本国策，保障妇女儿童合法权益。中国在推进"四个全面"战略布局的进程中，将继续贯彻男女平等基本国策，健全经济、法律、行政和舆论等措施，依法推动男女平等取得更大成就。

再次，中国特色社会主义平等还是制度层面的平等。反特权、反腐败是制度平等的主要内容。中国社会主义制度的确立彻底否定了特权。

基石与追求：自由、平等、公正、法治

新中国成立后，制定的宪法、法律和其他制度都体现了平等和反对特权的精神。从制度建设的发展历程来看，中国共产党早在1956年的八届二中全会就提出了防止各级领导人员特权化、防止"特权阶层"形成的要求。在改革开放时期，邓小平对特权问题保持了高度警惕。1980年，邓小平在《党和国家领导制度的改革》中将"形形色色的特权现象"列为党和国家领导制度中的主要弊端，认为中国共产党长期强盛的秘诀是干群一致、同甘共苦。1982年，中国共产党第十二次全国代表大会首次将"所有共产党员都不得谋求任何私利和特权"写入党章。特权阻碍着社会公正和发展，使权力无法受到制约，使利益无法公平分配，损害人民的根本利益。因此，反对特权是中国社会主义制度的重要任务之一，是中国共产党一贯坚持的方针。中国共产党一直致力于建立一种公正、透明、平等的社会制度，消除特权的滋生土壤。党和国家出台了许多措施来打击特权和腐败。其中，加强领导干部教育培训，加强组织管理，建立健全监督制度，深化司法改革，加强舆论监督等措施，都为反对特权和腐败提供了强有力的法律保障。只有全社会共同努力，建立公正、透明、平等的社会制度，才能有效遏制特权的滋生，建设一个公平、公正、法治的社会，实现中华民族的伟大复兴。

最后，国家的平等是中国特色社会主义平等在国际关系和世界历史方面的重要成就。中国历来强调，国家不分大小、强弱、贫富，都是国际社会平等成员。1978年，邓小平同志在新加坡总理李光耀举行的欢迎宴会上指出："中国政府一贯坚持大小国家一律平等，坚持反对大国欺侮小国、强国凌辱弱国。"① 如今，面对层出不穷的挑战和危机，要坚持大小国家一律平等，维护国际法的权威性和普遍适用性，践行真正的多边主义。和平与发展是当代世界的两大主题，而这两大主题的根源在于霸权主义和由此产生的不平等的国际经济和政治秩序。中国共产党人为了促进国际平等，积极推动建立公正合理的国际政治经济新秩序，主张同各国在平等互利的基础上加强多领域的交流与合作，并坚决反对任何国家以维护人权为借口干涉别国内政。"一带一路"以创新的对外开放模式，促进了中国与世界各国的平等交流和发展。开放是人类文明进步的重要动力，是世界繁荣发展的必由之路。"一带一路"的底色是文明互鉴、开放合作，通过共商共建共享增强各国发展动能，推动经济全球化不断向前，让发展成果更多更公平地惠及各国人民。党的二十大报告强调：中国始终坚持维护世界和平、促进共同发展的外交政策宗旨，致力于推动构建人类命运共同体。我们真诚呼吁，世界各国弘扬和平、发展、公平、正义、民主、自由的全人类共同价值，促进各国人民相知相亲，尊重世界文明多样性，以文明交流超越文明隔阂、文明互鉴超越文明冲突、文明共存超越文明优越，共同应对各种全球性挑战。

四、人人享有人生出彩的机会

中国特色社会主义平等是一个不断完善和发展的动态体系。尽管我们已经在实现社会主义平等的努力中取得了不少的成果，但仍需看到的

---

① 中共中央文献研究室．邓小平思想年谱：1975—1997. 北京：中央文献出版社，1998：91.

基石与追求：自由、平等、公正、法治

是，不平等的现实依然存在，对不平等的消除是实现平等的不竭动力，实现社会主义的平等是一个持久的过程。因此，中国特色社会主义平等的目标在于消除现实当中的不平等现象，保障人人享有人生出彩的机会。为了进一步实现社会主义的平等，目前，最主要的目标和任务体现在保障好弱势群体的基本利益、解决好"三农"问题、着力实现区域之间的协调发展、解决中小微企业的平等发展问题等几个方面。

首先，消除社会中的不平等现象应当保障好弱势群体的基本利益，保证其拥有平等的生存权和发展权。党和政府长期关注并维护残疾人的权益。《平等、参与、共享：新中国残疾人权益保障70年》白皮书强调：残疾人是人类大家庭的平等成员。尊重和保障残疾人的人权和人格尊严，使他们能以平等的地位和均等的机会充分参与社会生活，共享物质文明和精神文明成果，是国家义不容辞的责任，也是中国特色社会主义制度的必然要求。自新中国成立以来，在建设中国特色社会主义伟大事业进程中，中国共产党和中国政府本着对人民负责的精神，坚持以人民为中心，关心特殊困难群体，尊重残疾人意愿，保障残疾人权利，注重残疾人的社会参与，推动残疾人真正成为权利主体，成为经济社会发展的参与者、贡献者和享有者。在习近平新时代中国特色社会主义思想的指引下，坚持政府主导与社会参与、市场推动相结合，坚持增进残疾人福祉和促进残疾人自强自立相结合，将残疾人事业纳入国家经济社会发展总体规划和国家人权行动计划，残疾人权益保障的体制机制不断完善，残疾人社会保障制度和服务体系不断健全，残疾人获得感、幸福感、安全感持续提升，残疾人事业取得举世瞩目的历史性成

第三章　社会层面社会主义核心价值观的中国特色

就。作为健全社会保障体系的重要一环,"完善残疾人社会保障制度和关爱服务体系,促进残疾人事业全面发展"被写入党的二十大报告当中,可见保障残疾人的平等权利是中国特色社会主义平等的重要内容。

其次,消除社会中的不平等现象应当解决好"三农"问题,保证城乡之间的协调、平等发展。党和国家对"三农"问题给予高度重视,着力解决农业、农村、农民在发展中的不平等问题。从世界现代化强国的发展规律来看,一个真正强大的国家,一定有强大的农业做支撑,而中国作为一个农业大国、人口大国要建成现代化强国,建设农业强国更是不可或缺、不可替代的必要条件。为了解决"三农"问题,党和国家制定了多项政策保障农民的权利,推动农村的发展,建设农业强国。2013年,习近平总书记在中央农村工作会议上描绘了"强""美""富"的动人图景,以此为目标和指引,党和国家持续重农强农惠农,打赢了脱贫攻坚战,如期实现了全面小康,积累了丰富的实践经验,打下了坚实的物质基础,并在此过程中,开启了全面推进乡村振兴、加快农业农村现代化的新征程。城乡发展问题一直是党和国家致力于维护社会平等的关键问题。就目前城乡发展的形式来看,实现城乡平等的关键在于全面推进乡村振兴。党的二十大报告强调,全面建设社会主义现代化国家,最艰巨最繁重的任务仍然在农村。

再次,消除社会中的不平等现象应当着力实现区域之间的协调发展。党的二十大报告指出:要深入实施区域协调发展战略、区域重大战略、主体功能区战略、新型城镇化战略,优化重大生产力布局,构建优

基石与追求：自由、平等、公正、法治

势互补、高质量发展的区域经济布局和国土空间体系。推动西部大开发形成新格局，推动东北全面振兴取得新突破，促进中部地区加快崛起，鼓励东部地区加快推进现代化。支持革命老区、民族地区加快发展，加强边疆地区建设，推进兴边富民、稳边固边。推进京津冀协同发展、长江经济带发展、长三角一体化发展，推动黄河流域生态保护和高质量发展。高标准、高质量建设雄安新区，推动成渝地区双城经济圈建设。健全主体功能区制度，优化国土空间发展格局。推进以人为核心的新型城镇化，加快农业转移人口市民化。以城市群、都市圈为依托构建大中小城市协调发展格局，推进以县城为重要载体的城镇化建设。坚持人民城市人民建、人民城市为人民，提高城市规划、建设、治理水平，加快转变超大特大城市发展方式，实施城市更新行动，加强城市基础设施建设，打造宜居、韧性、智慧城市。发展海洋经济，保护海洋生态环境，加快建设海洋强国。

最后，解决中小微企业的平等发展问题是当前消除社会中不平等现象的重要关切点。习近平总书记强调，"中小企业能办大事"。拥有"小而美"独特优势的中小微企业，与民营经济高度重叠，是保市场主体的重要对象，是保就业的重要力量，也是构建新发展格局的有力支撑。一些中小微企业规模并不大，却在行业细分领域默默耕耘、精益求精，占据市场领先地位，成为"隐形冠军"。无论从地位作用还是实际贡献来看，中小微企业的健康发展，都具有重要意义。正因如此，党和国家一直高度重视和支持中小微企业发展，不断激发市场主体活力和社会创造力。为此，国家出台多项政策支持和保护中小微企业的平等发展。党的二十大报告高度重视中小微企业的发展问题，强调要营造有利于科技型中小微企业成长的良好环境，支持中小微企业发展。

第三节

与人民利益一致的公正

人类历史上，公正是人们安排社会公共秩序和利益关系的最基本理念，也是千百年来人们一直向往和不断追求的一种理想社会状态。公正是社会主义国家重要的价值观，是中国特色社会主义的内在要求。

物质生活水平是体现社会公正的一个重要方面。发展和共享历来是人类社会的价值追求，也是中国人民热切期盼的生活样态。党的二十大报告将中国式现代化作为全面推进中华民族伟大复兴的中心任务，强调中国式现代化是人口规模巨大的现代化，是全体人民共同富裕的现代化，是物质文明和精神文明相协调的现代化，是人与自然和谐共生的现代化，是走和平发展道路的现代化。中国式现代化的内涵充分体现了党从制度上对社会公正的关切，并将实现人的全面发展、全体人民共同富裕取得更为明显的实质性进展作为发展的目标，强调建设社会主义现代化国家要坚持以人民为中心的发展思想。维护人民根本利益，增进民生

基石与追求：自由、平等、公正、法治

福祉，不断实现发展为了人民、发展依靠人民、发展成果由人民共享，让现代化建设成果更多更公平惠及全体人民。

一、社会主义制度的本质要求

世界社会主义拥有500多年的发展历史，最初产生于16世纪初的空想社会主义。空想社会主义又称"乌托邦社会主义"，代表了当时人们对未来生活的美好向往，同时又由于缺乏现实力量和科学理论指导没能付诸实践。对未来社会的美好憧憬体现了空想社会主义对公正的美好希冀。

人类进入资本主义时代后，面对新的资本主义剥削方式，空想社会主义者深感公正的重要性，渴望改变现实状况，开始了与资产阶级斗争的进程。空想社会主义在对资本主义进行批判和揭露的同时，对未来美好社会进行了精心设想，提出了一系列关于公正的重要思想：一是废除私有制和雇佣劳动，消灭阶级和阶级差别。空想社会主义者对私有制带来的弊端和不公正现象进行了深刻揭露。二是改变资本主义分配制度，实行共同劳动、合理分配。在资本主义制度下，劳动者创造的财富由于不合理的经济制度大部分落入资本家的口袋，造成广大无产阶级日渐贫困。针对资本主义分配制度的极度不合理现象，空想社会主义者提出了按劳分配和按需分配的思想。三是消灭各种不公正的差别，提高劳动生产地位。空想社会主义者提出在未来社会要以自由劳动和团结协作为基础，创设"以诚实和诱人的劳动为基础的正面世界"。空想社会主义者把社会公平正义作为未来理想社会的重要目标，是早期无产阶级"对社

第三章 社会层面社会主义核心价值观的中国特色

会普遍改造的最初的本能的渴望"[①]，孕育了科学社会主义的萌芽。由于历史和阶级发展的局限，这些思想家关于公正的美好图景大多停留在制度设计层面难以成为现实。

社会主义在空想的原野上艰难跋涉了300多年，终于迎来了曙光。马克思、恩格斯对公正的科学诠释体现了社会主义从空想到科学的伟大飞跃。马克思、恩格斯通过艰苦的理论和实践探索实现了社会主义由空想到实践的历史性跨越。马克思主义公正观第一次把社会公正的追求奠定在了科学的基础之上，分析了产生社会不公正问题的原因以及解决这一问题的现实路径。

马克思主义公正观的基本观点主要包括经济公正、社会公正和政治公正三个方面。首先，马克思主义经济公正观以社会生产方式和生产资料的公有制为基础，揭示了生产公正、交换公正和分配公正的重要性。第一，生产公正是在生产资料公有制的基础上组织生产的，满足全体社会成员的需求是社会主义生产的根本目的，也是决定公正的根本基础。第二，交换公正的目的是实现人的彻底的全面而自由的发展，以此为理论方向，实现交换公正可以成为现实。第三，分配公正是对社会生产进行有计划的指导和调节，实行等量劳动领取等量产品的按劳分配原则。在按劳分配为主体、多种分配方式并存的分配制度下，在社会产品的分配过程中，以劳动量的多少来决定分配数量，多劳多得，进而促使分配公正在一定程度上得以实现。

其次，马克思主义的社会公正主要体现在社会保障和教育公正方

---

① 马克思，恩格斯. 马克思恩格斯文集：第2卷. 北京：人民出版社，2009：63.

基石与追求：自由、平等、公正、法治

面，目的是使人成为真正的人。第一，关于社会保障。在资本主义社会中，劳动工人的就业率随着资本的不断积累呈现下降趋势，人民连基本生活都难以保障。即使在资本主义的繁荣阶段，工人阶级的命运也是悲惨的，因为雇佣关系决定了工人阶级只是被剥削的工具。社会主义社会坚持取之于民用之于民，实现社会保障的最终目的是实现共同富裕。社会保障以后备基金、教育、保健等福利设施以及济贫事业为重要内容。第二，关于教育公正。资产阶级不仅剥削工人阶级的劳动，在智力发展上也把工人阶级作为生产剩余价值的一种机器。马克思认为，儿童不能只是从事工厂劳作，而是要将劳作与受教育相结合，这样既可以提高社会生产力，还可以使人的体力与智力都得到全面而完善的发展。对于技术教育的对象，马克思认为，要针对不同年龄段的儿童进行不同程度的教育，不分地区与家庭背景，人人都可以受到教育。

最后，政治公正思想是共产主义的制度探索。第一，社会需要赋予每一个个体属于自己的相应的尊严，并确保其真实存在。然而在阶级社会里，每个人的尊严不仅得不到应有的保障，甚至被践踏到非人的境地。因此，恩格斯指出，要想使每个人的尊严都得到恢复、使人类最终摆脱旧社会那种非人性的生活状态，只有工人阶级才能完成这项艰巨而困难的任务。第二，通过无产阶级专政和社会主义的高度发展，最终实现向消灭阶级、消灭剥削、实现人的自由而全面发展的共产主义的过渡。生产力高度发达的共产主义社会是消灭阶级和阶层差别、国家消亡的社会。人类社会将是"一个联合体，在那里，每个人的自由发展是一切人的自由发展的条件"[①]。人类完成了从必然王国向自由王国的飞跃。

---

① 马克思，恩格斯. 共产党宣言. 北京：人民出版社，2014：51.

马克思主义的公正思想显示出巨大的历史进步意义，以其科学性和历史穿透性确立了社会主义的公正观。

19世纪末20世纪初，世界工人运动随着世界资本主义由自由竞争向帝国主义的过渡进入争取民族独立和人民解放的新阶段。1917年俄国十月革命胜利后，苏俄开始了人类历史上首次大规模的社会主义建设。如何实现社会公正，也成为苏俄当时面临的一个重要的理论和现实问题。苏俄对社会主义公正的实现展开了积极的探索。从十月革命后的"战时共产主义"政策的实施到俄共（布）十大决定实行新经济政策，经济政策的调整体现了布尔什维克党对社会主义公正含义认识的加深，同时证明了公正的价值所在。列宁去世后，苏联经济社会曾一度快速发展，但官僚主义和过度集中的计划经济体制等产生了极为不利的影响，社会正义一再遭到破坏，最终导致苏联解体。

基于苏联模式社会主义公正的实践和挫折，可以得出以下几点反思：第一，在经济方面，在社会生产力发展的具体领域，苏联模式长期重视重工业、轻视轻工业的做法，是对现实的社会个体存在和发展的漠视，出现了平均主义、非劳动收入等不公正现象。第二，在社会方面，权力可以变相地获取社会资源，这是苏联社会主义社会普遍存在的一个与公正相对立的弊病。最终，苏联模式非但没有超越资本主义契约式的公正，反而成为在苏联内部引爆自身的炸弹。第三，在政治制度的探索方面，苏联模式虽然意识到了这种制度的隐患，但是却试图摆脱生产力的制约，依靠社会权力建立一种理想性的社会交往规范——高度集中的计划经济体制。在社会生产力发展水平远未达到全面超越资本

基石与追求：自由、平等、公正、法治

主义的历史背景下，对人与物的价值关系的误解，对现实生产力和生产关系的无视，所带来的后果只能是社会生产力发展的畸形与人民大众的普遍贫困。

社会主义理论从空想到科学，直至应用于具体的实践，其经验与教训都告诉我们：社会主义的本真精神集中体现为对公正的追寻，"科学社会主义"不是一个理论标签，而是现实的社会运动，只有在改革与发展中才能凸显出社会主义公正观的现代价值。

二、以人民根本利益为出发点

以人民根本利益为出发点是中国特色社会主义公正的根本出发点，社会主义公正始终站在人民的立场。党的二十大报告强调必须坚持人民至上的基本原则。"人民性是马克思主义的本质属性，党的理论是来自人民、为了人民、造福人民的理论，人民的创造性实践是理论创新的不竭源泉。一切脱离人民的理论都是苍白无力的，一切不为人民造福的理论都是没有生命力的。我们要站稳人民立场、把握人民愿望、尊重人民创造、集中人民智慧，形成为人民所喜爱、所认同、所拥有的理论，使之成为指导人民认识世界和改造世界的强大思想武器。"[①]

社会主义公正观源于马克思、恩格斯的社会公正观。马克思、恩格斯将人的自由全面发展作为社会发展的根本目标，因此人的发展是社会主义公正观的基本前提和出发点。"任何一种解放都是把人的世界和人

---

① 习近平. 高举中国特色社会主义伟大旗帜 为全面建设社会主义现代化国家而团结奋斗：在中国共产党第二十次全国代表大会上的报告. 北京：人民出版社，2022：19.

的关系还给人自己。"① "共产主义是私有财产即人的自我异化的积极的扬弃,因而是通过人并且为了人而对人的本质的真正占有;因此,它是人向自身、向社会的(即人的)人的复归,这种复归是完全的、自觉的而且保存了以往发展的全部财富的。这种共产主义,作为完成了的自然主义,等于人道主义,而作为完成了的人道主义,等于自然主义,它是人和自然界之间、人和人之间的矛盾的真正解决,是存在和本质、对象化和自我确证、自由和必然、个体和类之间的斗争的真正解决。"②

可以看到,社会发展的根本目的是实现人的发展,社会发展的基本宗旨是实现人的利益。在马克思、恩格斯这里,人人共享、普遍受益是社会发展的终极目标的具体实现。他们是这样来具体描述这个目标的:"在共产主义社会高级阶段,在迫使个人奴隶般地服从分工的情形已经消失,从而脑力劳动和体力劳动的对立也随之消失之后;在劳动已经不仅仅是谋生的手段,而且本身成了生活的第一需要之后;在随着个人的全面发展,他们的生产力也增长起来,而集体财富的一切源泉都充分涌流之后,——只有在那个时候,才能完全超出资产阶级权利的狭隘眼界,社会才能在自己的旗帜上写上:各尽所能,按需分配!"③ 应当"把生产发展到能够满足所有人的需要的规模;结束牺牲一些人的利益来满足另一些人的需要的状况;彻底消灭阶级和阶级对立;通过消除旧

---

① 马克思,恩格斯. 马克思恩格斯全集:第1卷. 北京:人民出版社,1956:443.
② 马克思,恩格斯. 马克思恩格斯全集:第42卷. 北京:人民出版社,1979:120.
③ 马克思,恩格斯. 马克思恩格斯选集:第3卷. 2版. 北京:人民出版社,1995:305-306.

基石与追求：自由、平等、公正、法治

的分工，通过产业教育、变换工种、所有人共同享受大家创造出来的福利，通过城乡的融合，使社会全体成员的才能得到全面发展"[1]。只有社会中的所有人获得了全面的发展，社会的公正才能真正实现。

因此，马克思主义公正观的本质是指，在社会全面进步的前提下，为社会中的每个人的权利享有和全面发展创造条件。其内在本质的四个方面，即价值主体是"所有人"，基本要义是"平等权利和平等义务相统一"，根本要求是"彻底消灭阶级"，价值旨归是"每个人都得到自由而全面发展的条件"，体现了无产阶级追求社会公正的实践性。也就是说，在高度发达的经济基础之上消灭一切非正义的社会现象，追求全人类的彻底解放，实现共产主义社会。这是通过无产阶级革命、无产阶级专政、社会主义建设和不断创造条件逐步实现的。

中国特色社会主义公正观以马克思主义公正观为思想指南，将以人为本、人民至上的原则作为实现社会公正的基本价值取向，人始终是公正关注的核心、主题和要义。以人为本就是将人民的利益作为一切工作的出发点和落脚点，在现实基础上确立人的主体地位，不断满足人的多方面需要，创造人人平等发展、共享发展成果的社会环境，实现人的全面发展。中国特色社会主义公正观以人为核心，以人的尺度审视公正问题，并站在人民立场上思考和把握公正问题。党和国家从以人为本的原则出发，不仅为人民群众的整体利益而努力奋斗，还特别重视社会中具体个人的利益及其在社会中的发展。从维护社会公正的视角来看，以人为本的原则已完全融入中国特色社会主义建设实践中。充分尊重人民的

---

[1] 马克思，恩格斯．马克思恩格斯文集：第1卷．北京：人民出版社，2009：689．

主体地位，切实保障人民的各项权益，使发展成果更公平地惠及全体人民已成为全党全国人民的共识。

习近平新时代中国特色社会主义思想坚持人民至上原则，进一步明确了社会主义公正观以人民根本利益为出发点的价值取向。这一方面体现为，社会主义公正观以人民至上原则的确立和发展为前提。中国共产党人始终坚持马克思主义的真理性与价值性的有机结合，站在人民的立场，调动人民群众的积极性和创造性，以最大限度维护和保障广大人民群众的根本利益为目标。习近平总书记强调："治国有常，利民为本。为民造福是立党为公、执政为民的本质要求。必须坚持在发展中保障和改善民生，鼓励共同奋斗创造美好生活，不断实现人民对美好生活的向往。"[1] 另一方面，实现社会公正是人民至上原则的内在要求。"国家建设是全体人民共同的事业，国家发展过程也是全体人民共享成果的过程……促进社会公平正义，实现好、维护好、发展好最广大人民根本利益，特别是要实现好、维护好、发展好广大普通劳动者根本利益。"[2] 改革和发展作为一项伟大的事业，其主体力量是广大人民群众，核心问题是解决好"群众之所想，群众之所急"的实际问题，为人民谋幸福。为此，必须坚持以人民为中心的发展思想。维护人民根本利益，增进民生福祉，不断实现发展为了人民、发展依靠人民、发展成果由人民共享，让现代化建设成果更多更公平惠及全体人民。当前，面对制约我国

---

[1] 习近平．高举中国特色社会主义伟大旗帜 为全面建设社会主义现代化国家而团结奋斗：在中国共产党第二十次全国代表大会上的报告．北京：人民出版社，2022：46．
[2] 中共中央文献研究室．习近平关于全面建成小康社会论述摘编．北京：中央文献出版社，2016：149．

基石与追求：自由、平等、公正、法治

社会发展的贫富差距拉大、社会阶层分化等问题，实现社会公正是以人民为中心的发展思想的内在要求。因此，任何体制、机制以及具体政策的制定和改革必须以促进社会公平正义为衡量尺度，打破层层壁垒，让人民群众更加充分、公平地享有和感受改革红利。切实维护社会公平正义，是坚持人民至上、以人民为中心的发展思想，增进人民福祉和人民幸福的内在要求。

总的来说，社会主义公正的实现要以人民根本利益为出发点，这对个人、社会和国家都具有十分重要的现实意义。首先，公正与个人息息相关。社会主义市场经济体制改革是一场深刻的利益协调和变革过程，在改革中各种利益群体的关系趋于复杂多变，个人的价值取向越来越趋于理性化、个体性，社会成员的整体思想也趋于进步。在这样的现实基础上，人们不仅仅追求物质生活的丰富，而且还迫切希望建立更加公正的发展平台。对个人而言，公平正义是心理底线，这一底线一旦被突破，人们就会对社会丧失信心，甚至会引发一些社会极端行为。

其次，公正是社会稳定的保障。社会不公正的实质在于社会成员不能平等地享受权利和承担义务。而社会不公正并没有因为公有制的建立而完全消失，社会不公正的积弊不能及时解决在一定程度上导致了苏联解体、东欧剧变。社会主义公有制条件下存在社会不公正，集中体现为物质财富分配的不公正。有些问题的存在直接威胁到社会的稳定发展，如不及时解决，则容易引起不同社会群体间的关系紧张，导致社会逐步走向隔离、分裂和对抗，甚至可能陷入混乱和动荡状态。

最后，公正是社会主义国家的必然追求。中国特色社会主义事业以最广大人民群众根本利益的实现、社会公正水平的提升为追求。因此努力促进社会公正是社会主义伟大事业的必要之举。国家政策的不完善会使群众有强烈的不公正之感。公正的底线守不住，社会主义建设所取得的成果就会被否定，党和政府的公信力会被质疑，最终会削弱党的执政基础，危及党的执政地位。

三、建设公平公正的社会主义社会

中国特色社会主义公正不是抽象的、永恒的，而是具体的、历史的。权利公正、机会公正、规则公正存在于政治、经济、社会等各个领域和方面，它们既有各自的具体内容和功能，同时又是相互联系、相辅相成的统一整体。

权利公正是公正的内在要求，是社会和谐的重要立足点。没有权利公正就不会有机会公正和规则公正。权利公正是指每个社会成员在享有法律法规所赋予的权利上具有平等的主体资格，同时国家在经济社会发展的基础上通过合理的制度安排使社会成员在政治、经济、社会等各方面的平等权利逐步得到实现。权利公正具体体现在政治权利公正、劳动权利公正、分配权利公正等方面，归根到底，体现在社会成员具有平等的生存权和发展权上，并通过法律和制度以及社会运行机制体现出来。在当代中国，社会成员享有法律法规所赋予的广泛而充分的权利。为了促进权利公平，一方面要制定和完善相关的法律法规，明确社会成员所具有的各项平等权利；另一方面还要保证社会成员的各项平等权利能够

基石与追求：自由、平等、公正、法治

逐步得到实现。"要在全体人民共同奋斗、经济社会不断发展的基础上，通过制度安排，依法保障人民权益，让全体人民依法平等享有权利和履行义务。"①

首先，政治权利公正是权利公正的基本前提。《中华人民共和国宪法》明确规定："国家尊重和保障人权。"一个人来到世上，他就具有人应当具有的基本权利，如生存权、社会保障权、受教育权等。这就要求努力营造维护权利公平的制度环境，切实维护和落实宪法和法律规定的公民各项权利，保证全体社会成员都能平等地享有受教育权利、就业权利、参与社会政治生活以及其他法律规定的权利，努力为每个社会成员提供均等的发展机会。坚持法律和规则面前人人平等，任何人、任何团体都不能有超越法律和规则的特权。在我国，人民是国家的主人，国家不能以任何名义剥夺人民的基本权利，必须把这些基本权利落到实处，使人民真正享受到国家权利保护下的自由权和选择权，在公正的环境和政策下，使得人民的主体地位和真正诉求表达出来。我们要积极推进以坚持人民主体地位为核心内容的政治体制改革，切实保障公民选举权与被选举权的平等，优化参政议政的机制，切实保障人民平等参与国家政治生活的权利，保障公民参与关切自身利益的各种决策，拓宽和健全监督渠道，把权力运行置于有效的监督和制约之下。

其次，劳动权利公正是权利公正的重要内容。《中华人民共和国劳动法》规定了劳动者在劳动关系中的各项权利，主要有以下几个方面：

---

① 中共中央文献研究室．习近平关于全面深化改革论述摘编．北京：中央文献出版社，2014：94．

第三章　社会层面社会主义核心价值观的中国特色

(1) 劳动者享有平等就业的权利。具有劳动能力的公民，有获得职业的权利。(2) 劳动者享有选择职业的权利。劳动者根据自己的意愿选择适合自己才能、爱好的职业。(3) 劳动者享有取得劳动报酬的权利。(4) 劳动者享有获得劳动安全卫生保护的权利。一般所谓的劳动权利是指有劳动能力的公民能够参加劳动并因此取得劳动报酬的权利。关于劳动权利公正，马克思展开了丰富的理论阐释：一是劳动资格权，二是劳动条件权，三是劳动后对劳动成果的分享权。劳动资格权是指有劳动意愿又有相应劳动能力者有从事一定劳动的权利。劳动条件权是指在具体劳动过程中应保障劳动者的劳动条件适宜。这些权利主要包括劳动报酬权、休息休假权、职业安全保护权、劳动福利权、劳动环境权、劳动参与权等。劳动后对劳动成果的分享权，主要指劳动者按劳动贡献获得相应收入以及在暂时或永久丧失劳动能力时如在年老、患病、工伤、生育、失业的情况下可以从国家和社会获得一定物质补偿和帮助以维持其基本生活的权利。

最后，权利公正意味着分配权利公正。分配权利公正有广义和狭义之分，广义的分配权利公正包括政治、经济、社会等各个领域公共资源和社会福利的公平分配，而狭义的分配权利公正主要指的是物质财富的公平分配。经济领域物质财富的分配公平，是狭义的分配公平，要处理好社会财富如何在社会成员之间进行公正合理分配的问题，涉及广大人民群众最关心最直接最现实的利益问题，因此更加引人关注和具有实质性意义，是社会公平正义的核心内容。在社会主义市场经济下，我们要正确处理公平与效率二者的关系，明确二者的真正意涵。所谓"效率"，

基石与追求：自由、平等、公正、法治

就是要坚持机会均等，在初次分配中贯彻按各种生产要素的贡献进行分配的原则，如此才能做到人尽其才、物尽其用、地尽其利。我国实行的是按劳分配为主体、多种分配方式并存的分配制度，这一制度具有明显的优点，有利于实现公平和效率的有机统一。

机会公正是实现社会公正的前提，是保证社会和谐的基本条件。在实际社会生活中，机会公正的主要表现是：拥有平等的参与机会，人人都有平等的发展潜力和施展才华的机会等。机会公正，即一个人一生的成就主要取决于本人的才能和努力，不应受种族、性别、社会以及家庭背景或者出生地等因素的影响。也就是说，社会应该给每一个人平等的机会，提供相对公平的竞争环境，满足实质的机会公平要求。凡是具有相同潜能的人都应该拥有同样的起点，以便争取同样的前景。其基本权利不能因为出身、职业、财富等附加条件不同被区别对待。机会的实现过程必须排除一切非正常因素（如特权的干扰），从总体上保证每个社会成员享有大致相同的平等发展机会，具有大致相同潜能和相同意愿的社会成员应当有着大致相同的发展机会和发展前景。在参与社会财富等社会资源分配之前，机会公正原则要求摒弃先赋性因素的影响，保证每一个社会成员能够有一个平等竞争的条件，能够得到公正的对待，从而最大限度地发挥每一个社会成员的能力。机会公正原则能够保证人们的命运取决于他们的选择而不是取决于他们的境况。如果一个人是在一个机会平等的社会里追求自己的志向，那么，无论成功与失败，都应取决于其表现而不取决于其种族、阶级和性别等差异。

对社会中的民生问题的关注，体现了中国特色社会主义公正对社会中机会公正的重视。党的二十大突出强调了保障和改善民生的重要性，并对健全社会保障体系等制度措施展开积极部署。在社会民生问题中，机会公正主要表现为教育公正、就业公正等具体民生问题。教育公正是指每个社会成员都公平地享有受教育权以及在享受公共教育资源时受到公正和平等的对待，包括教育权利平等、教育机会均等、教育资源共享等基本理念。社会公正是社会和谐的基本条件，而教育公正则是促进社会公正的"最伟大工具"。尽管一个社会不可能做到财富的绝对公正，但要尽力做到机会的公正。教育公正则是机会公正的基础。当前，我国的教育不公正主要体现为：一是城市教育与农村教育的不公正，二是区域教育之间的不公正，三是学校教育之间的不公正，四是弱势群体面临的教育不公正。习近平总书记强调：努力让每个孩子享有受教育的机会，努力让人民享有更好更公平的教育[1]。生活在我们伟大祖国和伟大时代的中国人民，共同享有人生出彩的机会，共同享有梦想成真的机会，共同享有同祖国和时代一起成长与进步的机会[2]。义务教育一定要搞好，让孩子们受到好的教育[3]。再穷不能穷教育，再穷不能穷孩子[4]。治贫先治愚。要把下一代的教育工作做好，特别是要注重山区贫困地区下一代的成长[5]。这些重要论述，体现了我们党以人为本、执政为民的价值取向，是新时代推进教育公平的重要指导方针。

---

[1] 习近平. 习近平谈治国理政. 北京：外文出版社，2014：191.
[2] 同[1]40.
[3] 中共中央党史和文献研究院. 全面建成小康社会重要文献选编：下. 北京：人民出版社，2022：700.
[4] 同[3]793.
[5] 同[3].

基石与追求：自由、平等、公正、法治 ● ● ●

机会公正还包括就业公正。在市场经济中，劳动力作为生产要素，它的需求必然受到经济周期和市场需要的影响，存在失业的风险。失业意味着一部分人非自愿地被剥夺了通过自己劳动创造福利的机会。就业公平不仅是一个经济问题，还是一个社会公平问题。在一个机会公正的社会里，涉及公正的按贡献分配原则，也就是说，要依据每一个社会成员的具体贡献进行有差别的分配。在社会财富等社会资源的形成过程中，每一个社会成员所投入的劳动的数量和质量、所投入的生产要素是有差别的，因而，每一个社会成员对社会的贡献也是有差别的。按照贡献进行分配，就是要把每一个社会成员的具体贡献同自身的切身利益紧密地结合起来。这样做，有利于调动每一个社会成员的积极性和主动性，从而有利于激发社会的创造活力，使一切创造社会财富的源泉充分涌流。

规则公正是社会公正的重要环节，是社会和谐的必要保障。实现公平正义的社会，规则公正是必不可少的一个环节。任何一个社会都需要有一套规则来保证运行，公平正义就是这套规则的灵魂。权利公正和机会公正要通过规则公正来体现。公正的深层意蕴是由社会政策、制度、机制、运行等方面因素构成的社会规则在现实社会发展阶段的合理性，合理的规则是公正社会的存在形式。从社会制度或者国家制度层面讲，一方面要合乎社会发展的规律，另一方面又要合乎最大多数社会成员的愿望和要求。因此，社会规则公正要求社会主体在参与经济和社会发展的过程中，其行为规范和行动准则都必须正确、真实地反映社会生活中的各种关系及其相互作用，反映经济和社会的发展趋势，体现人民的愿望和要求。当前为促进社会公正,需要建立健全各方科学有效的权益保障机制,用健全的制度、体制和机制维护、保障和实现人民群众的合法权益。一方面,通过科学合理的制度安排,确保规则公正严明、不偏不倚;另一方面,全社会都应该严格按照规则办事,坚决抵制潜规则。

首先,要建立健全科学有效的就业权保障机制。健全面向全体劳动者的职业技能培训制度,加强创业培训和再就业培训,深化户籍、劳动就业等制度改革,逐步形成城乡统一的人才市场和劳动力市场,完善人员流动政策,规范发展就业服务机构。同时,还要完善劳动关系协调机制,健全劳动保障监察体制和劳动争议调处仲裁机制,维护劳动者的合法权益。其次,要健全科学有效的健康权保障机制。要求我们必须坚持公共医疗卫生的公益性质,深化医疗卫生体制改革,建设覆盖城乡居民的基本卫生保障制度,尤其是要解决当前人们看病难、看病贵的问题,健全医疗卫生服务体系。再次,要健全科学有效的受教育权保障机制,我国宪法明文规定,中华人民共和国公民有受教育的权利和义务。保障人民享有受教育的机会,是党和政府义不容辞的责任。这就要求全面贯彻党的教育方针,大力实施科教兴国和人才强国战略,全面实施素质教育,深化教育改革,提高教育质量,建设现代国民教育体系和终身教育体系,保障人民享有接受良好教育的机会。最后,要健全科学有效的受救助权保障机制。获得社会救助是公民应享受的权利,为公民提供社会救助是国家、社会应尽的义务,这就要求我们适应人口老龄化、城镇化、就业方式多样化,逐步建立社会保险、社会救助、社会福利、慈善事业相衔接的覆盖城乡居民的社会保障体系。在现阶段,尤其是要完善城镇职工基本医疗保险，逐步建立农村最低生活保障制度，完善城市低保、农村五保供养、灾民救助、城市生活无着的流浪乞讨人员救助等制度。此外还要努力健全科学有效的保障公民公平享受基本公共服务的权利机制。

社会保障是"人民生活的安全网"、"收入分配的调节阀"、"经济运行的减震器"和"社会发展的稳定器"。作为国家和社会为保证其成员基本生活权利而提供救助和补助的一种制度，社会保障在调节收入分配、缓解社会矛盾、推动经济发展、促进国家长治久安方面具有重要的作用。我们需要进一步完善城乡居民基本医疗保险制度，使民众看得起病，看得好病，使得医疗服务真正做到便民、利民、取信于民；不断完善新型农村社会养老保险和城镇居民社会养老保险制度，使人们"养老不犯愁"；要健全城镇保障性住房制度，使广大百姓住有所居、安居乐业的梦想变成现实。

第四节

与党的领导一致的法治

道路问题至关重要，它与党和国家前途命运息息相关。当今世界，很多国家都把法治作为治国的基本原则，但实行什么样的法治模式，走

第三章 社会层面社会主义核心价值观的中国特色

什么样的法治道路，则必须与本国国情和社会制度相适应。中国作为一个社会主义国家，作为世界上最大的发展中国家，搞法治建设，必须紧紧立足于国情，穿"合脚的鞋"，走自己的路。中国特色社会主义法治道路是建设社会主义法治国家的唯一正确道路。

一、探索中国特色社会主义法治之路

法治作为上层建筑，是由经济基础决定的，是一个国家在特定经济、政治和文化条件下的治国模式。世界上没有放之四海而皆准的法治道路。社会制度不同的国家，法治道路必然不同；社会制度相近但历史文化传统不同的国家，法治道路也必然不同。纵观世界近现代史，西方资本主义国家走向法治的道路就各不相同。无论英国也好，法国也好，美国也好，它们今天的法治模式之所以彼此相异，是与各自国家不同的历史文化传统、社会条件等因素密切相关的。放眼世界可以看到，已经实现法治或正在成功推进法治的国家，无一不是选择了适合本国国情的法治道路；违背国情、盲目照搬别国法治模式的国家，大都遭遇挫折、走了很多弯路。

我国自秦代开始便不断地探索着法治的道路，形成了独树一帜的中华法系，积淀了丰富的法治文化。中国特色社会主义法治理论正是扎根于中国文化的理论。近代以来，西方法治思想进入国人视野中，中国由此展开了对西方法治思想的探索。在这些探索中，凡是照搬西方法治模式的尝试，最终都不免于失败，而那些结合本国实情的学习和借鉴，使得我国法治发展获得了有益的成果。这些或成功或失败的经验告诉我

基石与追求：自由、平等、公正、法治

们：只有传承中华优秀传统法律文化，从我国革命、建设、改革、新时代的实践中探索适合自己的法治道路，同时借鉴国外法治有益成果，才能为全面建设社会主义现代化国家、实现中华民族伟大复兴夯实法治基础。

中国共产党从中国的历史和现实出发，在各个历史阶段探索并逐步构建符合中国国情的法律体系，发展具有中国特色的法治思想。新民主主义革命时期，我们党制定了《中华苏维埃共和国宪法大纲》和大量法律法令，创造了"马锡五审判方式"，为建立新型法律制度积累了实践经验。社会主义革命和建设时期，我们党领导人民制定了宪法和国家机构组织法、选举法、婚姻法等一系列重要法律法规，建立起社会主义法制框架体系，确立了社会主义司法制度。改革开放和社会主义现代化建设新时期，我们党提出"有法可依、有法必依、执法必严、违法必究"的方针，确立依法治国基本方略，把建设社会主义法治国家确定为社会主义现代化的重要目标，逐步形成以宪法为核心的中国特色社会主义法律体系。中国特色社会主义新时代，我们坚持和发展中国特色社会主义"四个全面"战略布局的重要组成部分——全面依法治国，始终强调党的集中统一领导，坚持党领导立法、保证执法、支持司法、带头守法，不断坚持和拓展了中国特色社会主义法治道路。

正是基于历史与现实的经验教训、立足于我国的基本国情，党的二十大强调：在全面建设社会主义现代化国家开局起步的关键时期，主要目标任务之一是中国特色社会主义法治体系更加完善。坚持全面依法治国，推进法治中国建设。建设中国特色社会主义法治体系、建设社会主

义法治国家是坚持和发展中国特色社会主义的内在要求，必须坚持走中国特色社会主义法治道路。这抓住了我国法治建设的根本，向国内外明确宣示了法治中国建设的方向。

中国特色社会主义法治道路，是中国特色社会主义道路这条总道路的重要组成部分，是总道路在法治建设领域的具体体现，是建设社会主义法治国家的唯一正确道路。作为迈向法治中国的必由之路，中国特色社会主义法治道路指明了中国法治建设的目标和方向、经验和原则、任务和要求等，内涵十分丰富。具体来讲，大致包含以下八个方面要素：

一是制度基础，即中国特色社会主义制度。二是领导核心，即中国共产党。三是指导思想，即马克思列宁主义、毛泽东思想、邓小平理论、"三个代表"重要思想、科学发展观、习近平新时代中国特色社会主义思想。四是总目标，即建设中国特色社会主义法治体系，建设社会主义法治国家。五是总要求，即坚持党的领导、人民当家作主、依法治国有机统一。六是基本遵循，即坚持中国共产党的领导，坚持人民主体地位，坚持法律面前人人平等，坚持依法治国和以德治国相结合，坚持从中国实际出发。七是总布局，即坚持依法治国、依法执政、依法行政共同推进，坚持法治国家、法治政府、法治社会一体建设。八是总方向，即实现科学立法、严格执法、公正司法、全民守法，促进国家治理体系和治理能力现代化。

总体来说，中国特色社会主义法治道路的核心要义，就是坚持党的领导，坚持中国特色社会主义制度，贯彻中国特色社会主义法治理论。这条道路是特色鲜明、优势突出的法治建设之路。

基石与追求：自由、平等、公正、法治

二、中国特色社会主义法治道路"特"在何处

中国特色社会主义法治道路到底"特"在哪里？可以看到，这条道路主要实现了如下几个统一：

第一，党的领导、人民当家作主、依法治国的有机统一。不同于西方国家的政党、民主、法治的关系，坚持党的领导、人民当家作主、依法治国有机统一是中国特色社会主义法治道路最显著的特征，也是我国社会主义法治建设的一条基本经验。

首先，中国共产党领导是中国特色社会主义最本质的特征，是中国特色社会主义制度的最大优势。中国共产党作为中国工人阶级的先锋队，作为中国人民和中华民族的先锋队，其宗旨是全心全意为人民服务，为的是工人阶级和最广大人民群众的利益。为中国人民谋幸福、为中华民族谋复兴是党的初心和使命。党的性质、宗旨和使命决定了我国法治同西方资本主义国家法治在根本上的不同。党的领导是我国社会主义法治之魂，是我国法治同西方资本主义国家法治最大的区别。

其次，人民当家作主是社会主义民主政治的本质和核心。习近平总书记指出："人民当家作主是社会主义民主政治的本质和核心。人民民主是社会主义的生命。没有民主就没有社会主义，就没有社会主义的现代化，就没有中华民族伟大复兴。"[①] 从马克思主义的观点来看，是否尊重人民的主体地位，是否承认人民群众是历史的创造者和社会发展的决定力量，这是区别唯物史观和唯心史观的关键。人民立场是马克思主

[①] 习近平. 论坚持全面依法治国. 北京：中央文献出版社，2020：71.

第三章　社会层面社会主义核心价值观的中国特色

义唯物史观的体现，是党对人民的地位和作用的深刻认识。坚持以人民为中心，坚持人民主体地位，是我们的制度优势，是中国特色社会主义法治区别于资本主义法治的根本所在。

最后，依法治国是党的领导和人民当家作主的高度统一，是坚持和发展中国特色社会主义的本质要求和重要保障。党的领导和社会主义法治是一致的，社会主义法治必须坚持党的领导，党的领导必须依靠社会主义法治。只有在党的领导下依法治国、厉行法治，人民当家作主才能充分实现，国家和社会生活法治化才能有序推进。坚持和完善中国特色社会主义制度、推进国家治理体系和治理能力现代化，必须坚持党的领导、人民当家作主、依法治国有机统一，进一步把依法治国作为党领导人民治理国家的基本方式。

因此，党的领导、人民当家作主和依法治国三者是有机的统一体。党的领导是人民当家作主和依法治国的根本保证，离开党的领导，人民当家作主和依法治国就会失去正确方向，从而流于空谈。人民当家作主是社会主义民主政治的本质和核心，离开人民当家作主，党的领导和依法治国就会失去群众基础。依法治国是党领导人民治理国家的基本方略，离开依法治国，党的领导和人民当家作主就会失去可靠的法律保障。只有坚持党的领导、人民当家作主、依法治国有机统一，才能真正理解中国特色社会主义法治道路的精神实质。

第二，法治国家、法治政府、法治社会的有机统一。具体来说，法治国家是指整个国家权力运行的法治化；法治政府主要指行政权行使的法治化；法治社会则意味着在经济和社会生活领域有法可依、有法必依，无论是公民还是法人，都尊重法律、维护法律的尊严和权威。

基石与追求：自由、平等、公正、法治

从三者的相互关系来看，法治国家是法治建设的目标，法治政府是建设法治国家的重点，法治社会是构筑法治国家的基础。首先，法治是人类文明的重要成果，一个现代化国家必然是法治国家。历史和现实都告诉我们，法治兴则国兴，法治强则国强。建设社会主义法治国家是中国特色社会主义法治道路的重要目标。其次，推进全民依法治国，法治政府建设是重点任务和主体工程，对法治国家、法治社会建设具有示范带动作用，要率先突破。最后，法治社会建设是法治国家建设的基础工程，唯有绝大多数人守法才可能建设法治国家。社会治理法治化是社会治理现代化的重要方面，也是法治社会建设的应有之义。

国家、政府、社会紧密相关、密不可分，法治国家、法治政府与法治社会是互相依存、相辅相成的。法治国家是法治政府的前提，法治政府是法治国家的关键，法治国家、法治政府引领法治社会，法治社会构成法治国家、法治政府的社会基础。中国特色社会主义法治道路，内在地体现了法治国家、法治政府、法治社会一体建设的要求。

第三，依法治国、依法执政、依法行政的有机统一。依法治国、依法执政、依法行政的有机统一，是党的领导、人民当家作主、依法治国有机统一的逻辑延伸。

首先，依法治国是党领导人民的基本方略。依法治国，是坚持和发展中国特色社会主义的本质要求和重要保障，是实现国家治理体系和治理能力现代化的必然要求。其次，依法执政是党治国理政的基本方式。依法执政是指我们党以法治的理念、方式和程序治理国家，是党的一种执政方式。依法执政，要求党在执政过程中善于使党的主张通过法定程序成为国家意志，从制度上、法律上保证党的路线方针政策的贯彻执行。最后，依法行政是各级政府活动的基本准则。执法是行政机关履行政府职能、管理经济社会事务的主要方式。依法行政指行政机关及其工作人员按照宪法和法律行使职权。

依法治国、依法执政、依法行政，都是按照宪法和法律，在法律范围内活动的。依法执政、依法行政，虽然行为主体不同，但都是贯彻依法治国的具体体现。三者之间形成本质一致、目标一体、成效相关的有机联系。

第四，植根中国实际与借鉴人类社会法治文明成果的有机统一。我们走中国特色社会主义法治道路，首先是根据中国国情，自主地发展自己，走自己的路。但这并不排斥我们学习借鉴人类社会法治文明成果。法治是人类政治文明的重要成果，是社会文明进步的重要标志。近代以来，西方国家基于启蒙思想而形成的依法而治、权力制约、法律面前人人平等、契约自由、罪刑法定、正当程序等法治理念，反映了人类社会法治文明的重要成果，需要我们积极学习和借鉴。但西方法治理念和法治模式并不具有普适性，更不代表人类法治文明的唯一方向，决不能照抄照搬西方法治理念和法治模式。

三、中国特色社会主义法治的关键环节

中国特色社会主义法治是中国特色社会主义在法治领域的具体表现。中国特色社会主义法治与中国特色社会主义制度具有内在一致性，二者统一于"中国特色社会主义"伟大实践。总体来看，中国特色社会

基石与追求：自由、平等、公正、法治

主义法治主要包含科学立法、严格执法、公正司法和全民守法四个部分。

第一，科学立法。立法是法治的龙头环节，龙头昂起来，龙才可能腾飞起来。"科学立法是指立法活动作为立法者有目的、有意识的自觉活动，在充分认识和尊重事物发展的客观规律的基础上，准确回应现实社会生活关系的客观立法需求。"① 科学立法的核心是立法要尊重和体现社会发展的客观规律、尊重和体现法律所调整的社会关系的客观规律以及法律体系的内在规律。立法首先要体现我国社会主义国家性质，顺应时代发展要求，推动国家发展进步，保障人民各项权利。同时，要立良善之法，立管用之法，建立科学的立法体制机制，使每一项立法都能科学合理地规范国家机关的权力和责任，规范公民、法人和其他组织的权利与义务，使法律符合经济社会发展的需求。法律是治国理政的科学，立法还必须遵循法律体系的内在规律和立法工作规律，遵循立法程序，注重立法技术，努力实现立法过程的科学化。要明确划分不同法律关系的调整对象和界限，形成和维护符合国家发展目标的法律秩序。新中国成立以来，特别是改革开放40多年来，中国的立法工作取得了历史性成就。在新中国成立初期，第一届全国人民代表大会第一次会议通过了第一部宪法，为我国的法律制度建设奠定了基础。但是，由于历史和种种复杂的因素，我国法治建设经历了一段时间的停滞和受挫。到了改革开放时期，我国开始了法治建设的新征程。1982年《宪法》为我

---

① 付子堂. 马克思主义法学理论的中国实践与发展研究. 北京：中国人民大学出版社，2020：548.

第三章　社会层面社会主义核心价值观的中国特色

国法律制度的建设提供了新的规范体系和立法方向，为我国社会主义法治建设的发展奠定了坚实的基础。进入新世纪以后，我国进一步加强了立法工作的科学化和规范化。2000年通过的《中华人民共和国立法法》，进一步明确了我国的立法程序和立法机构的职权范围，有力地推动了我国立法工作的健康发展。我国宪法的制定和修订历程反映出了我国立法工作不断科学化的发展趋势。这是我国法治建设发展的必然结果，也为我国法治建设的持续健康发展提供了坚实的保障。以宪法为统帅，以宪法相关法、民法商法、行政法、经济法、社会法、刑法、诉讼与非诉讼程序法等多个法律部门的法律为主干，由法律、行政法规、地方性法规等多个层次的法律规范构成的中国特色社会主义法律体系已经形成，中国特色社会主义制度逐步走向成熟，国家经济建设、政治建设、文化建设、社会建设以及生态文明建设的各个方面实现了有法可依。

第二，严格执法。法治的实现在很大程度上依赖于执法。法治政府是建设法治国家最重要的环节，全面推进依法治国，其中十分重要的任务就在于保证法律严格实施，做到严格执法，加快建设职能科学、权责法定、执法严明、公开公正、廉洁高效、守法诚信的法治政府，要求政府活动只能在法律之内而不能在法律之外，只能在法律之下而不能在法律之上，要求一切行政活动只能在法律的规范和制约下进行。法治政府是一个有限的政府，政府的各个机构、部门必须依法设立，拥有的职权必须受到严格限制，那种"上管天，下管地，中间管空气"的政府与法治社会格格不入；法治政府是责任政府，强调法律权威至上，政府违反

基石与追求：自由、平等、公正、法治

法律必须承担相应的法律责任，实现权力与责任的统一；法治政府是民主政府，其权力的行使要充分、真实地代表民意，成为人民意志的执行者；法治政府是透明、廉洁的政府，任何公民、企业法人、组织都享有法定的知情权，政府应该接受公众的全面监督。

多年来，党和政府高度重视推进依法行政，建设法治政府，对建设法治政府做出了一系列部署。国务院于2004年3月发布《全面推进依法行政实施纲要》，第一次明确提出"建设法治政府"的奋斗目标和具体任务。在总结"实施纲要"的实践经验基础上，2010年10月，国务院发布了《关于加强法治政府建设的意见》，对加快法治政府建设的任务和措施提出了明确要求。2012年11月，党的十八大提出，到2020年基本建成法治政府。2013年11月，党的十八届三中全会提出，建设法治中国，必须坚持依法治国、依法执政、依法行政共同推进，坚持法治国家、法治政府、法治社会一体建设。加快建设法治政府是党的十八届四中全会提出的明确要求，党的十八届四中全会通过的《中共中央关于全面推进依法治国若干重大问题的决定》特别强调，法律的生命力在于实施，法律的权威也在于实施。党的二十大重点强调了法治政府建设，并将其作为全面依法治国的主体工程，强调了建设法治政府的核心是推进全面依法治国，落实宪法和法律的实施，建立健全法制机制，加强执法监督，推进司法体制改革，保障人民权利。如何建设法治政府是严格执法的核心。法治政府的建设确保法律规则在行政执法中得到严格实施。行政程序化是保障严格执法的关键。为确保行政权的统一、正当、规范和高效行使，必须以完备的法律明确规定各种行政行为的行使

第三章 社会层面社会主义核心价值观的中国特色

条件、基准、范围、方式和程序，并将各种行政执法行为纳入法律程序范围内。

第三，公正司法。公平正义是法治的生命线，也是司法的灵魂。司法是否坚持公平、正义的原则，是否做到公正，不仅是司法工作的生命和灵魂，也是衡量国家法治程度的重要标尺之一。只有司法公正，才能树立法律的权威，才能确保国家的政治安定和社会稳定；只有司法公正，才能维护法律的尊严，才能保证社会主义市场经济健康、有序发展。不公正的司法，是对法治的否定和背叛，是司法权滥用的结果，它不仅混淆是非，而且会造成人们对法律权威性的怀疑，依法治国、建设社会主义法治国家自然无从谈起。司法公正要求司法机关在执法活动中必须坚持以事实为依据、以法律为准绳，严格贯彻有法必依、执法必严、违法必究，做到严肃执法、秉公办案，实现法律所追求的社会正义。

司法是法治运行的重要环节，也是全面推进依法治国的重要保障。只有公正的司法才能让公众从内心信服法律，并且对司法裁判表示尊重和服从，从而使法治得到保障。党的十八届三中全会提出了深化司法体制改革、加快建设公正高效权威的社会主义司法制度的要求。党的十八届四中全会指出，公正是法治的生命线。司法公正对社会公正具有重要引领作用，司法不公对社会公正具有致命破坏作用。而在党的二十大报告中，更加明确地阐述了公正司法的重要性和深化司法体制改革的任务。要求加强对司法工作的领导，强化司法公正，维护社会公正。公正是法治的生命线，必须坚持司法公正、廉洁原则，保证司法机关依法独

基石与追求：自由、平等、公正、法治 ● ● ●

立行使审判权、检察权。要建设公正高效权威的社会主义司法制度，为保障人民权益提供有力支持。坚持人民法院为人民、人民检察院为人民、公安机关为人民的宗旨，推进依法治国和依法行政。要深化司法体制改革，推进司法现代化。要加强对司法活动的监督，建立健全以人民为中心的诉讼制度和以证据为基础的审判制度，推动审判公开化、程序公正化、裁判规范化、执行高效化。要加强司法队伍建设，培养一支高素质、公正廉洁的司法队伍。坚持政治素质和业务素质并重，全面提高司法人员的能力素质，加强职业道德建设，打造一支忠诚、干净、担当、有作为的司法队伍。只有通过这些措施，才能实现司法公正，并维护社会公正。

第四，全民守法。法治不是一堆抽象的法律条文，法治也不单单是治国理政的宏大方略。建设法治国家，要把法律的原则、法律的精神、法律的核心价值渗透到每个公民的内心深处，内化为人们的思想意识，并践行于日常生活，使得抽象的法律条文变成人人自觉遵守的行为准则。多年来，党中央、国务院高度重视法治宣传教育工作，将增强全民法治观念、推进法治社会建设作为依法治国的重大任务之一，把全民守法作为法治工作基本格局的重要组成部分，强调坚持把全民普法和守法作为全面推进依法治国的长期基础性工作。我们通过各种行之有效的方式，将法治宣传教育工作落到了实处，传播法律知识，传递法律思维，孕育法治信仰。全社会普遍开展了宪法教育活动，通过多种途径、多种形式大力宣传宪法基本原则和内容，深入学习宣传以宪法为核心的中国特色社会主义法律体系、社会主义法治理念等，宪法至上的理念在人们

第三章　社会层面社会主义核心价值观的中国特色

心中扎根。

全民守法是法治中国建设的基石。亚里士多德曾经说过，"法律能见成效，全靠民众的服从"，这强调了全民守法的重要性。因此，即使国家拥有良好的法律制度，如果人民不能够全面遵守，那么法治也是无法实现的。全民守法是法治建设的基础，是实现法治社会的必要条件。党的二十大进一步深化了这一理念，强调加快建设法治社会，弘扬社会主义法治精神，传承中华优秀传统法律文化，引导全体人民做社会主义法治的忠实崇尚者、自觉遵守者、坚定捍卫者。全民守法是一项系统工程。一方面，全民守法应出于自觉自愿，让法律规则、原则和概念从国家的外在宣布转化为个人的内在动机，从客观的行为标准转化为主观的行为模式，让立法精神和价值导向获得公众认同。另一方面，全民守法要求全体社会成员都要服从和遵守法律，任何超越于法律之外或凌驾于法律之上的组织和个人都是对守法本质和法治精神的背离，特别是国家机关和其他拥有权力的主体必须带头遵守法律规范，成为全民守法的榜样。在推进全民守法的过程中，需要加强法律意识教育，提高全民守法意识和素养，增强全民守法自觉性和责任感。同时，需要加强法治宣传教育，宣传法治的重要性和好处，增强全民守法的合理性和必要性。此外，还需要建立健全法律制度和执行机制，加大法律监督和执法力度，保障全民守法的顺利实施。只有全体社会成员共同努力，才能实现全民守法的目标，建设法治中国。

四、坚持和完善中国特色社会主义法治体系

党的十八大以来，我国全面依法治国实践取得重大进展，全面依法

基石与追求：自由、平等、公正、法治 ● ● ●

治国在与全面深化改革、推进国家治理体系和治理能力现代化的互动中，体现出了中国特色社会主义法治的多方面重要意义。中国特色社会主义法治体现了中国特色社会主义制度的必然要求，推进了国家治理体系和治理能力现代化，更是坚持全面依法治国的总抓手。

第一，坚持和完善中国特色社会主义法治体系是坚持和发展中国特色社会主义制度的必然要求。中国特色社会主义制度有政治、经济、文化等多种表达形式，中国特色社会主义法治体系是对中国特色社会主义制度体系的法律表达，是中国特色社会主义制度体系的重要组成部分，通过法律的形式来保障中国特色社会主义制度的实施和发展。建设中国特色社会主义法治体系是中国特色社会主义制度体系发展的客观需求和必要条件之一。习近平总书记指出，中国特色社会主义制度是中国特色社会主义法治体系的根本制度基础。我国国家治理的一切工作和活动都依照中国特色社会主义制度展开。全面依法治国作为我国国家治理的一项重大工作、重大活动，是国家治理领域的一场深刻革命。因此，建设中国特色社会主义法治体系必须依照中国特色社会主义制度展开。中国特色社会主义制度的根本制度、基本制度和重要制度，是建设中国特色社会主义法治体系的前提条件。

中国特色社会主义法治体系是中国特色社会主义制度的法律表现形式。这就决定了它的属性必然是社会主义。因此，坚持中国特色社会主义制度，要求建设中国特色社会主义法治体系必须锚定社会主义方向。对此，习近平总书记指出，建设中国特色社会主义法治体系，"不能被西方错误思潮所误导"。在谈到深化法治领域改革时，他强调："决不能

第三章 社会层面社会主义核心价值观的中国特色

把改革变成'对标'西方法治体系、'追捧'西方法治实践。"中国特色社会主义制度之所以具有强大生命力和巨大优越性、深得广大人民群众拥护，其中一个重要原因就是它具有"中国特色"，是立足中国国情、植根中国大地、汲取中华优秀文化形成的科学制度体系。坚持中国特色社会主义制度，规定了建设中国特色社会主义法治体系必须牢牢把握中国特色。正如习近平总书记指出的，走什么样的法治道路、建设什么样的法治体系，是由一个国家的基本国情决定的。我们要建设的中国特色社会主义法治体系，必须是扎根中国文化、立足中国国情、解决中国问题的法治体系。

第二，坚持和完善中国特色社会主义法治体系是推进国家治理体系和治理能力现代化的重大举措。国家治理体系和治理能力现代化的建设，直接关系到中国特色社会主义制度的优越性能否得到充分发挥。将法律规则体系转化为治理效能，是国家治理体系和治理能力现代化的重要方面，因此，必须加以坚持和完善。中国特色社会主义法治体系就像大海中的一座灯塔，而国家治理体系和治理能力现代化则是在黑夜中航行的大船。如果没有灯塔明亮的光束照亮前行的方向，大船就会面临迷航的风险。假设，国家治理体系和治理能力现代化没有强有力的中国特色社会主义法治体系来支撑，则会出现责任推诿、组织松散、整顿不力等问题，继而影响到中国社会主义法治国家的建设，不利于实现中华民族的伟大复兴。

"建设中国特色社会主义法治体系、建设社会主义法治国家是实现国家治理体系和治理能力现代化的必然要求，也是全面深化改革的必然

基石与追求：自由、平等、公正、法治

要求，有利于在法治轨道上推进国家治理体系和治理能力现代化，有利于在全面深化改革总体框架内全面推进依法治国各项工作，有利于在法治轨道上不断深化改革。"① 建设中国特色社会主义法治体系，有利于在法治轨道上推进国家治理体系和治理能力现代化。人类社会发展的历史证明，依法治理是最可靠、最稳定的治理。我们党也在推进社会主义现代化建设的历史进程中深刻认识到，法治是现代国家治理的基本特征和根本保障，没有国家治理体系和治理能力的法治化，就没有国家治理体系和治理能力的现代化。国家治理是一项长期而宏大的系统工程，牵涉的制度体系非常庞大，要实现治理体系改进、治理能力提升，绝不是一朝一夕就能解决的事情。法治体系作为国家治理体系的骨干工程，能够为国家治理提供正当权威的依据，有效保障国家治理体系的系统性、规范性、协调性，最大限度凝聚社会共识，助力实现国家治理现代化的各项目标。

第三，坚持和完善中国特色社会主义法治体系是坚持全面依法治国的总抓手。党的十八届四中全会提出，全面推进依法治国，总目标是建设中国特色社会主义法治体系，建设社会主义法治国家。党的十九大报告指出，全面依法治国是中国特色社会主义的本质要求和重要保障。党的二十大报告进一步强调，全面依法治国是国家治理的一场深刻革命，关系党执政兴国，关系人民幸福安康，关系党和国家长治久安。因此，我们要坚持走中国特色社会主义法治道路，建设中国特色社会主义法治体系。全面依法治国方略已经经历了法制、法治、全面法治的发展历

---

① 中共中央关于全面推进依法治国若干重大问题的决定．北京：人民出版社，2014：51.

第三章　社会层面社会主义核心价值观的中国特色

程,并被实践证明是成熟正确的。新时代,我国社会的主要矛盾发生变化、国内深化改革进入新阶段,制度的建设越来越重要。因此,全面推进依法治国需要得到具体的落实,需要坚持中国特色社会主义法治体系的建设,只有这样,全面依法治国才能更加深入和完善,建设社会主义法治国家的目标才能最终实现。

习近平总书记强调:"全面推进依法治国涉及很多方面,在实际工作中必须有一个总揽全局、牵引各方的总抓手,这个总抓手就是建设中国特色社会主义法治体系。依法治国各项工作都要围绕这个总抓手来谋划、来推进。"[①] 建设中国特色社会主义法治体系是全面依法治国的总抓手,对全面依法治国具有重要的指导意义。中共中央印发的《法治中国建设规划(2020—2025年)》就是按照这一逻辑而制定的顶层设计。全面依法治国必须更好地发挥法治的保障作用,推动在法治轨道上全面建设社会主义现代化国家。我们要坚持走中国特色社会主义法治道路,建设中国特色社会主义法治体系和社会主义法治国家,我们要围绕保障和促进社会公平正义的目标,坚持共同推进依法治国、依法执政、依法行政,坚持法治国家、法治政府、法治社会的一体化建设,全面推进科学立法、严格执法、公正司法、全民守法,全面推进国家各领域工作的法治化。

[①] 习近平. 论坚持全面依法治国. 北京:中央文献出版社,2020:93.

第四章

社会层面社会主义核心价值观的践行路径

第四章　社会层面社会主义核心价值观的践行路径

　　事莫明于有效，论莫定于有证。一切理论都是为了实践服务。社会主义核心价值观社会层面观念的提出最终也是为了促进中国现代化建设、推动中华民族伟大复兴。而为了实现这一目标，我们需要在社会中实施各项行之有效的措施。本章分别从开展价值观教育、实施现代化建设、完善制度化保障和法制化建设这四个方面来介绍社会层面社会主义核心价值观如何在我国具体实施。

第一节

开展价值观教育

　　《中共中央办公厅关于培育和践行社会主义核心价值观的意见》明确提出，要在国民教育总体规划中纳入社会主义核心价值观。进一步厘清社会主义核心价值观融入国民教育的深层原因，探索在国民教育中培育和践行社会主义核心价值观的有效路径，能够为社会主义核心价值观的实现奠定坚实的基础。

一、迈进新时代的价值观教育

　　当前，中华民族伟大复兴的战略全局和世界百年未有之大变局是我们谋划工作的基本出发点。党的十八大以来，中国人民实现民族复兴的

基石与追求：自由、平等、公正、法治

进程已经进入最接近这一目标的历史阶段，但与此同时，世界各国的博弈竞争和意识形态的较量也给我国的发展提出了新的挑战。中华民族的伟大复兴离不开人才的培养，"培养什么人、怎样培养人、为谁培养人"既是教育的根本问题，也是价值观教育的核心问题，二者都共同承担着"立德树人"的根本任务，都以培养担当民族复兴大任的时代新人为奋斗目标。培养担当民族复兴大任的时代新人，是我国在新的历史方位下的人才培养定位，也是党的教育方针在新时代的阐释表达。时代新人的培养不仅需要教育，使其具备扎实的科学文化知识和综合素质；更需要价值观教育培根铸魂，形成国民价值共识，增强凝聚力和使命感，这是"为国育才"之根本，系统回应了"为谁培养人"的问题。习近平总书记指出："我国是中国共产党领导的社会主义国家，这就决定了我们的教育必须把培养社会主义建设者和接班人作为根本任务，培养一代又一代拥护中国共产党领导和我国社会主义制度、立志为中国特色社会主义奋斗终身的有用人才。"[①] 把握住"为党育人、为国育才"的人才培养方向，是两个大局时代背景下将价值观教育融入国民教育的重要体现。迈入新时代，价值观教育通过树立正确的价值观念、坚定的理想信念、勇毅的担当精神，为党和国家培养"社会主义建设者和接班人"。

首先，社会主义核心价值观教育引领青少年形成正确的价值观念。"国无德不兴，人无德不立。如果一个民族、一个国家没有共同的核心

[①] 习近平在全国教育大会上强调 坚持中国特色社会主义教育发展道路 培养德智体美劳全面发展的社会主义建设者和接班人．人民日报，2018－09－11（1）．

第四章 社会层面社会主义核心价值观的践行路径

价值观,莫衷一是,行无依归,那这个民族、这个国家就无法前进。"①可见,核心价值观作为一种共识价值,能够增强民族的凝聚力和"我们感",是一个民族和国家团结奋进的精神纽带。青少年是未来国家和社会的建设者。"青年的价值取向决定了未来整个社会的价值取向,而青年又处在价值观形成和确立的时期,抓好这一时期的价值观养成十分重要。这就像穿衣服扣扣子一样,如果第一粒扣子扣错了,剩余的扣子都会扣错。人生的扣子从一开始就要扣好。"② 社会主义核心价值观教育,就是要发挥好对青少年的思想引领作用,为青少年提供判断善恶、美丑的正确价值标尺,使社会主义核心价值观之大德内化为个人品德,使青少年"明大德、守公德、严私德",建立起对社会主义核心价值观的积极情感,发挥社会主义核心价值观教育的向心力作用。

社会层面的社会主义核心价值观是社会共同体成员对于美好社会的价值观念,凝聚着人们对良好社会秩序和个人幸福生活的向往和追求。社会层面的社会主义核心价值观教育能够使青少年形成对自由、平等、公正、法治的社会的心理认同和情感认同,从而使正确的价值观成为自己的基本遵循,指导自己投身于未来社会建设的生活实践中。

其次,社会主义核心价值观教育帮助青少年树立坚定的理想信念。习近平总书记曾形象地说:"理想信念是共产党人精神上的'钙'……没有理想信念……精神上就会'缺钙',就会得'软骨病'。"③ 因此,

---

① 习近平. 青年要自觉践行社会主义核心价值观:在北京大学师生座谈会上的讲话. 人民日报,2014-05-05(2).
② 习近平. 习近平谈治国理政. 北京:外文出版社,2014:172.
③ 同②414.

基石与追求：自由、平等、公正、法治 ● ● ●

他鼓励广大青年一定要坚定理想信念。社会主义核心价值观是全国各族人民共同认同的价值观"最大公约数"，"寄托着近代以来中国人民上下求索、历经千辛万苦确立的理想和信念"[1]，是国家和民族最持久、最深层的力量。抓好社会主义核心价值观教育，培根铸魂就有了共同的价值基础。新时代，社会主义核心价值观教育要培养怀抱崇高理想的青年人，帮助他们树立对马克思主义、共产主义的信仰，对中国特色社会主义的信念，对实现中华民族伟大复兴的信心。

中国共产党自成立以来就把为中国人民谋幸福、为中华民族谋复兴作为自己的理想，并为之艰苦奋斗，这样才实现了民族解放、国家独立。经过党的百年奋斗和不懈努力，我国实现了全面建设小康社会的宏伟目标，社会主义现代化的发展目标也终将实现。中国共产党的百年奋斗史凝结着社会主义核心价值观的精神内核，党史的峥嵘岁月告诉我们，今天的中国式现代化道路是符合唯物史观的正确的道路。青年一代要坚定"四个自信"，认识到社会发展的前途是光明的；要把实现中华民族伟大复兴中国梦的理想、实现共产主义远大理想转化为个人理想，以大无畏的姿态积极投身于中国式现代化建设的伟大实践中，为实现中华民族伟大复兴的中国梦而不懈奋斗。

最后，社会主义核心价值观教育指引青少年形成勇毅的担当精神。国家的现代化，本质上是人的现代化[2]。人们的理想信念、精神状态、

---

[1] 习近平. 青年要自觉践行社会主义核心价值观：在北京大学师生座谈会上的讲话. 人民日报，2014-05-05（2）.

[2] 韩震. 培养堪当民族复兴大任的时代新人. 马克思主义理论学科研究，2020，6（5）：18-28.

综合素质如何，将直接影响现代化强国能否建成、民族复兴大业能否实现。这就要求新时代青少年不仅要有更高水准的文化知识、创新精神和实践能力，更为重要的是，要有更高水准的思想政治素质，要以"天降大任"的使命意识和"舍我其谁"的责任担当，自觉做党和人民事业的建设者、接班人。

社会主义核心价值观教育就是要使青少年明白，"富强、民主、文明、和谐"的国家，"自由、平等、公正、法治"的社会不仅是我们的向往，更需要每一个人都为之拼搏，为之努力。如果有人只图私利，幻想坐享其成，那就违背了平等、公正的价值原则。从一定意义上说，培养担当民族复兴大任的时代新人的关键就在于培养青少年的担当精神。因此，习近平总书记在2023年新年贺词中提道："明天的中国，希望寄予青年。青年兴则国家兴，中国发展要靠广大青年挺膺担当。"[1] 今天，中华民族的伟大复兴还没有成为现实，我们不可能轻轻松松地等来梦想成真，必须有一代代中华儿女艰苦卓绝的持续奋斗，才能实现建成社会主义现代化强国的目标[2]。

二、社会层面价值观教育内容

从一定意义上说，能够担当民族复兴大任的时代新人就是德智体美劳全面发展的人。培养德智体美劳全面发展的人，不仅需要学校落实智育，还需要其切实开展德育、体育、美育和劳动教育。唯有此，才能培

---

[1] 国家主席习近平发表二〇二三年新年贺词. 人民日报，2023-01-01 (1).
[2] 韩震. 培养堪当民族复兴大任的时代新人. 马克思主义理论学科研究，2020，6 (5)：18-28.

基石与追求：自由、平等、公正、法治

养出既掌握科学文化知识，又兼具道德修养、强健体魄、审美情趣和劳动能力的人。"人才培养一定是育人和育才相统一的过程，而育人是本。人无德不立，育人的根本在于立德。"① 五育并举，德育为先，育人的根本在于立德。也就是说，学校教育的智育、体育、美育、劳动教育都要落实"立德树人"的根本任务，都要担负起"立德"的使命。蔡元培曾说："若无德，则虽体魄智力发达，适足助其为恶，无益也。"② 现代教育学理论的创始人赫尔巴特也明确提出："希望无成见的人们不难察觉到，德育问题是不能同整个教育分离开来的，而是同其他教育问题必然地、广泛深远地联系在一起的。"③ 由此可见，"德者，才之帅也"。一定程度上，"德"是衡量一个人是否全面发展的首要指标。

有学者认为，德智体美劳的"德"与立德树人的"德"含义相同④。"德"的内涵非常广泛，习近平总书记在全国教育大会上提出的"九个坚持"就是对"德"的内涵的具体化阐释。其中就包括了要将社会主义核心价值观内化于心、外化于行的具体要求。社会主义核心价值观本质上就是一种德，"既是个人的德，也是一种大德，就是国家的德、社会的德"⑤。社会主义核心价值观教育作为德育的重要组成部分，既内塑着时代新人的价值观念、道德品行，又引领着德智体美劳全面发展的价值方向。就社会层面的社会主义核心价值观而言，其在培养全面发

---

① 习近平. 在北京大学师生座谈会上的讲话. 人民日报，2018-05-03（2）.
② 马燕. 蔡元培讲演集. 石家庄：河北人民出版社，2004：53.
③ 赫尔巴特. 普通教育学. 北京：人民教育出版社，2015：29.
④ 王树荫. 立德树人70年：中国共产党"培养什么人"的战略抉择. 教学与研究，2019（10）：77-86.
⑤ 习近平. 青年要自觉践行社会主义核心价值观：在北京大学师生座谈会上的讲话. 人民日报，2014-05-05（2）.

展的时代新人方面的教育内容主要体现在以下几个方面：

自由作为一种积极的价值观念，在一定意义上，可以作为教育目标来呈现。一个德智体美劳全面发展的人一定是一个自由的人，是一个具备了自我发展、自我实现能力的人，是一个能够去追求和创造美好生活的人，这样的人就是自由的人。可见，自由的人需要具备两个条件：一是通过学习掌握科学文化知识，练就过硬的素质和能力。二是必须是有道德的人，没有道德的人"无往不在枷锁之中"，只能陷入自由的对立面。只有有道德才能"使人成为人"，成为真正自由的人。一个全面发展的人应当具备自由的思维品质。自由的思维品质首先体现为具备批判精神和理性精神，批判精神和理性精神是一个人有思想的必备前提。在价值虚无主义、多元价值观念横行的现当代，只有具备辩证思考的能力、理性思维的能力，以及辨别是非的判断力才能自觉摒弃不良思想的侵害，站稳自己的价值根基，实现价值判断、价值选择、价值实践的自由，所谓"随心所欲不逾矩"。此外，自由的思维品质还体现为具备创新精神。一个自由而全面发展的人，一定不是囿于经验、服从权威的人。只有具备创新精神，才有可能实现自我突破，实现新的发展。当前，随着综合国力的提升，我国在很多关键领域逐渐实现了从"跟跑"到"并跑"，再到"领跑"的飞跃。领跑自然需要创新精神和开拓精神，习近平总书记也强调，新时代劳动者"不仅要有力量，还要有智慧、有技术，能发明、会创新，以实际行动奏响时代主旋律"[1]。

平等价值观对于个体的道德养成具有重要的意义，一个人只有真正

---

[1] 习近平. 习近平谈治国理政. 北京：外文出版社，2014：47.

基石与追求：自由、平等、公正、法治

意识到自己与其他任何人之间的平等关系，才能搭建起自己健全的人格。一是家庭成员间的平等。平等作为人和人之间互相理解、互相尊重和互爱互利的对等关系，首先涉及的无疑是家庭亲子关系。家庭亲子关系是最基本的人际关系，一个人如果不能平等待亲，绝不可能做到平等待人[①]。父母与子女之间是平等的，这种平等体现为人格的平等和由亲子关系带来的精神需求上的平等。正因为如此，子女要孝敬父母、知恩图报，使父母得到人格上的尊重和精神上的慰藉，所体现的正是互相理解、互相尊重和爱的平等。二是学校生活中的平等。学校作为学生成长成才的主阵地，是学生理解、践行平等价值观的重要场所。真正理解了师生平等、生生平等的价值理念，学生才能做到尊重师长、团结同学、友善待人。三是社会生活中的平等。从一定意义上讲，社会是脱离了家庭和学校等"熟人社会"的"生人社会"，生人社会中的平等主要体现为平等待人。平等待人是平等观的基本内涵和核心价值取向。从人格尊严上说，每个人都是独立的个体，都有做人的尊严；从法律意义上说，每个人在法律上的地位是平等的，都享有法律规定的各项权利，同时必须履行法律规定的各项义务。因此，对任何人，无论贫富贵贱，都应该本着真诚、尊重、友善的态度，不歧视，不奉迎，平等相待。

在谈及公正价值观时，有必要提到教育公平的问题。党的二十大报告指出，要"促进教育公平。加快义务教育优质均衡发展和城乡一体化，优化区域教育资源配置"。教育的价值在于实现个体的全面发展，

---

① 胡泽勇. 基于传统孝道的青少年平等价值观教育. 湖北工程学院学报，2016，36（5）：27-31.

而公平的教育则能实现每一个人的全面发展。因此，教育公平是实现每一个人的全面发展的根本途径和重要保障，而每一个人的全面发展是教育公平的终极目标。马克思、恩格斯在其教育观中不仅全面阐述了人的全面发展的深刻内涵，同时还指出了实现人的全面发展的唯一路径是教育与生产劳动相结合。因此，实现人的全面发展不仅需要公平的教育，还要求受教育者公平地参与劳动实践，劳动教育是教育过程中不可或缺的一部分。人只有在接受教育与参与劳动实践相结合的过程中才能真正实现全面发展。此外，从个体层面来说，公正是"一种道德要求和品质，指坚持原则，按照一定的社会标准（法律、道德、政策等）实事求是地待人处事"[①]。公正一直是道德心理学研究的重要主题之一。皮亚杰的《儿童的道德判断》所涵盖的主题均与 justice，即公正有关，此后提出道德认知发展理论的科尔伯格同样认为道德发展的阶段变化都是围绕公正展开的。对于青少年来说，公正的道德品质主要体现在以下几个方面：一是具备公平、正义的意识，能够遵守规则，公平参与竞争；二是能够关注弱势群体，有仁慈之心，积极参与志愿服务活动，具备奉献精神；三是具备责任意识和担当精神，勇于承担责任和时代使命。可见，由公正价值观衍生出的道德观念是全面发展的人所应该具备的重要的道德品质。

法治作为社会层面的核心价值观，规范着自由的边界，承载着平等、公正的价值内涵。在德智体美劳中，法治素养是"德"的重要组成部分。具备法治意识和法治思维是人全面发展的重要体现。其一，确立

[①] 辞海编辑委员会．辞海．上海：上海辞书出版社，1989：31．

法治信仰。法治意识的核心内容是尊法、学法、守法、用法。其中，"尊法"表现为心中有法，心中敬法，将法律视为最高权威；坚持自觉守法、遇事找法、解决问题靠法，反对权力至上、人情至上。确立法治信仰，形成以法律思维思考问题、解决问题的习惯，才能真正使法治意识内化于心、外化于行。其二，秉持理性精神。理性精神是人们在认识和改造世界过程中表现出来的理智、自主、反思等思维品质和行为特征。法治思维不是感性思维，而是理性思维，体现着理性精神，强调冷静地对待遇到的问题，找到合理合法的解决策略。具备法治意识和法治思维能够帮助受教育者逐步秉持理性精神，克服易冲动、易偏激的消极情绪，做到遇事不冲动，冷静地找到解决问题的办法。其三，提升道德观念和公正意识。法律是道德的底线，具备法治意识也就意味着严守道德底线，也就使法治有了德育的意义。另外，公平正义是实施全面依法治国的出发点和落脚点。增强法治意识，能够引导学生从维护公平正义的角度认识事物、判断是非、解决问题。

三、发挥学校教育的主导作用

在明确了"为谁培养人""培养什么人"的问题之后，本部分将着力回答"如何培养人"的问题。社会主义核心价值观在国民教育中的实现，需要以学校教育为核心和主渠道，充分发挥家庭、社会对学校教育的支持作用；同时，在社会范围内，调动不同职能部门、机关团体的积极性，采用多样的方式方法开展价值观宣传教育；在思想政治教育一体化的要求下有重点、分层次地落实。社会主义核心价值观的培育和践行

第四章　社会层面社会主义核心价值观的践行路径

是一项庞大的工程，在落实这一任务的诸多主体中，尤以学校教育的开展最为直接与显著。一是因为学校汇聚了最广大的青少年群体，他们是未来社会建设的中坚力量，也是接受社会主义核心价值观的主体对象。抓好学校这个开展价值观教育的主途径，对于整个社会的价值观建设具有不可估量的作用。二是因为学校拥有优质的价值观教育资源，包括专业的师资队伍和良好的设施条件。三是因为学校能通过各种途径获得相应的社会资源的支持，这为学校开展核心价值观的培育提供了有力保障。

课程教学是学校开展教育活动的主要方式。在诸多课程中，思政课是对学生进行社会主义核心价值观教育的关键课程。原因如下：首先，思政课是立德树人的关键课程，具有很强的政治属性和价值引导功能；而价值观教育是立德树人的铸魂工程，二者的性质和功能具有一致性。其次，社会主义核心价值观教育的目标是帮助学生树立正确的价值观念，而思政课的教学目标在于引导学生坚定"四个自信"、形成正确"三观"、塑造健全人格等，二者在目标上相互补充、相得益彰。最后，思政课是综合性、实践性学科课程，其综合性、实践性教学活动的开展有利于社会主义核心价值观的践行。

由于学生的道德品行、价值观念、理想信念的形成和发展是一个漫长的过程，不同阶段学生的认知特点也不尽相同，这就决定了价值观教育需要遵循大中小学思政课一体化建设的要求设计开展。既要按照"循序渐进、螺旋上升"的原则，加强一体化统筹和整体规划；又要遵循不同学段学生的认知发展规律，分学段设计价值观教育内容和教学方法。

基石与追求：自由、平等、公正、法治 ● ● ●

　　小学低年级阶段的学生以感性认识为主，认知水平和认知能力还较低，对系统的知识体系理解和把握有难度。鉴于此，在这一学段，教育者主要通过讲故事的方式，使他们认识革命领袖，讲述模范人物、英雄人物的故事，激发他们对革命领袖和英雄模范的崇敬之情，以生动具体、形象直观、浅显易懂的方式呈现社会主义核心价值观内涵。同时，教育学生讲诚信，守约定，树立规则意识。小学中年级阶段学生的思维已开始从具象思维逐步向抽象思维发展，概括能力也进一步提高。在这一阶段，学生应初步学习中国共产党成立、红军长征、抗日战争、实现国家解放等重大历史事件，体会"没有共产党就没有新中国"，感知幸福生活来之不易，培养对中国共产党和中华人民共和国的朴素感情；应初步了解载人航天、脱贫攻坚等新时代伟大成就，从小感受国家蒸蒸日上的发展和民族复兴的光明前景，从小奠定作为中国人的志气、骨气、底气。同时，能够树立参与意识和规则意识，树立民主、平等观念。小学高年级阶段学生的概括、理解能力进一步增强。在这一阶段，学生要能够初步感知不同历史阶段中国共产党人精神谱系中为争取民族独立而艰苦奋斗、忘我奉献、团结拼搏的伟大精神，初步树立为国家富强而奋斗的志向；要围绕习近平总书记关于培育和践行社会主义核心价值观、道德建设和法治建设的精辟论述，学习"习语金句"，认识自由、平等、公正、法治对社会生活的意义，初步具备民主参与、责任担当意识；要能够认识法律的概念及特征，感受法律对个人生活和公共生活的重要性。

　　初中阶段学生的各项认知能力与小学生相比都有较大进步。这一阶段的学生不论是知识理解能力还是逻辑思维能力都有较大提升，能够透过具体事物，根据假设来进行思维的逻辑推演。但初中生思考抽象问题的能力并不十分完备，有时还需要借助感性经验。因此，在这一阶段，教育者要贴近学生生活学习实际，注重讲道理与讲故事相结合、抽象概念与生动案例相结合、显性表述与隐性渗透相结合，引导学生进行初步理性思考，从"是什么"的角度帮助学生认识社会主义核心价值观，以进一步提高初中生的政治觉悟和道德水平；要对初中生进行革命传统教育，讲述新民主主义革命时期、社会主义革命和建设时期、改革开放和社会主义现代化建设新时期、中国特色社会主义新时代的重要事件和重大成就，使他们领悟伟大建党精神是中国共产党的精神源泉，理解只有社会主义才能救中国，只有社会主义才能发展中国；要重点讲述习近平总书记关于社会主义文化建设、依法治国、推进社会公平等重要论述，帮助学生理解自由、平等、公正、法治在现实生活中的生动体现，增强对社会层面的社会主义核心价值观的心理认同，进一步增强中华民族归属感和自豪感，强化作为时代新人的责任担当。同时，这一阶段应重点加强法治教育，引导初中生树立宪法法律至上、法律面前人人平等等基本法治观念。

高中阶段的学生，其智力、品德和情感已经发展到了新的高度和水平。高中生已经可以完全运用概括能力和抽象思维能力来解决学习中遇到的问题，其创造力和独立思考的能力也明显提高，但他们的社会生活经验相对缺乏。因此，在高中阶段，学生要注重实践体验与理论学习相结合，增强政治认同，提升理性精神，加强公共参与。在课堂教学活动中，教育者要采用议题式教学组织学生开展自主学习、合作学习、探究

基石与追求：自由、平等、公正、法治

性学习，主要运用观察、辨析、反思等形式，引导学生从"怎么做"的角度理解社会主义核心价值观的内涵；要积极开展社会实践活动，使社会主义核心价值观在切实的践行中成为现实。在课程内容上，教育者要选择各个历史时期马克思主义中国化的典型成果，向学生诠释革命经典作品中的核心价值观观念；要加强党史、新中国史、改革开放史、社会主义发展史、中华民族发展史教育，让学生了解人类社会发展的历史必然性，认识和把握中国特色社会主义的历史必然性，不断增强为共产主义远大理想和中国特色社会主义共同理想而奋斗的自觉性和使命感；要重点讲述习近平总书记关于社会主义政治、经济、文化、社会和生态文明建设中所体现的自由、平等、公正、法治内容，让学生理解习近平新时代中国特色社会主义思想蕴含的思想方法和理论品格，维护党中央权威和集中统一领导；要从历史发展的纵向视野和国际比较的横向视野中，让学生认识中国特色社会主义伟大成就，增强中国特色社会主义道路自信、理论自信、制度自信、文化自信，厚植爱国主义情怀，强化人类命运共同体意识；要进一步让学生增强法治意识，尊法学法守法用法，做社会主义法治的忠实崇尚者、自觉遵守者、坚决捍卫者。

大学生的认知发展已相对成熟，具有较强的主体意识和批判性思维。他们敢于表达自己，更喜欢以自己的方式对教学内容进行意义建构，其认知逻辑呈现出个性化、多样化的特征。同时，他们思想活跃、思维敏捷，自我学习能力、获取信息的能力和社会参与能力都达到了较高的水平。大学阶段的价值观教育重在形成理论思维，主要以系统学习和理论阐释的方式，运用理论与实践、历史与现实相结合的方法，引导

第四章　社会层面社会主义核心价值观的践行路径

大学生全面深入地理解社会主义核心价值观的理论体系、内在逻辑、价值内涵和重大意义。要在马克思主义原理课程的学习过程中，引导学生深入学习研读马克思主义经典理论著作，切实领会马克思主义关于人的自由全面发展和共产主义社会的理论阐述，深刻领会自由、平等、公正、法治的哲学精髓。要组织理论专题研讨会，就什么是价值，核心价值观与非核心价值观如何区分，社会主义核心价值观与封建主义、资本主义核心价值观有什么区别等专题进行研讨，引导学生在对比分析中领会社会主义核心价值观的先进性。要引导学生深入学习习近平总书记关于培育和践行社会主义核心价值观、道德建设、法治建设的重要论述，进行思想道德修养和法治素养教育。此外，高校要紧扣思政课实践教学的目标和要求，利用志愿服务、理论宣讲、社会调研等实践活动，开展社会主义核心价值观实践教学。实践教学活动能够提升广大学生理论结合实践、"知行合一"的本领，帮助大学生形成正确的价值取向，增强使命担当。

所有学科都要落实立德树人的根本任务决定了在发挥思政课的关键作用的同时，所有课程都承担着价值观教育的使命。此外，家庭、社会也要参与到学校德育工作中来，构建全员、全程、全方位育人的"大思政"德育工作体系。

首先，各类课程要与思政课程同向同行。2014年，《教育部关于培育和践行社会主义核心价值观 进一步加强中小学德育工作的意见》明确指出，"将社会主义核心价值观的内容和要求细化落实到各学科课程的德育目标之中"[①]。一方面，要充分重视并抓好语文、历史课程在社

[①] 教育部关于培育和践行社会主义核心价值观 进一步加强中小学德育工作的意见．（2014-04-03）．http：//www.moe.gov.cn/srcsite/A06/s3325/201404/t20140403_167213.html．

基石与追求：自由、平等、公正、法治

会主义核心价值观教育中的关键作用。社会层面的社会主义核心价值观的培育离不开中华文化的滋养，语文是落实社会主义核心价值观教育的重要课程，学生通过对语文教材中反映党领导人民革命、建设、改革、开创新时代伟大历程的文学作品的学习，能够增强对社会主义核心价值观的深刻理解，树立建设祖国、建设社会主义美好社会的坚定信念。同时，历史课程在党史、新中国史、改革开放史、社会主义发展史和中华民族发展史教育方面具有不可替代的作用，是开展价值观教育、落实立德树人根本任务的重要课程。历史课程坚持唯物史观的立场、观点和方法，历代王朝和世界各国兴衰历程的讲述使学生了解自由、平等、公正、法治的内涵与发展进路；认识中华文明的历史价值和现实意义，增强民族自尊心、自信心和自豪感。另一方面，要充分挖掘其他课程内容所蕴含的社会层面的社会主义核心价值观元素，"努力做到每一堂课不仅传播知识、而且传授美德，让社会主义核心价值观的种子在学生们心中生根发芽"[①]。要调动所有任课教师在培育价值观方面的积极性、主动性和创造性，突破不同学科间的知识壁垒和边界，以整体育人的理念增进交流、促进合作。唯有此，才能将思政课程的显性教育与课程思政的隐性教育结合起来，共同致力于培育学生的社会主义核心价值观。

其次，要充分发挥校园文化活动和社会实践活动在学生价值观养成中的重要作用。一要加强校园文化建设。充分发挥党组织、共青团、少先队等在价值观教育方面的引领作用，充分发挥校园广播、校刊、板报

---

① 习近平. 思政课是落实立德树人根本任务的关键课程. 求是，2020（17）.

的宣传引导作用，创新校园文化活动形式，努力创建自由、平等、公正、法治的校园文化和班级文化，"一草一木、一砖一石"都要体现社会主义核心价值观教育的引导和熏陶。二要不断创新价值观教育活动载体，开展形式多样的社会实践活动。中学阶段要充分规划好、建设好研学旅行活动。研学旅行作为研究性学习和旅行体验相结合的校外教育活动，有利于促进学生培育和践行社会主义核心价值观[①]。要做好研学旅行前的知识宣传教育，让学生明确研学旅行的价值观教育目标，掌握自由、平等、公正、法治的基本内涵和在社会中的具体体现。要精心选择能够体现社会层面的社会主义核心价值观的教育基地和教育资源。例如能够体现个体自由全面发展、奋斗不息、砥砺前行的先进事迹纪念馆，体现平等、公正价值观的主题教育基地，体现国家法治建设历程和成就的科普馆等。青年大学生要设计好、利用好暑期社会实践活动，积极参加校外志愿服务活动，围绕社会公益、普法宣传、专业服务等主题组织开展相关活动。在与社会大众沟通交流的过程中，了解百姓在建立自由、平等、公正、法治社会方面的诉求、想法、愿望，并用所学的专业知识为社会民众提供支持和帮助。

最后，要充分发挥家庭和社会资源的支持作用。家庭教育是国民教育的起点和基础，是培育和践行社会主义核心价值观的关键阵地。"要重视家庭建设，注重家庭、注重家教、注重家风，紧密结合培育和弘扬

[①] 教育部等 11 部门关于推进中小学生研学旅行的意见．（2016 - 12 - 02）．http：//www.moe.gov.cn/srcsite/A06/s3325/201612/t20161219_292354.html? eqid=c582eaa200155ba5000000066437a73e．

基石与追求：自由、平等、公正、法治

社会主义核心价值观，发扬光大中华民族传统家庭美德。"① 家长作为孩子成长过程中的重要参与者、引领者，需要做到以下两点：一是做好配合学校教育的工作，尊重并理解学校开展的价值观教育活动，及时沟通并反馈学生的价值观发展动态，要重视学生品德教育和良好习惯的养成，培养亲密和谐的亲子关系。二是以身作则，起到榜样示范作用。家长是孩子的第一任教师，其言谈举止会对学生的价值观养成产生潜移默化的影响。家长对事务的处理若能体现自由、平等、公正、法治价值理念，就是对孩子理解、践行社会层面的社会主义核心价值观最好的言传身教。

同时，社会也要为学校开展价值观教育实践体验活动提供大力支持。在"大思政"政策的指引下，各地政府、企事业单位都要关心教育事业，关心时代新人的培育。要积极响应和支持学校开展价值观教育实践体验活动的需求，结合地方特色教育资源，建立一批爱国主义教育基地、红色教育基地、研学教育基地、综合实践基地、法治教育实践基地、文化场馆、科技场馆、博物馆等校外教育资源，与学校建立合作育人的常态化机制。要尽可能提供机会、创造条件，为学校开展价值观教育活动提供平台和资源，帮助学生了解社会、参与实践、锻炼提高。

四、强化宣传教育的重要功能

除学校教育之外，社会宣传教育也是落实社会主义核心价值观的重要途径，是使社会主义核心价值观内化于心、外化于行的必然要求。一方面，社会主义核心价值观的培育和践行仅仅依靠学校教育是不够的，

---

① 习近平. 在2015年春节团拜会上的讲话. 人民日报，2015-02-18（2）.

第四章　社会层面社会主义核心价值观的践行路径

它还必须渗透到社会生活的方方面面，为广大人民群众所熟知、理解和认同。马克思说："理论一经掌握群众，也会变成物质力量。"① 广大人民群众是现代社会的建设者，理论必须渗透到人民群众的心里，才能掌握群众。因此，让社会主义核心价值观内化于心是宣传教育的首要目标。只有越来越广泛的群众深刻地领会到社会主义核心价值观的价值、意义和内涵，才能为现代化建设奠定坚实的精神基础。另一方面，加强社会主义核心价值观宣传教育是外化于行的必然要求。任何理论，都不可能是一个纯粹的理论，它的最终目的和归宿都是要回到群众中去，回到实践中去。社会主义核心价值观的最终目的也是要指导实践。如果仅仅停留在理论层面，不回归实践，再科学的理论也不会对社会发展起任何作用。自由、平等、公正、法治作为社会层面的价值取向，只有落实到广大人民群众的践行中，才能成为现实。

目前，社会主义核心价值观宣传教育仍存在针对性、融入性、实效性和互动性不强等问题，必须进一步转变宣传理念，遵从宣传规律，创新宣传模式。

首先，要结合中国实际和中华优秀传统文化阐释自由、平等、公正、法治的中国化、时代化内涵。马克思认为："理论只要说服人，就能掌握群众；而理论只要彻底，就能说服人。"② 而理论要实现"彻底"，就应该抛弃从概念到概念、抽象思辨的宣传方式。社会主义核心价值观是从丰富的历史和现实内涵中凝练出来的，要结合中国发展的历

---

① 马克思，恩格斯. 马克思恩格斯选集：第1卷.3版. 北京：人民出版社，2012：9.
② 同①9-10.

基石与追求：自由、平等、公正、法治

史进程和当代中国的现实语境来理解自由、平等、公正、法治的内涵、性质和功能。同时，"培育和弘扬社会主义核心价值观必须立足中华优秀传统文化。牢固的核心价值观，都有其固有的根本。抛弃传统、丢掉根本，就等于割断了自己的精神命脉"①。中国的核心价值观是从中国的历史中积淀而出的，它既是对中华优秀传统文化的继承和发展，也是对中国革命文化、社会主义先进文化的高度凝练。要深入挖掘和阐发中华优秀传统文化讲仁爱、重民本、守诚信、崇正义、尚和合、求大同的时代价值，使中华优秀传统文化成为自由、平等、公正、法治的重要源泉。

其次，宣传教育的内容、形式和方法要坚持通俗化、生动化、生活化原则。所谓通俗化，就是理论的宣传和阐释要通俗易懂，要接地气，尽可能用群众的语言、民间的话语来讲事实、摆道理，把复杂的理论转化为社会生活中朴实的道理，精炼地表达社会主义核心价值观的内涵。例如，习近平总书记用"缺钙"来比喻理想信念的缺失，用全国人民的"最大公约数"来说明践行社会主义核心价值观的重要性。这些大众话语通俗易懂，非常接地气，不知不觉就拉近了和老百姓的距离。所谓生动化，就是宣传教育必须摒弃所谓官方语言，摒弃呆板生硬的叙述方式。要善于讲故事，用小故事讲大道理，就会吸引人，会让人民群众爱听。在"五史"、中华优秀传统文化等社会主义核心价值观的精神血脉中，有大量能够体现社会主义核心价值观的故事、史实，讲好这些故事，就容易吸引群众，凝聚共识。所谓生活化，就是价值观的宣传教育要贴近实际、贴近生活。要紧扣社会热点，注重内容的与时俱进，及时

---

① 习近平．习近平谈治国理政．北京：外文出版社，2014：163-164．

建立社会热点与自由、平等、公正、法治的价值关联，增强教育内容的时效性、感染力和吸引力。

习近平总书记指出："一种价值观要真正发挥作用，必须融入社会生活，让人们在实践中感知它、领悟它。要注意把我们所提倡的与人们日常生活紧密联系起来，在落细、落小、落实上下功夫。要按照社会主义核心价值观的基本要求，健全各行各业规章制度，完善市民公约、乡规民约、学生守则等行为准则，使社会主义核心价值观成为人们日常工作生活的基本遵循。"[①] 这段论述指明社会主义核心价值观的宣传教育要建立多渠道的有效路径，使核心价值观的影响像空气一样无所不在、无时不有。

一是要有效灌输。要根据不同的受教育对象选择不同的方式方法有效灌输。对于党的领导干部和知识分子来说，可以采用理论的宣传来引导教育，如组织演讲、报告、讨论等。对于人民大众来说，各级党委和政府应积极创建自由、平等、公正、法治的社会环境，为社会主义核心价值观的培育和践行创造良好的社会氛围。比如在人流密集地段设立电子屏，滚动宣传社会主义核心价值观的图文，形成视觉冲击；建设主题公园，将核心价值观与园林艺术有机结合，让公园里每一个宣传栏都对前来休息的公民产生潜移默化的影响；加大宣传力度，增加宣传频次，通过报纸、杂志等刊登传播社会主义核心价值观的公益广告；充分利用好社区公示板、宣传栏等载体，创设社会主义核心价值观文化的熏陶氛围等。让社会主义核心价值观的有效灌输融入百姓的生活圈、社交圈、工作圈。

---

① 习近平．习近平谈治国理政．北京：外文出版社，2014：165．

基石与追求：自由、平等、公正、法治

二是要树立典型。树立典型能让看起来高大上的社会主义核心价值观见诸凡人小事，更能够引起人们的思想认同、情感共鸣和行为效仿。这种生活中的典型小到孝老敬亲、邻里和睦、平等相待，大到奉献社会、见义勇为、公正司法，都能在百姓的日常生活中汇集正能量，形成自觉践行自由、平等、公正、法治等的强大带动力量和感召力量。同时，要充分发挥党员干部的先锋模范作用。广大党员干部要以身作则，将弘扬和践行社会主义核心价值观的要求和自己的本职工作相结合，用自己的先进思想、工作业绩以身示范自由、平等、公正、法治的价值观内涵。鼓舞、感召和带动人民群众，激发人民群众践行社会层面的社会主义核心价值观的主动性和自觉性，形成良好的引领和示范效应。

三是要注重实践养成。社会主义核心价值观只有在实践中才能成为现实。其一是各级基层党组织要开展多种形式的群众性创建活动，组织以社会主义核心价值观为主题的民间艺术展览、大赛，激发群众参与核心价值观宣传的热情，使其在参与中得到快乐、受到教育。其二是各市区、街道要培育一支志愿服务队伍，支持和鼓励志愿服务队伍进社区、察民意、体民情。针对民众对社会主义核心价值观存在的盲点、误解和片面的认知，开展对话交流，做好社会主义核心价值观科普宣传。其三是各级宣传部门要创新宣传工作方式方法，努力挖掘社会主义核心价值观在现实生活中的广泛体现，组织群众开展以社会主义核心价值观为主题的微电影大赛、摄影大赛、书画比赛和歌唱比赛等，在展示群众才华的过程中宣传和弘扬社会主义核心价值观。

最后，在当今世界互联网加速发展的时代背景下，社会主义核心价

第四章 社会层面社会主义核心价值观的践行路径

值观的宣传教育要乘势而上，充分发挥网络媒体的舆论传播作用，加强主流网络媒体建设，用正面的声音和先进的文化占领网络思想阵地，营造自由、平等、公正、法治的网络文化氛围。具体来说，可以从以下几个方面努力：

第一，在网络视域中开展社会层面的社会主义核心价值观宣传教育，需了解网民的实际理论水平、认识能力和思维习惯，迎合网民快速扫描、浅阅读等特点，有目的、有针对性地建设一批为普通网民所喜闻乐见的专题网站，打造网络教育宣传云平台。第二，迎合当今网民网上生活的特点、喜好，充分利用各大信息门户网站、论坛、微博、微信、抖音、直播自媒体等网络平台，创造性地开发以社会主义核心价值观为主题的网络直播、网络游戏、网络视频、网络漫画等，将自由、平等、公正、法治的理念以网络交互的形式传递给网民，融入人民群众网络生活的方方面面。第三，充分利用好网络文化本身所具有的自由观念、平等意识、依法治理等特征，促进不同民族、不同职业、不同地区的人们的互动交流，在网络生活中促进人们对自由、平等、公正、法治的认识，将互联网打造成为传播和践行社会层面的社会主义核心价值观的前沿阵地。第四，网络传媒对价值观的宣传和培育来说，既是机遇又是挑战。网络环境的开放性、去中心化、虚拟性等特点，使社会主义核心价值观教育面临多元价值观念并存、教育效果背离初衷等严峻挑战。因此，有必要综合运用法律、行政等手段加强对网络传媒的管理，严防各种有害信息和错误思潮在网上传播；要加大对网络违法行为的惩罚力度，努力掌握网络传播的主动权，正确引导网络舆论方向，加快形成依法监管、社会监督、规范有序的互联网信息传播秩序。这样才能为社会层面的社会主义核心价值观的宣传创造良好的网络环境。

第二节

发展是第一要务

在全面建成小康社会、实现第一个百年奋斗目标之后,我们乘势而上开启了全面建设社会主义现代化国家的新征程,这标志着我国进入了一个新发展阶段,新阶段下社会主义核心价值观的实现要融入中国式现代化的建设征程中。中国式现代化是共同富裕的现代化,是物质文明和精神文明协调发展的现代化。社会主义核心价值观作为精神文明建设的核心内容,深深植根于现代化的物质基础之中。因此,社会主义核心价值观的实现离不开现代化的发展,经济发展的现代化程度直接决定了自由、平等、公正、法治的实现程度。在新发展阶段,要以马克思主义唯物史观为指导,贯彻新发展理念,推动经济高质量发展,为社会层面的核心价值观的实现奠定坚实的物质基础。

一、发展是硬道理

生产力决定生产关系,经济基础决定上层建筑。生产力是社会发展

第四章　社会层面社会主义核心价值观的践行路径

进步的最终决定力量，是全部社会历史的物质基础。自 19 世纪以来，随着生产力的发展，物质资料的极大丰富助推人类社会历史进入现代社会，马克思正是通过对现代社会发展的考察形成了历史唯物主义思想，而历史唯物主义思想又反过来成为马克思把握和阐释人类社会发展的基本方法论原则[①]。唯物史观认为，现代社会的构建是一个多方面、多层次、多要素的系统工程，它不仅包括生产力发展水平的现代化，也包括生产关系、社会制度、价值观念等上层建筑的现代化。其中，生产力发展水平的现代化是现代化社会的重要组成部分，是构建现代化社会的物质根基。如果没有生产力发展水平的现代化，建立其上的生产关系的现代化、上层建筑的现代化也就无从谈起。在上层建筑的构成要素当中，一定社会的价值观念是一个国家民族精神的集中体现，它一方面受制于特定社会历史发展阶段的物质资料的生产状况，另一方面也对社会生产力的发展起着促进或者制约的作用。

纵观中国现代社会发展史，我国的生产力发展水平自改革开放以来迅速提升，我国仅用了短短几十年的时间就成为世界第一制造业大国、第二大经济体；党的十八大以来，我国以史无前例的规模和速度解决了绝对贫困问题，开启了全面建设社会主义现代化国家的新征程[②]。中国式现代化的发展，遵循了唯物史观客观规律，同时也将继续以唯物史观为方法论指引，推动社会生产力的现代化发展，为社会主义核心价值观的实现创造坚实的经济基础。就社会层面的社会主义核心价值观的实现

---

①　庄友刚,谷一. 马克思的现代观与中国式现代化新道路的学理基础. 马克思主义与现实, 2023 (1): 55-62.

②　韩震. 以历史思维解读中国现代化道路. 史学史研究, 2022 (3): 1-7, 28.

基石与追求：自由、平等、公正、法治

而言，生产力发展的基础性意义体现在以下四个方面：其一，生产力发展促成自由价值观的实现。马克思主义认为，实现人的自由而全面发展的首要任务就是要解放和发展生产力，提高劳动生产率。只有拥有充足的物质保障，人们才能免除生存的后顾之忧，才有多余的时间和精力实现自身、发展自身，才能实现人的自由而全面发展。其二，生产力发展促成平等价值观的实现。人的经济地位是否平等从根本上说是由生产资料所有制的关系决定的。当生产力发展不充分的时候，物质资源匮乏，就会导致对物质资料的争夺，从而产生阶级压迫，导致人的不平等。因此，只有当生产力得到绝对发展，带动生产关系的变革，才能消除人与人不平等的根源。其三，生产力发展促成公正价值观的实现。"实现社会公平正义是由多种因素决定的，最主要的还是经济社会发展水平。"[①]经济社会发展水平决定着社会物质财富的总量，从根本上制约着社会的公平正义。因此，构建公平正义的社会，必须紧紧抓住经济建设这个中心，进一步把"蛋糕"做大，为公平正义的分配奠定坚实的物质基础。其四，生产力发展是实现法治价值观的有力保障。法治价值观的实现在于对法律制度的制定、实施和遵守。法律属于上层建筑的范畴，其实现有赖于经济基础的支持。只有通过生产力的发展，不断增加社会物质财富的总量，才能为法治体制的建立和完善提供良好的支持和保障。

今天，我国已经迈上了社会主义现代化建设的新征程，迎来了中华民族伟大复兴的光明前景。只有不断发展社会生产，才能助推中国式现

[①] 习近平. 切实把思想统一到党的十八届三中全会精神上来. 求是，2014 (1).

第四章　社会层面社会主义核心价值观的践行路径

代化走向深远。然而，任何一个国家的生产力发展都不是一个无序的过程，它必然受到某种价值准则的规范和引导。我国的社会主义核心价值观是建立在生产资料公有制经济基础之上的，是社会主义意识形态的本质体现，凝结着中国式现代化的价值追求。社会主义核心价值观内在地规范着我国需要什么样的发展、如何发展等关键问题的回答，成为中国式现代化发展观的精神内涵和重要标识。

首先，中国式现代化的发展是以人民为中心的发展。马克思在深刻把握社会发展规律的基础上，将人的自由而全面发展确立为人未来发展的理想目标。习近平总书记也明确指出，"现代化的本质是人的现代化"[1]。所谓现代化，是人们不断推动社会进步、创造美好生活并且享受美好生活的过程，"人"是评价现代化的根本依据和最终归宿。中国式现代化"坚持以人民为中心"的发展思想与价值旨趣，将人的现代化作为现代化整体布局中的重要内容，坚持发展为了人民，发展依靠人民，发展成果由人民共享，将现代化建设成果与改善人民生活条件紧密联系在一起，实现了经济高质量发展、社会财富极大积累、人民过上美好生活三者的统一。同时，中国式现代化充分尊重人民群众的主体地位和首创精神，给予人民充分发展的高度自由，发挥了人民群众参与现代化建设的主动性、积极性、创造性，保证了发展的包容性和持续性。以"人"的现代化全面推进社会主义现代化，是中国式现代化区别于其他国家现代化的根本标志。

---

[1] 中共中央文献研究室. 十八大以来重要文献选编：上. 北京：中央文献出版社，2014：594.

基石与追求：自由、平等、公正、法治

其次，中国式现代化的发展是以实现共同富裕为目标的发展。实现全体人民"共同富裕是社会主义的本质要求，是中国式现代化的重要特征"①。中国式现代化始终坚持以人民为中心的发展思想，努力维护社会公平正义，着力促进全体人民共同富裕。将共同富裕作为现代化的奋斗目标和实践准则，保证了经济建设发展与人民生活水平提高的齐头并进，推进人与人之间的交往关系更为平等，促进人与社会、国家之间更高水平的和谐统一。近年来，中国式现代化在实现共同富裕上取得实质性进展，这既包括高质量发展基础上的财富积累，也包括公平正义的分配模式。坚持以实现共同富裕为目标的发展，将为中国式现代化注入更为稳定、持久的力量。

再次，中国式现代化的发展是兼顾物质文明与精神文明的发展。唯物史观认为，物质文明与精神文明是在人类认识世界和改造世界过程中所形成的一切物质的和非物质的成果的总和，两者共同构成了人类文明的基本内容。其中，物质文明具有基础性作用，物质生产活动及生产方式是人类社会赖以存在和发展的前提，物质文明为精神文明的实现提供物质条件和现实基础。同时，精神文明的发展具有相对独立性，物质生活水平的提高并不必然带动人们精神世界的变化。因此，如果在物质文明建设过程中忽视精神文明建设，就会导致人们精神世界无从归依，进而影响物质文明的发展。我国坚持以人民为中心的发展思想，人民对美好生活的向往不仅包括对物质生活的追求，也包括对精神生活的需求。物质贫困不是社会主义，精神贫困也不是社会主义；没有文化繁荣兴盛

---

① 习近平. 扎实推动共同富裕. 求是，2021（20）.

第四章 社会层面社会主义核心价值观的践行路径

及其现代化，就没有完整意义上的现代化，这就需要物质文明和精神文明协调发展。一方面，通过推动经济社会高质量发展，大力提升人民的物质生活水平；另一方面也需要高度发达的精神文明，广泛开展社会主义核心价值观宣传教育和践行活动，建设符合时代需求、反映中国特色、引领社会风尚的精神文化，为实现美好生活奠定思想文化基础。

又次，中国式现代化的发展是人与自然和谐共生的发展。人与自然和谐共生就是要超越资本逻辑的人类中心主义倾向，从生命共同体的视角出发，正确处理好人与自然的关系，坚持人与自然的互利共生，坚持可持续发展理念，"坚定不移走生产发展、生活富裕、生态良好的文明发展道路"[1]。中国式现代化秉持"绿水青山就是金山银山理念"[2]，坚持在顺应自然规律的前提下、在保护自然的立场中安排工业化建设与农业现代化建设等工作，切实贯通了经济发展绿色化与绿色发展经济化[3]。实践证明，中国式现代化道路实现了对传统现代化道路的超越，是将经济发展与生态环境保护统筹考量和推进的现代化，是高质量发展、可持续发展的现代化，必将为求解世界现代化进程中人与自然关系问题发挥示范性引领作用。

最后，中国式现代化的发展是具有世界意义的和平发展。一方面，中国坚持独立自主的外交政策，积极推动国际关系民主化，维护世界和

---

[1] 习近平. 高举中国特色社会主义伟大旗帜 为全面建设社会主义现代化国家而团结奋斗：在中国共产党第二十次全国代表大会上的报告. 人民日报，2022-10-26（1）.
[2] 中共中央关于制定国民经济和社会发展第十四个五年规划和二〇三五年远景目标的建议. 北京：人民出版社，2020：27.
[3] 韩喜平，郝婧智. 中国式现代化：人类实现现代化的新选择. 社会科学家，2023（1）：16-21.

基石与追求：自由、平等、公正、法治

平。全球史和社会主义发展史告诉我们，要实现具有历史意义的发展，必须坚持独立自主的路线①。同样，中国道路之所以能够成功，就在于中国坚持独立自主的原则，把"发展进步的命运牢牢掌握在自己手中"②。有了独立自主的权利，中国才能自由地走自己的路，根据自己的利益和需求，不断激发经济社会发展的活力。同时，中国独立自主的外交政策，践行了多边主义原则，维护了国际交往的公平正义。中国的发展已成为维护世界和平的积极力量。另一方面，中国坚持对外开放，以中国式现代化为全人类求解放。中国的历史经验和教训告诉我们，封闭是没有出路的，唯有持续的开放才能永葆经济社会的发展活力。未来的历史将证明，1978年以来中国逐渐打开国门，坚持持续有序的开放，是中国道路成功的原因之一③。近年来，中国不断优化对外开放战略，通过推进"一带一路"建设不断开拓与别国间的利益共通点，促进国际交往的互利共赢，深化了与各国间的友好合作关系。中国共产党在为中国人民谋幸福、为中华民族谋复兴的同时，始终着眼于全人类共同价值，推动人类命运共同体的建构。"马克思主义博大精深，归根到底就是一句话，为人类求解放。"④ 中国式现代化不靠资本扩张、殖民掠夺，不搞零和博弈、霸权主义和强权政治，而是坚持合作共赢，"弘扬和平、发展、公平、正义、民主、自由的全人类共同价值"⑤。

---

① 韩震．以历史思维解读中国现代化道路．史学史研究，2022（3）：1-7，28．
② 习近平．在庆祝中国共产党成立100周年大会上的讲话．北京：人民出版社，2021：15．
③ 同①．
④ 习近平．在纪念马克思诞辰200周年大会上的讲话．北京：人民出版社，2018：8．
⑤ 同②16．

二、中国式现代化道路的探索

1919年五四运动以来，中国经历了新民主主义革命时期、社会主义革命和建设时期、改革开放和社会主义现代化建设新时期以及中国特色社会主义新时代四大历史时期。这既是中华民族救亡图存的峥嵘史，也是中国式现代化道路的探索史。中国式现代化道路是党在百年征程的不懈追求和持续探索中逐步开创的，每个历史时期的伟大成就和伟大飞跃，既包含着中国式现代化道路的时代内涵，为中国式现代化道路的实现提供了多方面的条件；也为社会主义核心价值观的形成、弘扬和实现提供了物质条件，奠定了历史根基。

新民主主义革命时期，中国处于半殖民地半封建社会，帝国主义、封建主义、官僚资本主义三座大山沉重地压在穷苦的劳动人民身上。中国仁人志士敏锐意识到要摆脱落后挨打的历史困境，就必须推动中国自身的现代化进程。从此，实现民族复兴与实现现代化具备了逻辑上的内在关联。一方面，正是因为中国现代化的进展缓慢才招致帝国主义的侵略，进而造成"国家蒙辱、人民蒙难、文明蒙尘，中华民族遭受了前所未有的劫难"[1]；另一方面，为了彻底摆脱近代中华民族亡国灭种的生存危机、实现中华民族的伟大复兴，就必须坚定推进中国现代化事业。中国共产党成立后，把探索中国现代化发展道路作为自己的历史重任[2]，以毛泽东同志为主要代表的中国共产党人开启了对中国革命的目

---

[1] 习近平. 在庆祝中国共产党成立100周年大会上的讲话. 北京：人民出版社，2021：2.
[2] 宋学勤. 中国式现代化道路生成的历史逻辑. 人民论坛·学术前沿，2021（24）：82-89.

基石与追求：自由、平等、公正、法治

标和中国社会进步的出路的探索。中国共产主义先驱将对底层民众的关怀与共产主义理想相结合，自觉接受马克思主义指导，领导土地革命和土地改革，大力发展生产，创新分配方式，提出新民主主义经济纲领，形成新民主主义经济思想。

新中国成立后，半殖民地半封建社会的历史彻底结束，中国实现了从几千年封建专制向人民民主的伟大飞跃，这为中国式现代化提供了根本的社会保证和统一的政治前提。这一时期，社会主义共同富裕思想开始萌芽，中国共产党将共同富裕作为未来社会的主要特征和革命的目标之一，认为未来社会"使生产品为有计划的增殖，为极公平的分配，要整理生产的方法。这样一来，能够使我们人人都能安逸享福，过那一种很好的精神和物质的生活"①。这一时期的经济建设主要体现在以下两个方面：一是积极推进土地革命与土地改革，消灭以封建土地所有制为基础的剥削制度。二是大力发展生产，保障战争需要和人民生活。实践表明，以生产发展为目标的经济建设，为取得新民主主义革命胜利、共同富裕的思想萌芽提供了重要的物质保障。

社会主义革命和建设时期，党领导人民自力更生、发愤图强，开始了建设社会主义现代化国家新的伟大征程。尽管新中国成立初期的社会主义现代化建设困难重重，但"取得的独创性理论成果和巨大成就，为在新的历史时期开创中国特色社会主义提供了宝贵经验、理论准备、物质基础"②。这一时期，党坚持独立自主、自力更生的原则，迅速恢复

---

① 中国李大钊研究会. 李大钊全集：第4卷. 北京：人民出版社，2006：354.
② 中共中央关于党的百年奋斗重大成就和历史经验的决议. 人民日报，2021-11-17（1）.

第四章　社会层面社会主义核心价值观的践行路径

和发展国民经济，提出过渡时期总路线，完成"一化三改造"任务，在曲折发展中基本建成独立的比较完整的工业体系和国民经济体系，为中国式现代化的实现积累了宝贵经验和物质基础。三大改造的基本完成，标志着我国生产资料私有制转向社会主义公有制，基本确立了社会主义制度，中国社会进入社会主义初级阶段，为社会主义现代化道路奠定了根本政治前提和制度基础。

这一时期，毛泽东在马克思、恩格斯关于社会主义论述的指导下，开始逐渐形成社会主义核心价值思想。社会主义核心价值思想与社会主义核心价值观具有内在的一致性，毛泽东的社会主义核心价值思想为社会主义核心价值观的提出奠定了理论基础，包含着很多社会主义核心价值观的基本要义。例如，毛泽东从民族的独立和解放角度谈到了"自由"，从公有制和按劳分配角度谈到了"平等"，从发展社会生产力角度阐释了人民的价值主体性等思想。这些社会主义核心价值思想无疑对社会主义核心价值观在凝练内核、明确方向方面有着极强的启发意义。

改革开放和社会主义现代化建设新时期，党完成指导思想上的拨乱反正，把工作的着重点转移到以经济建设为中心的社会主义现代化建设上来，全面开启改革开放和社会主义现代化建设新征程，探索出了"三步走"的中国式现代化道路[①]，逐步实现了从高度集中的计划经济体制到充满活力的社会主义市场经济体制、从封闭半封闭到全方位开放的历史性转变，为中国式现代化道路提供了充满新的活力的体制保证。这一

---

① 任志江，林超，汤希．从新民主主义工业化道路到中国式现代化新道路：中国共产党对现代化道路的百年探索．经济问题，2022（2）：17-26．

基石与追求：自由、平等、公正、法治 ● ● ●

时期，明确了解放和发展生产力是实现共同富裕的根本途径，党的十一届三中全会确定了发展生产力在我国一切任务中的中心地位，将生产力的快速发展和实现共同富裕视为社会主义制度优越性的体现。经过全党全国人民的锐意进取、拼搏实践，社会主义市场经济体制建立和完善起来，我国实现了从生产力相对落后的状况到经济总量跃居世界第二的历史性突破，实现了人民生活从温饱不足到总体小康、奔向全面小康的历史性跨越，推进了中华民族从站起来到富起来的伟大飞跃，为中国式现代化积累了快速发展的物质条件。实践证明，社会主义市场经济能够促进生产力的发展，为社会主义核心价值观的实现奠定了坚实的物质基础。

党的十八大以来，中国特色社会主义迈入新时代，以习近平同志为核心的党中央，统筹中华民族伟大复兴战略全局和世界百年未有之大变局，接续建设社会主义现代化强国这一理想任务。明确了建设中国式现代化的"五位一体"总体布局与"四个全面"战略布局，推动经济社会的高质量发展与人的自由全面发展取得实质性进展，成功诠释和拓展了中国式现代化的现实内涵，创造了经济快速发展和社会长期稳定两大奇迹，迈上了更高质量、更有效率、更加公平、更可持续、更为安全的发展之路，中华民族伟大复兴进入了不可逆转的历史进程。

事实证明，中国走了一条不同于西方国家现代化的道路，开创了中国特色社会主义现代化发展道路。所谓中国道路，就是中国在追求经济社会现代化发展的探索过程中走出了适合自身特点和需要的发展路径。这是一条大国崛起的道路，也是社会主义成功探索的道路。正如习近平总书记所说："现代化道路并没有固定模式，适合自己的才是最好的，不能削足适履。每个国家自主探索符合本国国情的现代化道路的努力都应该受到尊重。"① 中国式现代化道路的成功探索为广大后发民族国家独立探索符合自身实际的现代化道路提供了中国智慧和中国方案。

三、在高质量发展中稳步前进

中国式现代化的实现是以经济的高质量发展为基础的，经济的高质量发展又以中国式现代化为奋斗目标，高质量发展统一于全面建设社会主义现代化国家进程之中。如果没有实实在在的高质量发展，社会主义现代化也就无从谈起。只有生产力水平极大提高了，物质财富的"蛋糕"做得更大了，才能实现高质量的积累、高质量的供给和高质量的分配，才能实现人的物质生活和精神生活的双重现代化。

中国经济增长的奇迹使中国特色社会主义进入了新时代，中华民族迎来了从站起来、富起来到强起来的伟大飞跃，迎来了实现中华民族伟大复兴的光明前景。然而，在充分肯定党和国家经济发展成就的同时，还应认识到在目前发展过程中仍然存在不足。我国社会主要矛盾已经转化为人民日益增长的美好生活需要和不平衡不充分的发展之间的矛盾。自由、平等、公正、法治的社会是人们对美好社会的向往，而不平衡不充分的发展影响到平等、公正的美好社会的实现，也影响着人们对社会主义核心价值观的认同。目前，我国在推进高质量发展的过程中还存在

---

① 习近平．加强政党合作 共谋人民幸福：在中国共产党与世界政党领导人峰会上的主旨讲话．人民日报，2021-07-07（2）．

基石与追求：自由、平等、公正、法治

许多卡点瓶颈，科技创新能力还不强，经济结构需要进一步调整，经济增长方式有待继续转型。为了实现中国经济增长奇迹的长期可持续性，保证自由、平等、公正、法治在经济发展中得到实现，必须以创新、协调、绿色、开放、共享的新发展理念为指导，从以下几个方面扎实推进中国经济的高质量发展：

第一，构建高水平社会主义市场经济体制是实现高质量发展的必要前提。市场经济是目前为止最有效率的资源配置方式，是保持经济活力的基本手段。我国的基本经济制度只有通过市场经济才能发挥最大优势，无论是公有制经济还是非公有制经济，都只有在社会主义市场经济体制下才能最充分地激发活力和内生动力。在市场经济中，人们享有平等的创业、就业机会，享有合法追求经济利益的自由；市场经济有效地促进了经济的发展，把"蛋糕"做大，为实现社会公平、促进共同富裕提供强有力的物质保证。新时代要加快完善社会主义市场经济体制，推动高质量发展。要切实发挥市场在资源配置中的决定性作用，形成企业自主经营、公平竞争，消费者自由选择、自主消费，商品和要素自由流动、平等交换的现代市场体系。要优化民营企业发展环境，促进民营经济发展壮大，支持中小微企业发展，激发各类市场主体活力。

市场配置资源具有自发性、盲目性和滞后性等先天弊端，为避免单纯市场调节可能导致的资源浪费和经济波动的情况，要切实发挥好政府宏观调控的职能。政府的宏观调控是维护现代市场安全稳定、加强和优化公共服务、保障公平竞争、维护市场秩序、推动可持续发展、促进共同富裕的基本保障。要把握好市场配置资源与政府宏观调控的界限，凡

第四章 社会层面社会主义核心价值观的践行路径

是市场能够自行调节的,政府要主动放权;凡是有可能影响宏观经济稳定运行的,则必须加强监管。正如习近平总书记指出的:"我国经济发展获得巨大成功的一个关键因素,就是我们既发挥了市场经济的长处,又发挥了社会主义制度的优越性。"① 我们既要"有效的市场",也要"有为的政府",要将"看不见的手"与"看得见的手"相结合。唯有此,才能为各类市场主体依法参与市场经济活动提供自由发展的空间,激发市场经济的新活力。

同时,市场经济发展的双重效应也不容忽视。市场经济的发展一方面可以促进资源有效配置,提升效率;另一方面,它也会使经济主体滋生唯利是图、拜金主义等不良思想。因此,要加强法治化的市场发展环境建设,管理形成规范的国内统一大市场。要建设平等、完善、严格的产权保护制度,公平、透明的准入标准和竞争规则,维护市场经济的公平公正。要加强监管,维护守法经营、公平竞争、诚信守约、合理谋利的市场环境,维护公共利益、大众权益,为市场主体提供公正有序、自由发展的空间,推动社会主义市场经济健康平稳发展。

第二,推进高水平对外开放,构建新发展格局,为高质量发展提供重要的发展前景。马克思主义的世界历史观认为,人类社会最终将从各民族的历史走向世界历史。中国近代百年屈辱史和探索史表明:"关起门来搞建设是不能成功的,中国的发展离不开世界。"② "一个国家能不

---

① 中共中央党史和文献研究院. 十八大以来重要文献选编:下. 北京:中央文献出版社,2018:6.
② 中共中央文献研究室. 改革开放三十年重要文献选编:下. 北京:中央文献出版社,2008:1415.

基石与追求：自由、平等、公正、法治

能富强，一个民族能不能振兴，最重要的就是看这个国家、这个民族能不能顺应时代潮流，掌握历史前进的主动权。"[1] 中国要发展，就要持续扩大对外开放，积极融入世界发展潮流。在新的历史境遇下，积极推进高水平对外开放，加快构建以国内大循环为主体、国内国际双循环相互促进的新发展格局，是我国经济高质量发展的新要求和实现路径。

双循环新发展格局是建立在扩大内需基础上的经济全球化战略，强大的国内市场是实现大国崛起的强力支撑，世界大国的开放经济体一直都是以内循环为主体的。因此，我国未来经济增长的动力源，更重要的是要依靠国内市场，培育自己的企业，发展自己的技术。国内国际双循环，既涉及商品的生产、分配、流通、消费之间的循环畅通，也涉及要素资源市场化配置流动。扩大内需是双循环的出发点和落脚点，是双循环最核心的环节。构建完整的内需体系，关系我国长远发展和长治久安。实施扩大内需战略，是保持我国经济长期持续健康发展的需要，能够满足人民日益增长的美好生活需要。

以内循环促进双循环，不仅要扩大内需，还要坚持供给侧结构性改革这条主线，使生产、分配、流通、消费各环节更多依托国内市场，提升供给体系与国内需求之间的适配性，以高质量供给满足日益升级的国内市场需求。首先，在生产环节要补技术短板。在全球化大环境下，我国部分产业链相对脆弱，关键技术存在瓶颈，部分产业链过度依赖国际循环，这是高端产能不足的直接原因。因此，要以科技创新催生新发展动能，提升我国产业链水平。要优化升级我国产业链的布局，加强科技

---

[1] 习近平．习近平谈治国理政：第 2 卷．北京：外文出版社，2017：210．

创新,破解卡脖子技术难题,加快推进创新驱动发展战略,用科技创新夯实双循环发展根基。其次,在分配环节要优化结构。我国城乡二元体制结构导致城市化水平过低,国内需求释放不足,收入分配仍存在较大差距。因此,要优化收入分配结构,健全知识、技术、管理、数据等生产要素由市场评价贡献、按贡献决定报酬的机制。强化稳就业措施,增加中低收入人群的可支配收入、提高他们的消费能力。只有分配公正、收入增加,才能真正扩大内需、满足消费者的消费需求,切实提高中低收入群体的生活水平,推进社会公平。再次,在流通环节要降低成本。要加快建设全国统一大市场,推动要素商品实现自由流通。积极利用现代供应链、互联网十、智慧物流等提高内循环效率。要以智慧物流提升物流与供应链行业发展水平,以智慧物流推动物流与制造业的融合发展。最后,在消费环节要促进消费。消费是我国经济增长的重要引擎,中等收入群体是消费的重要基础。要把扩大中等收入群体规模作为重要的政策目标,加快建设国内大市场,加快培育新型消费。培育强大的国内市场,是推进民生事业、改善民生的现实需要。要构建国内统一大市场就要扩大内需,就要排除人民群众沉重的生活负担和经济压力,切实解除人民群众的后顾之忧,提升消费水平,改善民生。

第三,实施创新驱动,推动产业结构优化升级,是促进高质量发展的动力源泉。创新是推动发展的动力引擎,抓创新就是抓发展,谋创新就是谋未来。要坚持创新在我国现代化建设全局中的核心地位,不断推进中国现代化更有质量、更高水平的发展。进入新时代,我国经济的高速增长背后仍存在粗放型增长、价格战等低端发展策略,这与高质量发

基石与追求：自由、平等、公正、法治

展的要求背道而驰。要全面实施创新驱动，使创新真正成为拉动经济高质量发展的第一动力。

首先，要依靠科技创新转变经济发展方式，促进中国经济发展从数量型向质量型转变。要积极推进供给侧结构性改革，推进我国的供给体系转型升级；要促进中国经济从规模扩张型发展向质量效益型发展的转型；要加大创新投入，优化研发投入，通过技术创新提高社会劳动生产率、企业生产效率；要构建新一代信息技术、人工智能、生物技术、新能源、新材料、高端装备、绿色环保等一批新的增长引擎；要加快发展数字经济，促进数字经济和实体经济深度融合，打造具有国际竞争力的数字产业集群。其次，要依靠科技创新推进新型工业化。要坚持把发展经济的着力点放在实体经济上，推进新型工业化。要坚持创新驱动，突破关键核心技术的制约，摆脱技术封锁，实现新型工业化的可持续发展。要紧跟全球技术进步步伐，加快数字技术、基础材料、智能装备等方面的核心技术研发，提升自主创新能力，实现技术自强自立，增强我国实体经济竞争优势。我国的工业是世界产业体系中的重要组成部分，未来应积极应对全球产业化分工调整，向智能化、数字化研发等价值链和产业链高端延伸，增强产业链的自主可控性，推动数字化、网络化、智能化等新技术与实体经济的融合发展，提升我国在世界生产网络中的竞争力和地位。再次，要依靠科技创新推进产业结构优化升级。新时代，在"工业4.0""中国制造2025"的时代背景下，中国产业结构全面升级势在必行，产业结构优化升级也是经济高质量发展的重要体现。目前，我国产业结构的矛盾主要在第二、第三产业内部，要用科技赋能升级传统产业,推动"卡脖子"关键技术突破。要改造高耗能、高污染重化工业,充分发展现代服务业,不断推动我国产业结构从单一转向多元,再由多元转向合理化和高级化,形成以高技术产业为先导、基础产业和制造业为支撑、服务业全面发展的产业新格局。最后,要依靠科技创新推进美丽中国建设。要实施全面节约战略,推进各类资源节约集约利用,严格落实垃圾分类,加快构建废弃物循环利用体系。要发展绿色低碳产业,加快节能降碳先进技术研发和推广应用,倡导绿色消费,推动形成绿色低碳的生产方式和生活方式。要深入推进环境污染防治,坚持精准治污、科学治污、依法治污,持续深入打好蓝天、碧水、净土保卫战。

第四,着力推进城乡融合和区域协调发展,实现共同富裕,是实现高质量发展的必然要求。协调发展注重的是解决发展不平衡的问题,体现了促进社会公平正义的共享的发展理念。中国式现代化是覆盖全国各地区、各民族的现代化,处理好城乡之间、区域之间、产业之间的协调发展,直接关乎共同富裕目标的实现。

一方面,要推进城乡融合发展。全面建设社会主义现代化国家,最艰巨最繁重的任务仍然在农村。加快城乡融合发展的关键是要加快乡村的高质量发展。首先,要巩固脱贫攻坚成果,全面推进乡村振兴战略。全面推进乡村振兴,缩小城乡差距,最根本的还是农村要提高生产力,生产力的提高是乡村振兴的根本。要积极推进农业现代化进程,充分发挥技术的优势,将农业信息技术与农业生产相结合,进一步提升农业生产效率和农业发展质量。要重点发挥农村在确保国家粮食安全方面的重

基石与追求：自由、平等、公正、法治 ● ● ●

要作用，全方位夯实粮食安全根基，健全种粮农民收益保障机制和补偿机制，确保中国人的饭碗牢牢端在自己手中。要树立大食物观，发展现代农业，构建多元化食物供给体系，为全国人民的自由发展、构建公平正义的美好社会奠定坚实的粮食基础。其次，要构建现代农业产业体系。新时代背景下，乡村振兴的关键在于产业振兴，要利用税收和补助等多种政策福利，积极推动生产要素向乡村流动，激活乡村发展动力和内生活力。要积极推动农村产业转型升级，构建更为现代化的农村产业体系，为乡村一、二、三产业融合奠定坚实基础，推动城乡融合高质量发展。要积极推动城乡产业融合，推动农村产业多元化进程，实现农业与二、三产业的有机结合，进一步延展农村生态旅游休闲属性，提高农村居民收入，提升城乡居民整体生活水平。最后，要推动城乡居民社会福利均等化、一体化，积极推进普惠性质的社会保护机制和社会福利待遇，保障城乡居民平等发展、共享发展成果，保障收入分配的公平正义，进一步提升城乡居民的获得感和幸福感。要推进以人为核心的新型城镇化建设，坚持人民城市人民建、人民城市为人民的理念，提高城市规划、建设、治理水平，加快转变超大特大城市发展方式，建设宜居、韧性、智慧城市，让城市成为人民群众高品质生活的空间。

另一方面，要促进区域协调发展。我国东中西部地区不论在自然环境、资源分布还是发展程度上都存在一定差距，推进区域协调发展，就是要借助一切资源优势和政策扶持实现不同区域在发展机会上的均等化、在收益分配上的公平化，以先富带动后富、逐步实现共同富裕。一是要推动东北振兴在转变经济发展方式和结构性改革上取得重大进展。

深化国有企业改革，改造提升传统优势产业，培育发展新兴产业，加快发展现代农业，打造保障国家粮食安全的"压舱石"。同时，深化与东部地区对口合作。二是要推进西部大开发形成新格局。加大基础设施投入，支持发展特色优势产业，积极融入"一带一路"建设，构建内陆多层次开放平台，努力缩小与东部地区的发展差距。三是要开创中部地区崛起新局面。做大做强先进制造业，建设一批中高端产业集群，进一步加强与经济发达地区的经济联系。四是要鼓励东部地区加快推进现代化。以京津冀协同发展、长三角一体化发展、粤港澳大湾区建设等国家重大战略为引领，加快培育世界级先进制造业集群，引领全国新兴产业和现代服务业发展。五是加快老、少、边等特殊类型地区的发展。要借助地区的特色资源和全国广阔的市场加快发展步伐。要依托当地特色矿产、能源、生态、气候等优势资源，积极承接发达地区的产业转移，进一步发展区域性特色工业。同时，要把握住我国消费结构转型升级的良好时机，发展以康养、旅游、文娱等新兴服务业为主的第三产业，带动老、少、边地区的经济发展。

俗话说，小河有水大河满，大河无水小河干。国富民强是车之两轮，鸟之双翼，不可或缺，互为因果。只有国家富强了，人民生活水平才能全面提升；只有人民的根本利益得到满足，人们才会树立对社会主义核心价值观的坚定信念，全社会的凝聚力和向心力才能得到极大提升，中国特色社会主义现代化建设才能获得坚强的思想保证和强大的精神力量。今天，中国比历史上任何时期都更接近中华民族伟大复兴的目标，也更有信心和能力建成富强民主文明和谐美丽的社会主义现代化强国。坚持在高质量发展中夯实中国式现代化的物质根基,自由、平等、公正、法治的美好社会也定能成为现实。

第三节

依靠制度化保障

一、制度保障是关键

"节以制度",孔颖达注疏曰,"节者,制度之名,节止之义。制事有节,其道乃亨","天地节而四时成。节以制度,不伤财,不害民"。可见,国家的治理和运行需要良好有序的制度作为保障,公平正义的制度能够确保国家长治久安。从唯物史观的角度来看,制度和价值观都是文化的有机组成部分,它们之间存在着双向互动的关系。价值观作为社会意识形态的有机组成部分,体现着一个国家的价值信念、理想标准和行为规范,是一个国家民族共同体的精神支柱和灵魂。制度是一个国家要求社会成员共同遵守的规章法则,制度可以影响人的选择、规范人的行为。好的制度能惩恶扬善,强化价值观的正面效应;不好的制度则会让人无所适从,走向价值观的对立面。因此,价值观指引着制度建设的价值取向,制度建设内含着价值观,其运行彰显着价值观。

社会主义核心价值观与我国的制度建设是相辅相成、内在统一的关

第四章　社会层面社会主义核心价值观的践行路径

系。一方面，社会主义核心价值观是社会主义制度的内在精神和生命之魂，它表征着社会主义的本质特征，体现了国家和人民的根本利益和共同愿景，确切地回答了什么是社会主义、社会主义要做什么、社会主义的前进目标和方向等根本问题。因此，我们要切实培育和践行社会主义核心价值观，让社会主义核心价值观体现在中国特色社会主义理论、制度、道路和文化之中，融入社会主义市场经济体制、政治和法律体制、文化和生态体制、国家治理体系和社会治理过程之中。另一方面，要全面深化改革，完善社会主义制度，力图通过制度的制定和落实彰显、弘扬社会主义核心价值观，深化广大人民群众对社会主义核心价值观的坚定信念和情感认同，从而实现二者的同频共振、良性互动。

正义是社会制度的首要价值。公平、正义最鲜明地体现了社会主义的本质，最集中地反映了人民群众的迫切愿望。不论是体制改革还是社会保障制度，都要以增进人民福祉、实现公平正义为最终目的和检验标准。马克思指出："人们为之奋斗的一切，都同他们的利益有关"[①]。离开了人民群众利益，再精致的语言描述、再巧妙的宣传都毫无意义。因此，要充分发挥好制度建设在实现社会公平方面的关键作用，重点解决好事关人民群众切身利益的问题，切实做好社会保障制度，保障民生事业，实现共同富裕。唯有此，才能激发社会活力，调动人民群众的积极性、主动性和创造性，增进人们对社会主义核心价值观的情感认同。

新时代我国社会主要矛盾已经转化为人民日益增长的美好生活需要

---

① 马克思，恩格斯. 马克思恩格斯全集：第1卷.2版. 北京：人民出版社，1995：187.

基石与追求：自由、平等、公正、法治

和不平衡不充分的发展之间的矛盾。一方面，人民对美好生活的向往更加强烈，期盼有更好的教育、更稳定的工作、更满意的收入、更可靠的社会保障、更高水平的医疗卫生服务、更舒适的居住条件、更优美的环境、更丰富的精神文化生活。另一方面，我国在实现社会公正进程中仍存在不少困难和问题。如居民收入差距日益扩大；城乡之间、地区之间在教育、医疗、社会保障等方面存在比较大的差距；就业、社会保障、收入分配、教育、医疗、住房等问题比较突出；权钱交易等腐败问题屡禁不止，反腐倡廉的任务十分艰巨等。可以说，当前社会上的许多热点、难点、焦点问题都不同程度地与社会平等、公正等问题联系在一起，社会环境的变化和利益的分化，正影响着人们对社会主义核心价值观的认同。因此，加强制度建设与改革，做好社会保障，维护社会公平正义，为社会主义核心价值观的培育和践行提供良好的制度环境和制度支撑，已成为我国在发展中不得不面对的重大课题。

二、基本制度和基本保障

我国的基本经济制度、政治制度和社会保障制度有效确保了自由、平等、公正、法治价值观的实现。

我国的基本经济制度作为现阶段生产关系的主要制度形态，对于经济社会发展具有决定性作用。在坚持基本经济制度的基础上扎实推进共同富裕，确保自由、平等、公正、法治价值观的实现。这体现在以下三个方面：

第一，公有制为主体、多种所有制经济共同发展是我国现阶段生产

第四章　社会层面社会主义核心价值观的践行路径

关系的主要实现形式，是基本经济制度的根基，是实现社会主义核心价值观的主要制度基础。这体现在以下两个方面：首先，社会主义的平等，其实质在于消灭一切剥削制度，我国的生产资料公有制，使广大人民群众成为生产资料的拥有者，成为国家的主人，人民共同享有发展成果，享有平等的权利、机会和地位。邓小平曾反复讲："一个公有制占主体，一个共同富裕，这是我们所必须坚持的社会主义的根本原则。"[①]这两项根本原则为确保发展成果由人民共享提供了可能，从而为平等、公正价值观的实现提供所有制基础。其次，非公有制经济作为社会主义市场经济的重要组成部分，是符合"三个有利于"要求、存在于社会主义制度下并坚持社会主义发展方向的经济成分，其主要作用和功能是服务于社会主义现代化建设、服务于推动全体人民共同富裕的根本目标的。我国支持非公有制经济发展为多种所有制经济发展提供了发展空间，促进了民营经济、中小微企业发展壮大，保证个体的创业活力，实现个体自由发展。只有坚持基本经济制度不动摇，巩固和发展公有制经济，鼓励、支持、引导非公有制经济发展，才能为社会主义核心价值观的认同提供最深厚的物质基础。

第二，分配制度是基本经济制度的重要内容，是扎实推动共同富裕的重要抓手。实行按劳分配为主体、多种分配方式并存的分配制度，与我国的所有制结构相适应，能够着力解决发展成果由全体人民合理共享的问题。首先，实行按劳分配为主体是公有制主体地位在分配制度中的体现，以劳动者提供的劳动数量和质量为依据进行分配，坚持多劳多

---

① 邓小平. 邓小平文选：第3卷. 北京：人民出版社，1993：111.

基石与追求：自由、平等、公正、法治

得，着重保护劳动所得，可以有效避免贫富两极分化，促进共同富裕，是切实落实平等价值观的制度体现。其次，多种分配方式并存主要是适应多种所有制经济共同发展的需要，多种分配方式并存能够推动更多低收入人群迈入中等收入行列，促进基本公共服务均等化，使发展的成果更多更公平惠及全体人民。因此，坚持和完善按劳分配为主体、多种分配方式并存的分配制度，保证发展成果惠及全体人民，是在坚持基本经济制度基础上扎实推动共同富裕，落实平等、公正价值观的一个主要着力点。

第三，社会主义市场经济是基本经济制度的运行机制，基本经济制度的优势只有通过市场经济才能实现。在发展社会主义市场经济中，要警惕资本在教育、医疗、养老、住房等涉及民生的关键领域的无序扩张和垄断。否则会加重人民群众生活负担，导致贫富差距扩大，严重影响共同富裕和自由、公正价值观的实现。当前我国在社会主义核心价值观建设上存在一定程度的挑战，根本原因就在于社会主义制度对市场经济引导、规范和约束的作用发挥得不够。只有充分发挥社会主义制度对市场经济引导、规范和约束的作用，才能自觉提升社会主义驾驭资本的能力，才能有力和有效地规范社会经济利益关系，才能逐渐消除贫富差距，为我国社会主义核心价值观的建构提供坚实的物质基础。

我国是工人阶级领导的、以工农联盟为基础的人民民主专政的社会主义国家，国家一切权力属于人民，人民是国家的主人，平等享有广泛的民主权利。恩格斯在《反杜林论》中明确指出："一切人，或至少是

第四章 社会层面社会主义核心价值观的践行路径

一个国家的一切公民,或一个社会的一切成员,都应当有平等的政治地位和社会地位。"[①] 从根本上说,正是因为社会主义社会是人民当家作主的社会,社会主义制度是实现和保障人民当家作主权利的制度,平等和社会主义才具有如此密切的内在关联。在人民民主专政的社会主义国家,人民通过人民代表大会制度、中国共产党领导的多党合作和政治协商制度、民族区域自治制度、基层群众自治制度等平等地参与国家和社会的管理;同时,将立法权、司法权、行政权等牢牢掌握在手中,维护广大人民的根本利益和民主平等权利,做到法律面前人人平等。

第一,人民代表大会制度是保证人民当家作主的根本政治制度,选举权和被选举权是公民平等享有的基本政治权利。人们有权选择自己赞同的执政者,也有权不选择自己不赞同的执政者,人民代表大会制度保护人们的政治自由,保证了人们平等、自由地行使国家权利。

第二,中国共产党领导的多党合作和政治协商制度、民族区域自治制度、基层群众自治制度确保公民平等地享有参与国家事务管理的权利。首先,中国共产党领导的多党合作和政治协商制度体现了各民主党派的地位平等。党同各民主党派合作的"十六字"方针,为党际之间建立平等协商的关系指明了方向。各民主党派享有平等参与、平等发展的权利,体现了协商民主的机会平等、自由参与的原则。其次,民族区域自治制度体现了各民族平等的原则。"中华人民共和国各民族一律平等"是宪法确立的基本原则之一,保障民族地区的自主权和平等权是新时代我们党关于民族问题的总方针之一。我国各民族无论人口多少,历史长

[①] 马克思,恩格斯. 马克思恩格斯文集:第9卷. 北京:人民出版社,2009:109.

基石与追求：自由、平等、公正、法治

短，经济发展程度如何，语言文字、宗教信仰和风俗习惯是否相同，其政治地位及经济、文化、社会生活权利一律平等，享有自由发展的权利。最后，基层群众自治制度体现了人民群众普遍平等的原则。目前，我国已建立了社区党组织、居民代表会议、协商议事委员会，健全了社区议事会制度、决策听证制度等基层民主形式。这些组织架构保障了居民的政治权利和切身利益，促进平等价值观在社区基层的实现。

第三，平等、公正价值观在政治生活中，主要与权力的分配和行使有关。如果国家公职人员做人办事能够做到心底无私，处理问题"一碗水端平"，能够站在最广大人民的立场上，维护最广大人民的合法权益，那么公正价值观的实现就能迈出坚实的一步。在实现这一目标的过程中，强化监督机制建设是重要环节，监督权是公民享有的一项重要政治权利，我国为保障广大人民群众的监督权，拓宽和健全人民对权力的监督渠道，健全信访举报、质询问责等级制，确保人民的监督更全面有效，为社会平等、公正建立制度保障，督促权力依法行使、廉洁公正、在阳光下运行。

"民惟邦本，本固邦宁。"民生是人民幸福之基、社会和谐之本。民生连着民心、民心凝聚民力，做好保障和改善民生工作，事关群众福祉和社会和谐稳定。多年来，我国深入推进社会保障工作，政府努力发挥保基本、兜底线作用，使人们在义务教育、基本医疗、住房、养老等方面获得基本保障。党的十八大以来，以习近平同志为核心的党中央竭诚尽力，始终把改善民生作为工作的出发点和落脚点，采取了一系列有力的改革措施，在很大程度上保障了社会底线公平。

一是积极推进养老保险和社会救助制度建设，提高城乡低保标准和企业退休人员基本养老金水平。目前，我国在全国范围内建立了统一的城乡居民基本养老保险制度，使全体人民公平地享有基本养老保障。这对于促进社会公平正义、保障民生、逐步实现基本公共服务均等化具有重大意义。二是启动教育扶贫工程，实施农村义务教育薄弱学校改造计划，促进教育公平发展。党的十八大以来，有关部门围绕民众反映突出的高考、择校等教育改革的热点难点问题进行积极探索，从体制机制上寻求解决问题的路径和方法，大力促进教育公平。同时，统筹城乡义务教育资源均衡配置，实行公办学校标准化建设和校长教师交流轮岗，标本兼治减轻学生课业负担。三是深化医药卫生体制改革，建立覆盖城乡的医疗卫生服务体系。完善全民基本医疗体系，提高城乡居民基本医保财政补助标准，开展大病医疗保险试点，建立世界上最大的医疗保障网络体系。四是实施大学生就业促进计划，使应届高校毕业生绝大部分实现就业；加强农村转移劳动力就业服务和职业培训，对城镇就业困难人员进行就业援助。五是建立健全城镇保障性住房制度。住房是群众幸福生活的基础，近年来，我国不断深化住房制度改革，在促进商品住房市场健康发展的同时，大规模推进保障性安居工程建设，加快完善住房保障机制，以廉租房、经济适用房、公共租赁住房、自主性商品房等为主要形式的住房保障制度初步形成，使上千万住房困难群众乔迁新居，有力地促进了社会公平正义。

三、健全和完善制度保障体系

中国特色社会主义进入新时代，国家现代化的重要标志之一就是要

基石与追求：自由、平等、公正、法治 ● ● ●

让人民过上幸福满意的生活。这就要求我们在保障社会公平正义的现行制度基础之上，进一步推进制度改革，完善社会保障体系，将社会主义核心价值观融入社会治理体系和治理能力现代化建设，最大程度地保障人民的合法权益，推进公平正义价值观的实现。具体来说，可以从以下五个方面健全和完善社会保障体系：

第一，要营造促进权利公平的制度条件。首先，要加强和完善人民当家作主的政治制度保障。要坚持和完善我国根本政治制度和基本政治制度，拓展民主渠道，丰富民主形式，保证人民依法行使民主选举、民主协商、民主决策、民主管理、民主监督权利，发挥人民群众积极性、主动性、创造性。在公民的政治权利中，选举权是最基本的政治权利。由于中国人口众多，地区分布不均衡，不同地域经济、政治、社会和文化的发展水平差距较大，我国的选举制度既包括直接选举，又包括间接选举。随着社会的发展和选民素质的提高，扩大直接选举范围是今后选举制度改革的一个基本方向，这对提高广大人民参政热情、推进基层民主政治建设意义重大。此外，要坚持和完善中国共产党领导的多党合作和政治协商制度，坚持党的领导、统一战线、协商民主有机结合，巩固和发展最广泛的爱国统一战线。再者，坚持民族区域自治制度，坚定不移走中国特色解决民族问题的正确道路，加强和改进党的民族工作，全面推进民族团结进步事业。要坚持我国宗教中国化方向，积极引导宗教与社会主义社会相适应。要坚持各民族一律平等，铸牢中华民族共同体意识。同时，要落实基层群众自治制度，积极发展基层民主。基层民主是全过程人民民主的重要体现，要健全基层党组织领导的基层群众自治

第四章 社会层面社会主义核心价值观的践行路径

制度，加强基层组织建设，增强城乡社区群众自我管理、自我服务、自我教育、自我监督的实效。拓宽基层各类群体有序参与基层治理渠道，保障人民依法管理基层公共事务和公益事业。

其次，要加强文化体制机制改革，保障公民的文化权利。为使人民群众享有更多平等的文化权利，要推进文化体制机制创新，繁荣发展文化事业和文化产业。文化建设是人类的共同事业，每个人都有表达文化思想、参与文化创造、享受文化成果的平等权利；也只有人人平等地创造和享用，才能激发全民族的文化创造活力，实现文化的大发展大繁荣，满足人民日益增长的精神文化需求。文化权利的平等不仅体现在创作上，还体现在文化成果的共建共享上。习近平总书记指出："人民对美好生活的向往，就是我们的奋斗目标。"[①] 这里所讲的"美好生活"，既包括物质生活富裕，也包括精神生活富裕。切实保障人民群众的文化权利，缩小数字鸿沟和文化贫富差距，是文化民生建设的重要内容。因此，要大力发展社会主义先进文化，加强理想信念教育，传承中华文明，提高人民道德水准和文明素养。要加强国家科普能力建设，深化全民阅读活动，消除文化贫困，不断发展公共文化事业，完善文化公共服务体系，满足人民群众多样化、多层次、多方面的精神文化需求，使人人成为自由而全面发展的一代新人。

再次，要保障全体公民平等地享有法律规定的各项权利。在当代中国，人们的平等权获得了宪法和法律的有效保障，平等是社会主义法律的基本属性。在社会主义社会，上至国家领导人，下至黎民百姓，在法

[①] 习近平. 习近平谈治国理政：第1卷.2版.北京：外文出版社，2018：4.

基石与追求：自由、平等、公正、法治

律主体资格上大家都是平等的，没有高低贵贱之分。任何公民都一律平等地享有宪法和法律规定的权利，平等地履行宪法和法律规定的义务；公民的合法权益一律平等地受到保护。

第二，要推进分配制度改革，实现共同富裕。合理的收入分配制度是社会公正的重要体现。分配制度涉及的是对社会财富资源进行分配的问题。在我国，分配首先要体现公平公正的原则，分配公正是马克思公正观的核心。分配制度是促进共同富裕的基础性制度，共同富裕是社会主义的本质要求，是中国式现代化的显著特征。邓小平指出："社会主义最大的优越性就是共同富裕，这是体现社会主义本质的一个东西。"[①]我国要实现共同富裕的奋斗目标，要消除贫困和改善民生，就要把"蛋糕"做大，也要把"蛋糕"分好。我们需要站在是否有利于促进社会生产力的发展、是否有利于社会进步、是否使社会主义优越性得到有效发挥的高度来审视分配公正问题。只有分配公正合理，体现平等公平的原则，才能有效提升人们参与生产生活的积极性。

在探讨分配公正问题时，需要指出的是：分配公正是效率与公平兼顾的平等，而不是"不患寡而患不均"的绝对平均主义。平等与平均主义存在原则的界限，绝不能混为一谈。马克思的劳动价值论告诉我们，由于不同劳动者的社会分工不同，不同劳动者所创造的社会财富也往往不尽相同，因而每个人应该获得的劳动报酬也不应该相同。因而，分配上的一定差距是合理的。社会主义的平等不是共同贫穷，更不是平均主义，而是要实现全体人民的共同富裕。无视不同劳动所具有的差异性而

[①] 邓小平.邓小平文选：第3卷.北京：人民出版社，1993：364.

进行平均主义的分配是不公平的，也是不正义的。中国仍处于并将长期处于社会主义初级阶段，公平的实现首先需要依靠生产力的发展，只有在公平与效率之间保持必要的张力，大力发展经济，才能夯实共同富裕、实现经济平等的物质基础。同时，为了更好地发展社会主义市场经济，应当允许存在一定范围一定程度的收入差距，以建立良性激励机制，"要防止社会阶层固化，畅通向上流动通道，给更多人创造致富机会，形成人人参与的发展环境，避免'内卷'、'躺平'"[1]，以提升广大民众的劳动积极性和创造性。

要分好"蛋糕"，实现共同富裕，就要继续推进收入分配制度改革，优化初次分配、再分配、第三次分配路径，加快缩小收入差距。首先，要发挥有效市场对初次分配的积极作用。初次分配是共同富裕的基础环节和治理源头，要充分发挥有效市场对初次分配的积极作用，形成合理的初次分配收入结构。要营造公平的创业就业环境，支持小微企业和个人创业就业，扶持创新创业平台建设，为人民群众提供更多更公平的致富机会。要加快推进乡村振兴战略，提高农民致富能力，推进城乡协调发展，缩小城乡发展差距。其次，要发挥政府在再分配中的主导作用，实现收入分配的公平和正义。一是要坚决取缔非法收入。当前，人们对收入差距拉大有意见，其实并不是对合理、合法的收入有意见，主要是对通过违法违规行为获得的巨额财富强烈不满。必须坚决堵住国企改制、土地出让、破产开发等领域的漏洞，深入治理商业贿赂，严打官商勾结、走私贩私、内幕交易等非法活动。二是要大力规范灰色收入。目

---

[1] 习近平. 习近平谈治国理政：第4卷. 北京：外文出版社，2022：142.

基石与追求：自由、平等、公正、法治 ● ● ●

前，中国反腐败力度不断升级，灰色收入受到严格管控。我们还需要进一步加大规范力度，清理规范国有企业和机关事业单位工资外收入、非货币性福利等，切断产生灰色收入的渠道。三是要有效调节过高收入。要完善现代税收制度，通过税收等方式对过高收入进行有效调节，把社会成员收入差距控制在合理范围内，建立更加有助于社会公平的税收体系。要严厉打击偷、逃、漏税行为，特别是做好高收入者应税收入的管理和监控。四是要促进收入信息公开透明。让收入透明化，是加强监管、促进分配公平的前提。收入信息公开透明使每个人的收入及家庭负担情况都将"晒在阳光下"，灰色收入、非法收入将无所遁形，逃税、漏税也将失去空间。最后，要发挥以公益慈善为主的第三次分配的作用。要弘扬公益慈善文化，从道德层面加强践行社会主义核心价值观、传承和弘扬中华优秀传统文化，加强爱国主义、集体主义、社会主义教育，引导向善、为公、乐施等社会价值理念，形成大众积极参与慈善的社会氛围。要完善多层次慈善体系，强化慈善组织运作的社会化、公开化和透明化。鼓励开展扶贫济困、扶老救孤、助残优抚、医疗救助、教育救助、灾害救助等各种形式的慈善活动，提供更多更便利的慈善渠道，发挥慈善事业在促进平等、公正中的积极作用。

第三，要完善社会保障体系。社会的发展不仅仅体现为国内生产总值（GDP）总量的累积，更为重要的是民生的改善和对相关主体权益的保障。保障人民的教育、医疗、就业等基本民生权利，是实现每个人的自由全面发展的基本前提。社会保障是保障和改善民生、维护社会公平、增进人民福祉的基本制度保障，是促进经济社会发展、实现广大人

第四章　社会层面社会主义核心价值观的践行路径

民群众共享改革发展成果的重要制度安排,是"人民生活的安全网"、"收入分配的调节阀"、"经济运行的减震器"和"社会发展的稳定器"[①],它在调节收入分配、推动经济发展、促进国家长治久安方面具有重要的作用,是社会公平和社会进步的重要标志。

我国社会保障体系的建立是与我国处于并将长期处于社会主义初级阶段的社会生产水平相适应的。目前,我国已逐步建立健全覆盖城乡的社会保障制度,基本形成了多层次的社会保障体系框架,为进一步改善社会公平奠定了坚实的基础。但由于我国社会保障工作起点低,涉及面广,目前还存在许多不足,离人民群众的要求仍有较大差距。因此,要不断深化社会保障制度改革,进一步推进自由、平等、公正价值观的实现。现阶段,维护和实现社会公正,关键是要逐步建立以权利公平、机会公平、规则公平为主要内容的社会公平保障体系,以改善民生,增进人民福祉,让广大人民群众幼有所育、学有所教、劳有所得、病有所医、老有所养、住有所居、弱有所扶,满足人民日益增长的美好生活需要。

首先,要准确把握社会保障各个方面之间、社会保障领域和其他相关领域之间改革的联系,提高统筹谋划和协调推进能力,确保各项改革形成整体合力。要健全覆盖全民、统筹城乡、公平统一、安全规范、可持续的多层次社会保障体系,强化问题导向,紧盯老百姓在社会保障方面反映强烈的烦心事、操心事、揪心事,紧盯制约社会保障体系建设的"硬骨头",不断推进改革。

---

① 韩震,章伟文,等. 中国的价值观. 修订版. 北京:中国社会科学出版社,2018:212.

基石与追求：自由、平等、公正、法治

其次，要完善基本养老保险全国统筹制度，发展多层次、多支柱养老保险体系。实施渐进式延迟法定退休年龄。要扩大社会保险覆盖面，加快完善全国统一的社会保险公共服务平台，健全基本养老、基本医疗保险筹资和待遇调整机制，推动基本医疗保险、失业保险、工伤保险省级统筹。要促进多层次医疗保障有序衔接，完善大病保险和医疗救助制度，落实异地就医结算，建立长期护理保险制度，积极发展商业医疗保险，更好满足人民群众多样化需求。

再次，要推进教育发展，促进教育公平，坚持教育公益性质。教育是对国家和民族的未来具有重大影响的公共事业，政府应加大财政对教育的投入，规范教育收费，健全公共财政投入和保障机制，为全体国民提供接受良好教育的机会和条件。要扶持贫困地区、民族地区教育，健全学生资助制度，保障经济困难家庭子女、进城务工人员子女平等接受义务教育。鼓励和规范社会力量兴办教育。同时，推进教育改革，创新改进人才培养体系模式，深化教学内容和方式、考试招生制度、质量评价制度等改革，减轻中小学生课业负担，注重培养学生的独立思考能力、创造能力、就业能力、创业能力，促进学生的自由全面发展。

又次，要稳步实施就业优先战略。就业是最基本的民生，要健全就业公共服务体系，完善重点群体就业支持体系，加强困难群体就业兜底帮扶；要统筹城乡就业政策体系，破除妨碍劳动力、人才流动的体制和政策弊端，消除影响平等就业的不合理限制和就业歧视，使人人都有通过勤奋劳动实现自身发展的机会；要完善促进创业带动就业的保障制度，支持和规范发展新就业形态；要健全劳动法律法规，完善劳动关系

第四章 社会层面社会主义核心价值观的践行路径

协商协调机制，完善劳动者权益保障制度，加强灵活就业和新就业形态劳动者权益保障。

最后，完善残疾人社会保障制度和关爱服务体系，促进残疾人事业全面发展。在现实生活中，有很多人出于一些特定的原因，如身体残疾、智力缺陷、受教育水平低、家庭困难等，难以享有参与竞争的公平机会。为此，政府需要做好保底的工作，要完善帮扶残疾人、孤儿等社会福利制度。使社会的弱者也拥有平等发展的权利，拥有与他人共享人生出彩的机会。

第四，要用制度法规规范权力。权力是一柄双刃剑，正确使用权力可以造福人民，而对权力的滥用则会祸害国家和人民。由于权力的侵略性和扩张性特点，每一个掌握权力的人都面临着滥用权力的诱惑，有可能做出有违法律与道德的事，侵犯他人的自由，违背法律面前人人平等的原则。对此，孟德斯鸠指出："自古以来的经验表明，所有拥有权力的人，都倾向于滥用权力，而且不用到极限决不罢休。"[1] 英国19世纪的著名思想家阿克顿勋爵更是直截了当地指出："权力导致腐败，绝对权力导致绝对腐败。"[2] 可见，权力被滥用的可能性始终存在，不受限制的权力将成为社会中祸国殃民的严重威胁。因此，要推进社会平等、公正就必须排除特权，要形成对权力的有效制约和监督，把权力关进制度的笼子里，用制度管权管人管事，形成不敢腐的惩戒机制、不能腐的防范机制、不易腐的保障机制，使权力在正确的轨道上运行。用制度法

---

[1] 孟德斯鸠. 论法的精神. 北京：商务印书馆，2012：185.
[2] 阿克顿. 自由与权力：阿克顿勋爵论说文集. 北京：商务印书馆，2001：342.

基石与追求：自由、平等、公正、法治

规规范权力，要做到依法行政、公正司法。

特权和腐败是平等、公正的大敌，是对党风政风和社会道德风气的败坏。习近平总书记在党的二十大报告中指出："坚决打赢反腐败斗争攻坚战持久战。腐败是危害党的生命力和战斗力的最大毒瘤，反腐败是最彻底的自我革命。"① 因此，必须逐步建立健全权力制约监督机制，依法行政，让权力在阳光下运行。一方面，要扎紧制度篱笆，建立健全各项制度机制。继续完善以宪法为统帅的中国特色社会主义法律体系，继续全面推进依法行政、建设法治政府。要制定新的法规制度，完善已有的法规制度，废止不适应的法规制度，努力形成系统完备的反腐倡廉法规制度体系，以反腐败和廉政建设的实际成效取信于民。另一方面，要切实执行好各项制度，加强监督检查和追责问责，把各项制度落到实处。要严格执行民主集中制，实行科学决策、民主决策；要加强监督检查，发现问题及时纠正，坚决查处腐败案件；在容易产生滥用权力的领域、环节和部位，建立有针对性的权力制约机制，防范腐败发展蔓延；要提高权力运行的透明度，让权力在阳光下运行；要依靠法治制约权力，使国家机构和工作人员按照法定权限和程序行使权力。近年来，随着"打虎""拍蝇""猎狐"多管齐下，反腐败斗争取得压倒性胜利并全面巩固，消除了党、国家、军队内部存在的严重隐患，确保党和人民赋予的权力始终用来为人民谋幸福。

法律的有效实施体现在司法层面的突出特征必然是公正的司法。公

---

① 习近平.高举中国特色社会主义伟大旗帜 为全面建设社会主义现代化国家而团结奋斗：在中国共产党第二十次全国代表大会上的报告.人民日报,2022-10-26(1).

第四章 社会层面社会主义核心价值观的践行路径

正是司法的天然追求和职责，也是对司法最本质的要求。公正的司法是维护社会公平正义的最后一道防线。所谓司法公正，就是指在司法活动的过程中、结果中坚持和体现公平和正义的原则。这一原则既要求法院的审判过程必须遵循平等和正当的原则，即程序公正；也要求法院的审判结果体现公平和正义的精神，即实体公正。实现司法公正，要加快推进司法体制和工作机制改革，建设公正、高效、权威的司法制度，发挥司法维护公平正义的职能作用。首先，以公开促公正，严防暗箱操作。要公开立案、庭审、执行、文书、审务等方面内容，有力促进司法在阳光下运行。其次，要完善体制，促进公正。要通过科学规范的体制和制度，阻止金钱、权力、人情干扰司法公正。要通过深化司法体制改革，确保审判机关、检察机关依法独立公正行使审判权、检察权；优化司法职权配置，创新和加强审判管理，改进司法权运行机制，完善内部和外部监督制约机制，确保司法公正不断向纵深推进。最后，要加强我国司法队伍建设，强化司法队伍的职业道德建设，牢固树立公正、廉洁、为民的价值理念，注重教育培训和社会实践，加强纪律作风建设，加大对违纪违法行为的查处力度，切实提高维护社会公平正义的能力。

第五，要将社会主义核心价值观融入社会治理体系和治理能力。培育和弘扬社会主义核心价值观，有效整合社会意识，是社会系统得以正常运转、社会秩序得以有效维护的重要途径，也是国家治理体系和治理能力的重要方面。我们应该深刻领会社会主义核心价值观的理念原则和要求，并将其落实贯彻到国家治理的各个层面。首先，要创新社会治理，把践行社会主义核心价值观作为社会治理的重要内容，融入制度建

基石与追求：自由、平等、公正、法治

设和治理工作中。目前，我国社会总体上是和谐稳定的，但是也存在不少影响社会和谐的矛盾和问题。因此，创新社会治理必须始终以自由、平等、公正价值观为引领，以规范社会主体各项行为，解决影响社会和谐稳定的各方面问题，确保社会既充满活力又和谐稳定。要运用现有的资源和经验，依据政治经济和社会的发展态势，尤其是依据社会自身运行规律以及社会管理的相关理念和规范，对传统管理模式、管理方式进行改进和改革，完善社会治理体制机制，以发挥社会治理在维护社会和谐稳定方面的关键作用。要"强化社会治安整体防控，推进扫黑除恶常态化，依法严惩群众反映强烈的各类违法犯罪活动。发展壮大群防群治力量，营造见义勇为社会氛围，建设人人有责、人人尽责、人人享有的社会治理共同体"[1]。要完善激励奖励机制，褒奖善行义举，实现治理效能与道德提升的相互促进，形成好人好报、恩将德报的正向效应。

其次，要形成科学有效的诉求表达机制、利益协调机制、矛盾调处机制、权益保障机制，最大限度增进社会和谐。利益关系是一切社会关系的基础，抓住了利益关系，就抓住了事物的根本。在现实生活中，不同地域、不同行业、不同群体的利益关系不尽相同。这既为经济社会发展带来了巨大的活力，同时也必然会带来一些矛盾和冲突。只有对各种利益关系进行协调统筹，对各种矛盾进行妥善处理，人们才能各得其所、和睦相处，社会才能充满活力、和谐稳定。因此，建立诉求表达机

---

[1] 习近平. 高举中国特色社会主义伟大旗帜 为全面建设社会主义现代化国家而团结奋斗：在中国共产党第二十次全国代表大会上的报告. 人民日报，2022-10-26（1）.

第四章 社会层面社会主义核心价值观的践行路径

制、利益协调机制、矛盾调处机制、权益保障机制，必须统筹协调各方面利益关系，以维护社会公正，促进各种社会力量良性互动。要正确把握最广大人民的根本利益，统筹兼顾各方面群众的关切，坚持把改善人民生活作为社会治理的出发点和落脚点。要拓宽社情民意表达渠道，推行领导干部接待群众制度，完善党政领导干部和党代表、人大代表、政协委员联系群众制度；要健全信访工作责任制，建立全国信访信息系统，搭建多种形式的沟通平台；要健全社会舆情汇集和分析机制，完善矛盾纠纷排查调处工作制度，建立党和政府主导的维护群众权益机制，实现人民调解、行政调解、司法调解有机结合，着力维护群众权益，妥善处理相关问题。

最后，要使社会主义核心价值观融入各行各业的实际工作，健全各行各业的规章制度，成为人们日常生活的基本遵循。自由、平等、公正、法治的价值理念的培育和养成离不开严明的规章制度。各地区、各部门、各行业和各基层单位在建立健全规章制度时，要充分体现相关的道德规范和具体要求，要把思想引导与利益调节统一起来，加强督促检查，严格考核奖惩，确保各种行政规章以及道德守则和公约在实践中得到落实，为培育和践行社会主义核心价值观提供有效的制度保障。要完善市民公约、乡规民约、学生守则以及各行各业的行为准则，加大各种规章制度、行为准则的落实力度，使社会主义核心价值观成为人们日常学习、工作、生活的基本遵循，使各行各业的建设工作与社会主义核心价值观的实践形成同频共振、同向同行的正向效应。

基石与追求：自由、平等、公正、法治

第四节

彰显法制化建设

　　自由、平等、公正、法治作为社会层面的核心价值观是法治建设基本理念的体现。一方面，法治对社会层面核心价值观的实现具有促进和保障功能，发挥好法律的规范作用，必须以法治体现核心价值观的理念，强化法律对核心价值观的促进作用。习近平总书记指出："以法治承载道德理念，道德才有可靠制度支撑。"[①] 另一方面，核心价值观为法治提供了价值引领和文化支撑，引领立法者制定出为人民所认同的良法。习近平总书记指出："必须以道德滋养法治精神、强化道德对法治文化的支撑作用。"[②] 所以，为了实现社会层面的核心价值观，就要把社会层面的核心价值观融入法治建设中。

一、推动核心价值观入法入规

　　社会主义核心价值观入法入规，是全面依法治国和社会主义核心价值观建设的必然要求。从人类社会的历史进程来看，社会核心价值体系

[①②] 中共中央宣传部，中央全面依法治国委员会办公室. 习近平法治思想学习纲要. 北京：人民出版社，2021：42.

第四章 社会层面社会主义核心价值观的践行路径

融入立法不仅必要而且正当。基于社会主义核心价值观融入立法的现实必要和理性考量，推动社会层面社会主义核心价值观的入法入规应从以下三个方面入手：

首先，需要加强重点领域立法。第一，通过立法环节体现社会层面社会主义核心价值观的目标取向。这就要求深入分析社会主义核心价值观建设的立法需求，把法律的规范性和引领性结合起来，坚持立改废释并举，积极推进相关领域立法。第二，加快完善法律制度，切实保护公民权利，维护社会公正，实现公民的自由发展。完善体现权利公平、机会公平、规则公平的法律制度。法治建设保障的是公民个人权利的实现，公民的权利以自由为核心。我国现行宪法和部门法以及相关具体法律，都涉及保护公民的宗教信仰自由的权利、人身自由的权利、言论自由的权利、生命健康权、受教育权、劳动权、人格权、私有财产权以及进行文学创作和科研活动的自由等。这些制度会在很大程度上对营造社会公平正义起到积极的促进作用，从而改善社会环境，提升精神文明程度，以保障人的全面自由发展。第三，不断完善社会主义市场经济法律制度，在经济立法中实现社会平等和公正。加快形成保护产权、维护契约、统一市场、平等交换、公平竞争、有效监管的体制机制，促进社会诚信建设。第四，通过立法实现对民生权益的保障是实现社会公正的必要环节。健全民事基本法律制度，强化全社会的契约精神。加强保障和改善民生、推进社会治理体系创新方面的立法，完善教育、劳动就业、收入分配、社会保障、医疗卫生、扶贫济困、社会救助、婚姻家庭和妇女儿童、老年人、残疾人合法权益保护等方面的法律法规。第五，注重

257

基石与追求：自由、平等、公正、法治 • • •

把一些基本道德规范转化为法律规范，把实践中行之有效的政策制度及时上升为法律法规，推动文明行为、社会诚信、见义勇为、尊崇英雄、志愿服务、勤劳节俭、孝亲敬老等方面的立法工作。

其次，应强化公共政策的价值目标。作为国家治理体系的重要组成部分，公共政策在其理念深化和实践运行方面都需要以社会主义核心价值观为精神引领和内在驱动。同时，在公共政策的实践中，社会主义核心价值观也进一步得到了深化和推广，这必然深入促进社会主义核心价值观的社会化和大众化。以平等、公正为标志，通过法治与社会主义核心价值观的结合，公共政策以此从价值目标上得以深化。公共政策的本质是实现社会公共利益，这是社会主义社会的基本要求。因为，只有社会主义国家建立起来的生产资料公有制和人民当家作主的民主政治制度才真正地以社会公共利益为根本追求，所以，只有在社会主义的社会中公共利益才能得到真正的实现，公共政策的本质才能从制度上得到真正的保障。从公共政策的维度来看，要推动社会主义核心价值观入法入规，其根本在于从公共利益出发来强化公共政策的内在价值和根本目标。具体来看，强化公共政策的价值目标需要从以下两方面着力：一方面，要将社会主义核心价值观融入公共政策的制定过程中，将价值目标内化于具体的政策内容中。这就要求公共政策的制定要从经济社会的具体现实出发，制定经济社会政策和重大改革措施，出台与人们生产生活和现实利益密切相关的具体政策措施。同时，要充分体现公平正义和社会责任，注重政策目标和价值导向有机统一，注重经济效益和社会效益有机统一，形成有利于培育和弘扬社会主义核心价值观的良好政策导向

第四章 社会层面社会主义核心价值观的践行路径

和利益引导机制。另一方面,从公共政策的外部来看,强化公共政策的价值目标还应完善政策评估和纠偏机制,防止具体政策措施与社会主义核心价值观相背离,实现公共政策和道德建设良性互动。具体而言,完善公共政策制定的相关机制,应按照社会主义核心价值观的要求完善公共政策制定程序与监督制约机制,以及公共政策实施保障体系。建立公共政策定期评估修正机制,及时发现有碍公平公正、与经济社会发展和法律法规相违背、过时的公共政策,该修改的修改、该废除的废除、该重新立法的及时立法,确保公共政策能够及时充分保障经济社会发展,符合社会主义核心价值观的要求。对平等与公正的追求是社会主义核心价值观的重要内容。公共政策很好地贯彻了这一点,在公共政策的制定过程中,坚持以公正为出发点,对城乡之间、不同地区之间、不同人群之间的权利均衡考量,通过对资源的整合与调配,让平等、公正的价值理念深入人心。

最后,还需加强党内法规制度建设。社会主义核心价值观融入法治建设的重要使命和任务之一就是推进社会主义核心价值观融入党内法规、融入党内治理、融入党内法治建设。党内法规作为党内治理的制度依据,是制度治党、依规治党的主要制度支撑,是全面从严治党的基本依循,也是全面依法治国的有力制度保障。一方面,要以党章为根本遵循,完善党内法规,健全制度保障,构建起配套完备的党内法规制度体系,推动党员干部带头践行社会主义核心价值观。社会主义核心价值观不但要体现在宪法法律中,而且特别要体现在党内法规制度之中。把社会主义核心价值观融入党内法规制度建设中,是对党员提出了更高的道

基石与追求：自由、平等、公正、法治

德要求。要管理好我们党党员和基层党组织，并且发挥先锋模范作用，必须加强党内法规制度建设。另一方面，要把从严治党实践成果转化为道德规范和纪律要求，做到依规治党和以德治党相统一，充分展现共产党人高尚思想道德情操和价值追求。党内法规制度不是最低限度的道德要求，不是管理社会和普通群众的一般法律规范，而是需要融入社会主义核心价值观的高标准规范制度。把社会主义核心价值观融入党内法规制度建设中，是对道德要求的细化和落实，要着重把握依规治党和以德治党相统一。

二、强化社会治理的价值导向

首先，强化社会治理的价值导向应严格规范公正文明执法。执法承担着社会治理的重要任务，在执法过程中，自由、平等、公正、法治等价值得到深刻体现。《中共中央关于全面推进依法治国若干重大问题的决定》要求，深入推进依法行政，坚持法治国家、法治政府、法治社会一体建设。具体到社会治理领域，对执法主体的要求就是约束执法自由裁量权，坚持严格规范公正文明执法。第一，强化严格依法履行职责观念、法律面前人人平等观念、尊重和保障人权观念，深入推进依法行政，加快建设法治政府，推进平安中国建设。从执法层面来讲，要加强对平等权的执法保护。对平等权进行执法保护是指国家有关行政机关或被其授权的相关组织依法、合理、正确地使用法律来保障平等权，促进社会平等。第二，就维护社会和谐稳定来看，既要着眼维护健康市场秩序和公平市场环境，严厉打击破坏社会主义市场经济秩序的犯罪行为，

第四章 社会层面社会主义核心价值观的践行路径

又要着眼保护人民群众合法权益，健全利益表达、利益协调、利益保护机制，加大食品药品、安全生产、环境保护、劳动保障、医疗卫生、商贸服务等关系群众切身利益的重点领域执法力度。第三，加强文化市场综合执法。深入开展"扫黄打非"，依法查处有害文化信息、不良文化产品和服务，维护国家文化安全和意识形态安全。依法加强网络空间治理，严惩网上造谣欺诈、攻击谩骂、传播淫秽色情等行为，净化网络环境。第四，贯彻总体国家安全观。切实维护国家政治安全和政权安全。依法严惩暴力恐怖、民族分裂等危害国家安全和社会稳定的犯罪行为，依法妥善处置涉及民族、宗教等因素的社会问题，维护祖国统一、民族团结、社会和谐。第五，完善执法程序，改进执法方式，尊重自然人和法人的合法权益，准确把握适用裁量标准，实现执法要求与执法形式相统一、执法效果与社会效果相统一。行政执法和刑事司法要善于把握引导社会心态和群众情绪，综合运用法律、经济、行政等手段和教育、调解、疏导等办法，融法、理、情于一体，引导和支持人们合理合法表达利益诉求，妥善化解各类社会矛盾。

其次，强化社会治理的价值导向要推进多层次多领域依法治理。第一，深入开展道德领域突出问题专项教育和治理，依法惩处公德失范、诚信缺失的违法行为，大力整治突破道德底线、丧失道德良知的现象，弘扬真善美，贬斥假恶丑。第二，加强社会信用体系建设，完善守法诚信褒奖激励机制和违法失信行为惩戒机制，加大失信被执行人信用监督、威慑和惩戒力度。完善科研诚信规范。激发社会组织活力，加强自我约束、自我管理，发挥好参与社会事务、维护公共利益、救助困难群

基石与追求：自由、平等、公正、法治 ● · ·

众、帮教特殊人群、预防违法犯罪的作用。第三，深化政风行风建设，切实纠正行业不正之风。第四，完善市民公约、乡规民约、学生守则、行业规章、团体章程等社会规范，发挥党和国家功勋荣誉表彰制度的引领作用、礼仪制度的教化作用，使社会治理的过程成为培育和践行社会主义核心价值观的过程。

最后，强化社会治理的价值导向需坚持依规治党。完善弘扬社会主义核心价值观的法律政策体系，把社会主义核心价值观要求融入法治建设和社会治理，是新时代培育和践行社会主义核心价值观的关键性举措。第一，加强和规范党内政治生活，严肃党的政治纪律和政治规矩，全面净化党内政治生态。社会主义核心价值观融入党内法规制度建设，是中国特色社会主义法治建设的必然要求，也是实现社会主义核心价值观融入中国特色社会主义法治建设的关键所在。第二，加强党的作风建设，重点突出坚定理想信念、践行根本宗旨、加强道德修养，坚持不懈整治形式主义、官僚主义、享乐主义和奢靡之风，使党的作风全面纯洁起来。社会主义核心价值观融入党内法规制度建设，是共产党员价值追求和高尚道德情操的具体展现，也是推动中国共产党不断走在时代前列的必要要求。中国共产党的先进性是其与其他政党的主要区别之一。在《中国共产党章程》的"总纲"中，第一句话就明确了中国共产党的"两个先锋队"属性。因此，中国共产党不仅应当做遵守宪法法律的模范，而且应当做遵守道德准则的模范。第三，以零容忍态度惩治腐败，严格依纪依法查处各类腐败案件，建设廉洁政治。社会主义核心价值观融入党内法规制度建设，是从严治党实践成果转化为道德规范和纪律要求的制度体现,也是提高中国共产党治国理政能力的内在要求。将社会主义核心价值观融入党内法规制度建设不仅需要加强理论上的认知,更需要在实践中加强执行力。这个执行力主要体现在两个方面:一是通过强有力的价值引领,扫清党内法规执行中的阻碍和认知障碍,以确保党内法规的贯彻执行;二是将党内法规制度自身作为规范社会主义核心价值观融入法治建设的重要手段,依赖于与之相匹配的解释评估机制、衔接联动机制和责任落实机制的优化完善。只有这样,社会主义核心价值观才能真正地落地生根,为党内法规的贯彻执行提供坚实的制度保障。

三、用司法公正引领社会公正

公平、公正是法治的生命线,也是司法的灵魂,司法是否坚持公平、公正,不仅是司法工作的价值所在,也是衡量国家法治程度的重要标尺之一。司法公正对社会公众具有重要引领作用,而司法不公正对社会公正具有致命破坏作用。推进全面依法治国,必须通过公正司法活动维护社会公平正义,努力让人民群众在每一个司法案件中感受到公平正义。习近平总书记指出,所谓公正司法,就是受到侵害的权利一定会得到保护和救济,违法犯罪活动一定要受到制裁和惩罚。如果人民群众通过司法程序不能保证自己的合法权利,那么司法就没有公信力,人民群众也不会相信司法,法律本来应该具有定分止争的功能,司法审判本来应该具有终局性的作用。司法公正是依法治国的基本要求,司法公正是保障人们权益的重要手段,司法公正是维护法治权威和公信的重要方式,司法公正是实现社会公平正义的重要保障。因此,要全面深化司法

基石与追求：自由、平等、公正、法治

体制改革，加快建立健全公正高效权威的社会主义司法制度，确保审判机关、检察机关依法独立公正行使审判权、检察权，提供优质高效的司法服务和保障，努力让人民群众在每一个司法案件中都感受到公平正义，推动社会主义核心价值观落地生根。

首先，用司法公正引领社会公正要着重提高司法公信力。公平正义是我国现阶段中国特色社会主义的核心价值追求。这意味着如果社会中缺乏公平正义的价值认同，社会中的公平正义得不到实现，那么不仅政府会失去公信力，法律也会失去尊严，社会将变得混乱不堪，人民将失去正义感。同时，我们必须认识到，建立一个以公平正义为导向的社会需要全体人民的共同努力和付出。任何不公正的现象都有可能激发人民的不满，如果政府通过权力或武力压制这些不满情绪，只会导致社会的积怨难以平息，人民会更加难以拥有稳定的发展环境和幸福安康的生活。我们必须认识到公平正义的重要性，将其落实到行动中，共同建设一个公正、和谐的社会。因此，用司法公正引领社会公正要着重提高司法公信力。一是要坚持以事实为依据、以法律为准绳，严格依照事实和法律办案，确保办案过程符合程序公正、办案结果符合实体公正，用司法公正培育和弘扬社会主义核心价值观。二是要加强弱势群体合法权益司法保护，加大涉民生案件查办工作力度，通过具体案件的办理，推动形成良好社会关系和社会氛围。三是要根据案件难易、刑罚轻重等情况，积极推进繁简分流，依法适用简易程序、小额诉讼程序、刑事案件速裁程序，引导和鼓励自主选择调解、和解、协调等解决纠纷的方式，在更高层次上实现公正和效率的平衡。切实解决执行难问题，依法保障

第四章　社会层面社会主义核心价值观的践行路径

胜诉当事人及时实现合法权益。四是要严格落实罪刑法定、疑罪从无、非法证据排除等法律原则和制度，建立健全纠错机制，有效防范冤假错案。坚持以公开促公正、以透明保廉洁，严格落实司法责任制，建立健全司法人员履行法定职责保护机制，推进审判公开、检务公开、警务公开、狱务公开，严禁领导干部干预司法活动、插手具体案件处理，加强对司法活动的监督，让司法在阳光下运行。建设法治政府是一个重要的契机，需要通过严格遵守法律对权力进行约束和监督，同时建立健全权利诉求保障和责任追究机制，督促政府机关及其工作人员依法履职，坚持以人民为中心，维护和保障社会的公平正义。

其次，用司法公正引领社会公正要建设完备的法律服务体系。就具体实现措施而言，一方面需要加强司法救助、法律援助，统筹城乡、区域法律服务资源，加快推动法律服务向欠发达地区、基层村（社区）延伸；另一方面，要畅通依法维权渠道，深入推进诉讼服务中心建设，不断完善诉讼服务设施，因地制宜推行预约立案、远程立案、网上立案等制度，加强巡回审判，方便群众诉讼，减轻群众诉累，依法保障当事人和其他诉讼参与人的诉讼权利，最大限度发挥司法的人权保障功能。司法制度建设是中国法治建设的重要组成部分，将社会主义核心价值观纳入司法制度建设已经成为时代的必然要求。公正是诉讼的最基本理念之一，是法治国家稳定进步的基础。公正包括公平和正义两个方面。现代社会政治民主和法治社会进步的标志在于司法公正，同时司法公正也是现代国家经济发展和人民生活稳定的保证。在历史上，自然正义原则被用于规范司法权的运作。现在，完善司法制度建设和深化司法体制改革的目标之一是提高司法公信力,使司法真正发挥维护社会公平正义的重要作用。在完善司法制度建设的过程中,相关司法制度的立改废释应该体现公平和正义的精神,充分发挥司法的权利保障、平息纠纷、限制权力、维护社会公平正义的基本功能,使当事人和其他诉讼参与人在制度中感受到实体公正和程序公正。同时,公正也应该是可见的,这意味着不仅应该实现司法公正,还应该让人们看得到司法的公正性。因此,完善司法制度建设需要注重对公正的表达和实现,使人们信任司法,认为司法是维护社会公平正义的重要防线。

最后,用司法公正引领社会公正应加强和完善司法政策、司法解释和案例指导。第一,要遵循法律精神和法律原则,实行适应社会主义核心价值观要求的司法政策,增强适用法律法规的及时性、针对性、有效性,为惩治违背社会主义核心价值观、严重失德败德行为提供具体、明确的司法政策支持。第二,要准确把握法律精神和法律原则,适应社会主义核心价值观建设的实践要求,发挥司法解释功能,正确解释法律。第三,要完善案例指导制度,及时选择对司法办案有普遍指导意义、对培育和弘扬社会主义核心价值观有示范作用的案例,作为指导性案例发布,通过个案解释法律和统一法律适用标准。将社会主义核心价值观融入司法实践,是将其作为案件裁判的基础,通过充分的论证和推理过程来达到裁判的目的。在司法审判、司法解释和纠纷解决机制中融入社会主义核心价值观,是回应多元价值冲突的重要方式。要实现这一目标,可以将社会主义核心价值观中能够表述为法律原则或具体法律规则的内容直接体现在法律文本中;将已经法律化的价值或一些没有原则化的价值融入司法执法中,以此通过解释和论证的方式来规范司法运用。具体而言,一是通过目的解释使司法符合立法目的,二是通过价值衡量使司法行为弘扬主流价值,三是通过体系解释化解多重规则之间的冲突。

四、弘扬社会主义法治精神

根植于全民心中的法治精神,是社会主义核心价值观建设的基本内容和重要基础。法律只有被认同、被信仰,成为内化在人们心目中、熔铸到人们头脑中的强大观念,人们才会自觉自愿地遵守法律,把依法办事当成自己的生活习惯。法治观念是公民在参与法律实践过程中自身对法治认识的内化和积淀,是以公民的法律认识、法律感情和法律意识为基础的一系列观念集合。要坚持法治宣传教育与法治实践相结合,建设社会主义法治文化,推动全社会树立法治意识,增强法治观念,形成守法光荣、违法可耻的社会氛围,使全体人民都成为社会主义法治的忠实崇尚者、社会主义核心价值观的自觉践行者。

一方面,弘扬社会主义法治精神需要深入开展法治宣传教育。我们要建设的法治中国,是制度、机制、文化的有机统一。全面推进依法治国,就要在着力完善法律制度和加强法律实施的同时,着力加强法治宣传教育,增强全社会法治意识,让法治内化于心、外化于行,成为一种信仰、一种文化、一种核心价值。要在继承历史传统和总结成功经验的基础上,调动全社会的力量,不断完善机制、创新形式,培育法治观念,努力营造浓厚的法治氛围。因此,应该做到加强法治宣传教育,培养知法守法的良好习惯,要体现领导干部的率先垂范作用,要发挥执法

基石与追求：自由、平等、公正、法治

司法的引领作用，把社会主义核心价值观贯穿于法律实施的每一个环节，努力让人民群众在每一次执法行为、每一个司法案件中都能感受到公平正义。

就具体实施来看，开展法治宣传教育要求深入学习贯彻习近平法治思想，增强走中国特色社会主义法治道路的自觉性和坚定性。深入开展宪法宣传教育，弘扬宪法精神，增强宪法意识，形成崇尚宪法、遵守宪法、维护宪法权威的社会氛围。深入宣传中国特色社会主义法律体系，重点宣传与经济社会发展和人民生产生活密切相关的法律法规，通过公开审判、典型案例发布、诉前诉后答疑等方式，引导全体公民自觉守法、遇事找法、解决问题靠法。在全体党员中深入开展党章和党内法规学习教育，明确基本标准，树立行为规范。把领导干部带头学法、模范守法作为树立法治意识的关键，完善国家工作人员学法用法制度，提高党员、干部法治思维和依法办事能力。坚持从青少年抓起，切实把法治教育纳入国民教育体系，使青少年从小树立宪法意识、国家意识和法治观念。健全普法宣传教育机制，实行国家机关"谁执法谁普法"的普法责任制，建立和实施法官、检察官、行政执法人员、律师等以案释法制度，把法治教育纳入文明城市、文明村镇、文明单位、文明家庭、文明校园创建活动，强化基层党组织开展法治宣传教育职责，广泛开展群众性法治文化活动，开展普法益民和公益广告宣传活动，推动法律进机关、进乡村、进社区、进学校、进企业、进单位。把社会主义核心价值观融入法治宣传教育的关键在于在道德教育中突出法治内涵。法治宣传教育的侧重点在于引导全体社会公民树立对法律的信仰，增强法治观

第四章　社会层面社会主义核心价值观的践行路径

念，培育规则意识和秩序习惯。

另一方面，弘扬社会主义法治精神需要增强法治的道德底蕴。法治社会是构筑法治国家的基础。我们要弘扬社会主义法治精神，传承中华优秀传统法律文化，引导全体人民做社会主义法治的忠实崇尚者、自觉遵守者、坚定捍卫者。建设覆盖城乡的现代公共法律服务体系，深入开展法治宣传教育，增强全民法治观念。为了增强法治的道德底蕴，具体应从以下四方面着力：一是要把法治教育与道德教育结合起来，深化社会主义核心价值观学习教育实践，深入开展社会公德、职业道德、家庭美德、个人品德教育，大力弘扬爱国主义、集体主义、社会主义思想，以道德滋养法治精神。二是要通过强化规则意识倡导契约精神，弘扬公序良俗，引导人们自觉履行法定义务、社会责任、家庭责任，努力形成中华儿女互有责任的良好风尚。三是广泛开展时代楷模、道德模范、最美人物和身边好人学习宣传活动，积极倡导助人为乐、见义勇为、诚实守信、敬业奉献、孝老爱亲等美德善行。四是大力弘扬中华优秀传统文化，深入挖掘和阐发中华优秀传统文化讲仁爱、重民本、守诚信、崇正义、尚和合、求大同的时代价值，汲取中华法律文化精华，使之成为涵养社会主义法治文化的重要源泉。

法律是成文的道德，道德是内心的法律，两者都是治国理政的重要手段。法律的有效实施有赖于道德的支持，道德的自觉践行也离不开法律的强力约束；法律难以规范的领域，道德可以发挥作用，而道德无力约束的行为，法律则可以给予惩戒。因此，国家和社会治理需要法律和道德协同发力，需要法治和德治两手齐抓。实践证明，通过持之以恒加

269

基石与追求：自由、平等、公正、法治 ● · ·

强道德建设，提升了法治的精神品质，促进了法治的有效实施，强化了法治的治理效果。因此，以道德滋养法治精神要在道德体系中体现法治要求，在道德教育中突出法治内涵，在文化传承中涵养法治精神，在文明创建中促进法治实践。法安天下，德润人心。让法治和德治相辅相成、相得益彰，让每一个中国人的追梦路更加绚丽多彩，让整个中华民族的复兴路更加亮堂通畅。

参考文献

[1] 马克思，恩格斯．马克思恩格斯选集．3版．北京：人民出版社，2012．

[2] 习近平．高举中国特色社会主义伟大旗帜 为全面建设社会主义现代化国家而团结奋斗：在中国共产党第二十次全国代表大会上的报告．北京：人民出版社，2022．

[3]《习近平法治思想概论》编写组．习近平法治思想概论．北京：高等教育出版社，2021．

[4] 韩震，章伟文，等．中国的价值观．北京：中国社会科学出版社，2018．

[5] 韩震，严育．社会主义核心价值观·关键词：法治．北京：中国人民大学出版社，2015．

[6] 吴玉军．社会主义核心价值观·关键词：自由．北京：中国人民大学出版社，2015．

[7] 吴晓云．社会主义核心价值观·关键词：平等．北京：中国人民大学出版社，2015．

[8] 王葎．社会主义核心价值观·关键词：公正．北京：中国人民

大学出版社，2015.

［9］唐子茜．中国特色社会主义平等观研究．北京：社会科学文献出版社，2019.

［10］韩振峰．社会主义核心价值观基本问题研究报告．北京：社会科学文献出版社，2019.

［11］沈贺．中西核心价值观比较研究．北京：中国社会科学出版社，2019.

［12］方铭．天下为公：社会主义核心价值观的中华传统文化基础考源．北京：人民出版社，2021.

［13］孙伟平．最大公约数：社会主义核心价值观研究．南宁：广西人民出版社，2021.

［14］方铭．鉴古知今：社会主义核心价值观古典释义．南京：凤凰出版社，2017.

［15］程树德．论语集释．程俊英，蒋见元，点校．北京：中华书局，1990.

［16］郭庆藩．庄子集释．王孝鱼，点校．北京：中华书局，1985.

［17］陈秋平，尚荣．金刚经·心经·坛经．北京：中华书局，2007.

［18］MACPHERSON. The political theory of possessive individualism：Hobbes to Locke. New York：Oxford University Press，1962.

［19］郝大维，安乐哲．先贤的民主：杜威、孔子与中国民主之希望．南京：江苏人民出版社，2004.

[20] 方以智．象环寤记：易余：一贯问答．北京：九州出版社，2015.

[21] 邓魁英，聂石樵．杜甫选集．上海：上海古籍出版社，2012.

[22] 郁贤皓．李白选集．上海：上海古籍出版社，2013.

[23] 寇东亮．古代中国人如何看"自由"．大众日报，2014-03-26（9）.

[24] 恩格斯．自然辩证法．北京：人民出版社，1971.

[25] 贡斯当．古代人的自由与现代人的自由：贡斯当政治论文选．北京：商务印书馆，1999.

[26] 霍布斯．利维坦．北京：商务印书馆，1985.

[27] 洛克．政府论：下篇．北京：商务印书馆，1996.

[28] 钱大群．唐律疏义新注．南京：南京师范大学出版社，2007.

[29] 焦循．孟子正义．沈文倬，点校．北京：中华书局，1987.

[30] 姜涛．管子新注．济南：齐鲁书社，2009.

[31] 卢梭．论人与人之间不平等的起因和基础．北京：商务印书馆，2007.

[32] 托克维尔．旧制度与大革命．北京：商务印书馆，1992.

[33] 王文锦．礼记译解．北京：中华书局，2001.

[34] 孙星衍．尚书今古文注疏．陈抗，盛冬铃，点校．北京：中华书局，2004.

[35] 高明．帛书老子校注：上．北京：中华书局，2022.

[36] 高明．帛书老子校注：下．北京：中华书局，2022.

[37] 蒋礼鸿．商君书锥指．北京：中华书局，1986．

[38] 王利器．盐铁论校注．北京：中华书局，1992．

[39] 吴则虞．晏子春秋集释．北京：中华书局，1962．

[40] 黎翔凤．管子校注．北京：中华书局，2004．

[41] 王聘珍．大戴礼记解诂．北京：中华书局，1983．

[42] 王先谦．荀子集解．王星贤，点校．北京：中华书局，1988．

[43]《十三经注疏》整理委员会．十三经注疏：仪礼注疏：上，下．北京：北京大学出版社，1999．

[44] 孙诒让．周礼正义．王文锦，陈玉霞，点校．北京：中华书局，1987．

[45] 萧统．文选．李善，注．上海：上海古籍出版社，1986．

[46] 王先慎．韩非子集解．钟哲，点校．北京：中华书局，2003．

[47] 杨伯峻．春秋左传注．北京：中华书局，1995．

[48] 曹漫之．唐律疏议译注．长春：吉林人民出版社，1989．

[49] 柏拉图．柏拉图全集：第2卷．北京：人民出版社，2003．

[50] 柏拉图．柏拉图全集：第3卷．北京：人民出版社，2003．

[51] 亚里士多德．政治学．北京：商务印书馆，1981．

[52] 西塞罗．论共和国 论法律．北京：中国政法大学出版社，1997．

[53] 孟德斯鸠．论法的精神：上册．北京：商务印书馆，1961．

[54] 卢梭．社会契约论．北京：商务印书馆，2005．

[55] 中共中央宣传部，中央全面依法治国委员会办公室．习近平

法治思想学习纲要．北京：人民出版社，2021.

[56] 王庆五．社会主义核心价值观研究丛书：平等篇．南京：江苏人民出版社，2015.

[57] 付子堂．马克思主义法学理论的中国实践与发展研究．北京：中国人民大学出版社，2020.

[58] 许慎．说文解字．北京：中华书局，1963.

[59] 徐陵．玉台新咏笺注．吴兆宜，注．程琰，删补．穆克宏，点校．北京：中华书局，1985.

[60] 荀悦，袁宏．两汉纪．张烈，点校．北京：中华书局，2002.

[61] 李延寿．北史．北京：中华书局，1974.

[62] 范晔．后汉书．李贤，等注．北京：中华书局，1965.

[63] 张二芳．自由、平等与社会公正．北京：中国社会科学出版社，2011.

[64] 王元亮．平等的学理基础．北京：北京大学出版社，2020.

[65] 吴忠民．社会公正论．3 版．北京：商务印书馆，2019.

[66] 陈少峰．正义的公平．北京：人民出版社，2009.

[67] 吴忠民．走向公正的中国社会．济南：山东人民出版社，2008.

[68] 谷春德．中国特色社会主义法治理论与实践研究．北京：中国人民大学出版社，2017.

[69] 马振清，杨礼荣．依法治国与中国特色国家治理现代化．北京：光明日报出版社，2019.

［70］雷浩伟，廖秀健．社会主义核心价值观融入法治建设研究．长春：吉林大学出版社，2020．

［71］黄英．社会主义核心价值观与法治政府建设研究．哈尔滨：哈尔滨工程大学出版社，2019．

［72］黄进，蒋立山．中国特色社会主义法治体系研究．北京：中国政法大学出版社，2017．

［73］李宏伟．社会主义核心价值观融入法治中国建设研究．北京：知识产权出版社，2019．

［74］于艳艳．中国特色社会主义法治道路研究．北京：经济科学出版社，2020．

后　记

本书以"基石与追求"为主题,对社会主义核心价值观社会层面的四个价值准则——自由、平等、公正、法治,进行了系统的学理阐释。本书写作大纲由笔者拟定,其间与北京师范大学哲学学院吴玉军、王葎教授进行了多次讨论,最终确定了写作框架和写作计划,并由笔者、王葎、陶侃负责具体编著工作。在本书编著过程中,吸收了《社会主义核心价值观·关键词 自由》(吴玉军编著)、《社会主义核心价值观·关键词 平等》(吴晓云编著)、《社会主义核心价值观·关键词 公正》(王葎编著)、《社会主义核心价值观·关键词 法治》(韩震、严育编著)等四本著作中的部分成果,并将之与现有书稿的内容进行了融合;同时,编著者还借鉴了其他一些学者的研究成果,并引用参考了主流媒体的相关报道和评论,在此一并致以深深的谢意!

本书第一、三章由吴晓云、王葎、陶侃、张立国完成,第二章由吴晓云、张立国、彭熙、张宏兴完成,第四章由吴晓云、李珍琦、陶侃完成。全书最后由笔者统稿,陶侃、李珍琦、彭熙协助参与了核对工作。由于编著者水平有限,书中难免有失误和不妥的地方,敬请读者朋友们批评指正。

吴晓云

2023 年 3 月

图书在版编目（CIP）数据

基石与追求：自由、平等、公正、法治/吴晓云，王萑，陶侃编著． －－北京：中国人民大学出版社，2024.6
（新时代社会主义核心价值体系研究丛书/韩震总主编）
ISBN 978-7-300-32154-7

Ⅰ.①基… Ⅱ.①吴… ②王… ③陶… Ⅲ.①社会主义核心价值观-研究-中国 Ⅳ.①D616

中国国家版本馆 CIP 数据核字（2023）第 171297 号

国家出版基金项目
新时代社会主义核心价值体系研究丛书
总主编　韩　震
基石与追求：自由、平等、公正、法治
吴晓云　王　萑　陶　侃　编著
Jishi yu Zhuiqiu：Ziyou，Pingdeng，Gongzheng，Fazhi

出版发行	中国人民大学出版社		
社　　址	北京中关村大街 31 号	邮政编码	100080
电　　话	010-62511242（总编室）		010-62511770（质管部）
	010-82501766（邮购部）		010-62514148（门市部）
	010-62515195（发行公司）		010-62515275（盗版举报）
网　　址	http://www.crup.com.cn		
经　　销	新华书店		
印　　刷	涿州市星河印刷有限公司		
开　　本	720 mm×1000 mm　1/16	版　次	2024 年 6 月第 1 版
印　　张	18 插页 1	印　次	2025 年 4 月第 2 次印刷
字　　数	189 000	定　价	69.00 元

版权所有　　侵权必究　　印装差错　　负责调换